齐鲁红色文化与思政育人研究

徐　莹◎编著

中国政法大学出版社

2022·北京

图书在版编目（CIP）数据

齐鲁红色文化与思政育人研究/徐莹编著.—北京：中国政法大学出版社，2022.12
ISBN 978-7-5764-0853-9

Ⅰ.①齐… Ⅱ.①徐… Ⅲ.①大学生－思想政治教育－研究－山东 Ⅳ.①G641

中国国家版本馆 CIP 数据核字(2023)第 039051 号

出　版　者	中国政法大学出版社
地　　　址	北京市海淀区西土城路 25 号
邮寄地址	北京 100088 信箱 8034 分箱　邮编 100088
网　　　址	http://www.cuplpress.com (网络实名：中国政法大学出版社)
电　　　话	010-58908586(编辑部) 58908334(邮购部)
编辑邮箱	zhengfadch@126.com
承　　　印	北京鑫海金澳胶印有限公司
开　　　本	720mm×960mm　1/16
印　　　张	17.5
字　　　数	300 千字
版　　　次	2022 年 12 月第 1 版
印　　　次	2022 年 12 月第 1 次印刷
定　　　价	99.00 元

◇ 资助项目

1. 山东高校思想政治理论课教学名师（徐莹）工作室建设项目

2. 2021 年山东省本科教学改革研究项目《高校思政课红色文化资源融课研究及数据库建设》（M2021104）

3. "大思政课"背景下的"同城大课堂"机制建设研究资助项目（SDS2022ZD10）

4. "一省一策思政课"集体行动项目——"同城大课堂"阶段性成果

5. 以"同城大课堂"为载体的齐鲁红色文化融课平台构建阶段性成果

前 言
PREFACE

　　齐鲁红色文化历史悠久、内容丰富，如若大体划分，可以从胶济铁路和沂河两岸按照人文和自然的两条线索加以划分。胶济铁路往事如烟，沂河两岸可歌可泣，从中可以汲取丰厚的红色文化原料应用于新时代的思政育人，本书呈现的 20 个教学案例就是按照这一思路加以选取的。

　　提起山东，不能忘却胶济铁路。胶济铁路如同一部历史大书，跨越晚清、北洋政府、南京国民政府、新中国，写满了百年风雨沧桑和齐鲁变幻风云。对于山东人来说，胶济铁路是个熟悉又陌生的存在。很多人对它的认知仅仅停留在老火车站、连接山东两座重要城市这一概念上。其实，这条 300 多公里的铁路背后，还有更多鲜为人知的故事，特别是丰厚的红色故事。如今，这条百年铁路在历经多次改造、提速后，仍然在交通运输领域发挥着重要的积极作用。胶济铁路跨越青岛、济南两地，乃至于今天对整个山东依然产生着重要影响，让我们难以忘怀，留给我们更多的记忆。

　　胶济铁路在 20 世纪初也被称为"山东铁路"，又称胶济线，东起青岛，西止济南，始建于 1899 年，1904 年建成通车。鸦片战争以后，英、法、美、德、日等帝国主义国家相继侵入中国，他们用洋枪火炮打败了腐朽的清政府，迫使其签订了一个个丧权辱国的不平等条约，使中国迅速沦为半殖民地国家。特别是在 1896 年前后，外国列强在我国国土上任意划分势力范围，并派入大批传教士对中华民族进行精神腐蚀和文化渗透。1897 年，德国政府派军舰多艘，强行占领胶州湾，迫使清政府签订了丧权辱国的中德《胶澳租界条约》，并在巨野、济宁、曹州等地建造教堂及传教士防护住所，从此山东成了德国的势力范围。"巨野教案"的发生，让德国人最终占领胶州湾，修筑这条殖民铁路，旨在实现其"筑路圈地"战略。

1904 年 6 月 1 日，胶济铁路全线竣工通车。这条铁路的筑成与通车，对山东社会、经济各方面均产生了深远的影响，成为晚清山东历史上重要事件之一。1914 年第一次世界大战爆发后，日本先后攻占青岛、济南等地，并乘机取代德国霸占胶济铁路，同年冬天，日本将胶济铁路改名为山东铁道，由日本临时铁道联队管理。胶济铁路最初全线设计最高时速为 60 千米，将青岛至济南的路程从之前的 10 天缩短至 12 小时，是当时整个华北地区最快的铁路。2003 年，胶济铁路开始进行电气化改造工程，于 2005 年 6 月全面竣工，成为山东省第一条实现电气化的铁路线，并于 2005 年实施了第一次提速，使青岛至济南的快速旅客列车运行时间由过去的 4 小时缩短至 3 小时。2006 年，又进行了新的提速，引入最高时速为 200 千米的动车组。

就是这样一条铁路，自辛亥革命以后，其沿线变化承载了山东革命的足迹。1921 年中国共产党建党不久，党中央就派邓中夏、王荷波到胶东开展党团工作。在中国共产党领导下，胶东英雄儿女抛头颅洒热血，为争取民族独立和人民解放而担当奉献。胶东军民在抗日战争和解放战争时期向党中央及其根据地和解放区秘密运送大量黄金，成为我党经费的重要来源。从胶东走出去的人民子弟兵达 4 个军另 2 个师又 25 个团，[1] 除第 32 军外，第 27、31、41 三个军已发展成为集团军仍在建制，涌现出多位共和国上将。中国工农红军胶东游击队是北方沿海地区及山东省内硕果仅存的红军队伍，胶东根据地被称为当时全国革命政权最稳固、最富裕、最有文化的根据地，北海银行作为中国人民银行筹建的三大前身之一，在全国解放区最早发行货币。到 1949 年 9 月，胶东的共产党员远远高于当时全国、全省的平均水平，其中胶东保卫战等历史事件，为推动民族独立与解放留下了浓重的印迹，产生了重大而深远的影响。

除了这条历史之线，同样，山东的沂河也是红色文化的发源地，这和沂蒙精神的诞生有着密切关系。2013 年 11 月 25 日，习近平总书记在临沂考察时指出，沂蒙精神与延安精神、井冈山精神、西柏坡精神一样，是党和国家的宝贵精神财富，要不断结合新的时代条件发扬光大。

沂蒙山区作为著名的革命老区，被誉为山东的"小延安"。八百里沂蒙是片红色热土，革命战争年代，百万沂蒙人民拥军支前，十万英烈血洒疆场。

─────────────

〔1〕 许建中：《昆嵛英雄于得水》，解放军出版社 2012 年版，第 4 页。

抗战期间，这里有 21.4 万人参军参战，120 万人次拥军支前，10.5 万名革命烈士献出了宝贵生命，[1]涌现了一大批英模人物和先进群体，为后人树立了一座不朽的历史丰碑。"最后一块布，做军装；最后一口饭，做军粮；最后一个儿子，送战场"，这就是当时沂蒙老区百姓为支援抗战作出牺牲的真实写照。

在沂蒙这片红色土地上，诞生了无数可歌可泣的英雄儿女，"沂蒙六姐妹"、沂蒙母亲、沂蒙红嫂的事迹十分感人。沂蒙精神是指在中国共产党领导下，在人民军队哺育下，山东党政军与沂蒙人民一起战天斗地、坚定革命信仰，在长期的革命和建设实践中形成的先进群体意识，是中华民族优秀文化的重要组成部分，是沂蒙人民乃至全国人民宝贵的精神财富。在艰苦的革命战争年代，沂蒙人民在党的领导下，面对着日本侵略者的扫荡和国民党反动派的围攻，不屈不挠，顽强拼搏，用生命和鲜血，创立了沂蒙山根据地，写下了光辉的革命业绩；为了新中国的诞生，沂蒙人民用小车推着革命前进，用小车推出了胜利，推出了新中国。中华人民共和国成立后，沂蒙人民响应党的号召，面对落后的面貌、脆弱的经济、恶劣的生态环境，勇于向恶劣的自然条件和贫穷落后宣战，顽强拼搏地整山治水、修筑梯田，涌现出了被毛泽东批示为"愚公移山，改造中国，厉家寨是一个好例"的莒南县厉家寨，"两个肩膀一双手，龙顶山上写春秋"的平邑县九间棚村等一大批自力更生、顽强拼搏改变贫穷面貌的先进典型，展现了沂蒙人民战天斗地的精神风貌。沂蒙精神是沂蒙人民一种群体自觉的精神创造，其创造主体是淳朴、善良、憨厚、正直的沂蒙百姓，同井冈山精神、延安精神及西柏坡精神等相比，除了共有的精神价值之外，沂蒙精神创造于人民群众之中，凸显的是沂蒙百姓的特质。

本书选择代表山东红色文化的 20 个案例，结合中国共产党的精神谱系，探讨把齐鲁红色文化融入思政课教学中，实现思政育人的良好效果。在高校思政教育教学中，一定要贯彻落实习近平总书记"'大思政课'我们要善用之，一定要跟现实结合起来"的重要论述。我校积极推进红色文化融入大学生思政教育，以思政课带动红色文化的传播，积极开展齐鲁红色文化教育，实现了思政课堂和红色文化双重育人目的。引导学生向英雄学习、向前辈学习、向榜样学习，争做堪当民族复兴重任的时代新人，在实现中华民族伟大

---

〔1〕　孙海英、陈永莲：《沂蒙精神与临沂革命老区跨越式发展研究》，山东人民出版社 2017 年版，第 7 页。

复兴的时代洪流中踔厉奋发、勇毅前行。

思政课教学改革是一个与时俱进的永恒课题。在教学改革中既要以学生为主体，同时又要充分发挥教师的主导作用。善用历史文化素材，把思政课的道理讲深、讲透、讲活，是高校思政课教育教学的内在需求和应有之义。结合大学生关心关注的社会热点问题和成长成才的实际需要，我们不断扩展课堂教学内容，打造以学生为主体、以齐鲁红色文化为切入点的融入式课堂教学方法，力争形成齐鲁红色文化有机融入思政课的特色教学模式。在山东省开展的思政课"同城大课堂"教学活动中，我们依据思政课程选取特定红色文化专题进行学习讲授，围绕济南战役、五三惨案、九间棚精神、郭永怀事迹等主题集中讲授，宣讲红色文化，传承红色基因，使思政课更贴近学生实际、走进学生心灵，以红色文化激发学生情感共鸣、立德铸魂、坚定大学生理想信念。

本书是我们在长期开展的齐鲁红色文化融课教学改革中凝练而成的研究成果。全书分为五章：第一章历史记忆，聚焦新民主主义革命早期齐鲁大地上的事件和人物；第二章胶济烽火，聚焦胶济铁路沿线的红色历史文化资源；第三章红色沂蒙，聚焦沂蒙精神的诞生地，挖掘研究沂蒙地区的红色文化资源；第四章齐鲁英模，聚焦在社会主义建设中涌现出的齐鲁英雄和模范人物；第五章精神的力量——红色文化资源思政育人教学案例，重点汇编了精神谱系融课的八个教学案例。

本书是山东财经大学马克思主义学院教师集体智慧的成果，参编人员包括（以姓氏笔画为序）：王广、王利文、王真真、王敏、王静、包善良、朱维霞、乔宗方、刘长明、刘东方、闫杰、许艳华、苏晓晗、李兰、李国选、杨彦、汪洋、沈大光、宋歌、张尧智、张高臣、范子谦、郤捍烈、周明珠、郑金香、孟新超、徐莹、高凤敏、郭小丽、葛宁、滕淑娜。全书由徐莹总纂修改并定稿。

在本书编写过程中，我们奔赴山东省不同红色场馆进行广泛调研，竭力对相关素材开展求证求实工作。但因成稿时间仓促，加之编者水平有限，错漏之处恳请专家和同行批评指正！

编 者
2022 年 10 月 24 日

目 录
CONTENTS

第一章
历史记忆

第一节　革命早期的纪念场馆

一、五四广场

（一）基本概况

五四广场位于山东省青岛市市南区东海西路，建成于 1997 年，占地 10 余公顷。广场北起青岛市市政府办公大楼，南至黄海浮山湾，整个广场呈南北走向，沿中轴线自北向南依次排列有青岛市市政府办公大楼、北广场、下沉式广场、旱地点阵喷泉、"五月的风"雕塑、奥运帆船比赛场地以及海上喷泉等景观。

广场最北端为青岛市市政府办公大楼，为保护老城区实施"东迁战略"而建，整个大楼外形明快简洁、气势严肃庄重，向南面向大海，若巨人张开坚实臂膀拥抱未来，大楼现已成为青岛市重要的地标性建筑。市政府办公大楼前广场为五四广场北区广场，周围大厦林立，服务配套完备，交通便利，为一重要商务区域。下沉式广场由露天舞台和半圆形四级观众看台组成，逢节假日及重大活动时，用于举行各种演出及组织其他活动；舞台下方地下室为五四广场管理办公区域，监控广场上各种设施设备运行。旱地点阵喷泉，纵横各 9 排共 81 个地下喷泉隐伏在方形普通石面广场之下，可以按照不同形状、高度进行喷射，形成特殊景观。"五月的风"雕塑，是整个广场的主体雕塑，高近 30 米、直径 27 米，通体由钢焊接而成，高大雄伟、质感厚重，造型既像熊熊燃烧的红色火炬，又如盘旋而起、腾空而上的劲风，即使远望也可体会到震撼的力量，催人奋发向上，雕塑以五四运动为背景，意在唤起人们对中华民族兴衰荣辱的记忆，"五月的风"雕塑现在已经成为青岛市的标志雕塑。浮山湾，海域开阔，为北京 2008 年奥运会唯一分会场、帆船比赛场地，面对浮山湾，可以想象紧张激烈之比赛场面、感受奥运健儿顽强拼搏之精神，还可以轻松惬意地欣赏海上风景，是海滨休闲的理想去处。海上喷泉，位于浮山湾距离海岸 160 米处，是我国第一座海上喷泉，采用先进的高压水泵抽取海水喷射至高空，高度可达百米，喷泉喷射时，水从空中飞流而下，如同银链自天而降，水汽化为云雾，犹如仙境。

广场根据需要铺装了各种自然色调的大理石，植物以四季常青的冷季型草坪为主调，花草树木点缀其中，建筑、雕塑、海洋等和谐融为一体，视觉上既令人心旷神怡，又令人奋发向上。空间上等级层次分明，且设有功能齐全的服务设施，处处体现了"以人为本"的设计宗旨。

五四广场以前并不是青岛游客的主要旅游目的地。青岛作为"东方瑞士"，让人首先想到的是老城区的"红瓦绿树、碧海蓝天"，人们来旅游会首选栈桥、崂山、海底世界等。所以，五四广场最初主要是发挥青岛本地人活动场所和爱国主义教育基地的作用。但是，随着时间推移，越来越多的游客选择到此旅游并接受爱国主义教育。

（二）主要内容

五四广场是为纪念五四运动而建，五四运动的导火索即青岛主权问题以及山东的其他主权问题。

清末，帝国主义列强纷纷垂涎青岛，尤其是德国。19 世纪 60 年代，德国就派人来华考察，认为青岛的地理位置得天独厚。其一，此地港湾地理位置优越、交通方便，有广阔的发展余地；其二，背后是山东腹地，山东物产丰富，有地理优越、质量良好的煤田；其三，中国有勤劳但非常便宜的劳动力。基于这些考察，德国最终决定将青岛占为据点，并以此为基础最终把山东划为自己的势力范围。

中日甲午战争后，清政府的软弱无能暴露无遗，中国的战败刺激了各国瓜分中国的野心，德国也加快了侵略中国的步伐。

1897 年，德国以山东巨野教案中两名德国传教士被杀害为借口，派军舰强行登陆。1898 年强迫清政府签订《胶澳租界条约》，条约规定胶州湾南北两岸租给德国 99 年。德国占领青岛后，派遣胶澳总督并设立完整的殖民机构，对青岛进行殖民管理；并对青岛进行文化殖民，修教堂、设学校、出版报纸书籍；把德国占领的租借地命名为"青岛"，青岛才因此正式得名，并将街道、建筑、岛屿以德国名字命名。青岛主权也自此落于德国之手，山东也成为德国的势力范围。

日本帝国主义也早已垂涎地理环境优越的青岛，1915年，日本借中国国力落后、袁世凯北洋政府无力整合全国力量之机，且西方列强因一战无暇东顾，向北洋政府提出了企图将中国的政治、军事、财政及领土完全置于日本控制之下的21条无理要求，将德国在山东享有的一切权利和权益皆转让给日本继承。尽管民众舆论极力反对，但以袁世凯为首的北洋政府还是承认了日本在山东的权益。

日本最终借第一次世界大战的机会把青岛主权强夺到自己手中。1914年，第一次世界大战爆发，占领青岛的德军和占领威海卫的英军也在山东交火，借参加第一次世界大战的机会，日本在山东对德国宣战。1918年11月，经过两个多月的战争，德军投降，日本帝国主义取代德国占领青岛。

日本占领青岛后即加强殖民统治。先后建立军政署和民政署等殖民机构对青岛进行军事殖民统治，对居民进行严格控制，限制青岛人民的言论和行动自由；将德国人的房产、土地、工厂、矿山等占为己有，进行掠夺式开发；还强行进行文化殖民统治，学生必须将日语作为学习的主课，并将街道、岛屿、山川等改为日本名字。日本企图将青岛变成永久殖民地的野心昭然若揭。

第一次世界大战以后，中国以战胜国的身份参加巴黎和会，其中主要目的之一就是收回青岛主权。尽管美国也曾劝说日本将青岛主权还给中国，但由于日本极力反对，抓住主权不放。最终，由列强主导的《凡尔赛和约》并没有将青岛主权还给中国。

消息传到国内，1919年5月4日，引爆了以青年学生为主的五四爱国运动。北京学生到天安门广场示威游行，强烈反对中国政府在巴黎和会上签字，并提出"誓死力争、还我青岛"。北京学生的爱国热情得到全国各界群众的响应和支持，各地学生组织示威游行，工商界、教育界等各界爱国团体纷纷通电，斥责日本及其他列强的无理行径，强烈要求中国政府捍卫中国主权。在举国反对之声中，北洋政府拒绝在《凡尔赛和约》上签字，从而粉碎了日本企图长期霸占青岛的阴谋。

毋庸置疑，五四广场能让人时刻铭记青岛遭受帝国主义列强侵略的历史，更能让人感受到中国人民为维护国家主权不屈不挠、团结一致、顽强奋斗的民族精神。

青年学生反对在《凡尔赛和约》上签字，并呼吁收回青岛主权。青年学生的爱国精神得到了全国人民的响应，向全世界人民展示了中国人民永不屈服的精神。"五四运动，爆发于民族危难之际，是一场以先进青年知识分子为先锋、广大人民群众参加的彻底反帝反封建的伟大爱国革命运动，是一场中国人民为拯救民族危亡、捍卫民族尊严、凝聚民族力量而掀起的伟大社会革命运动……"[1]五四运动向全世界彰显了中国人民维护国家主权的伟大力量。

但从长远来看，五四运动的影响远不止于此。五四运动塑造了以爱国主义为核心的民族精神和以改革创新为核心的时代精神。"五四运动，孕育了以爱国、进步、民主、科学为主要内容的伟大五四精神，其核心是爱国主义精神。"[2]五四运动为新思想新文化开辟了道路。五四运动"是一场传播新思想新文化新知识的伟大思想启蒙运动和新文化运动"[3]。特别是通过传播新思潮，"推动了中国社会进步，促进了马克思主义在中国的传播，促进了马克思主义同中国工人运动的结合，为中国共产党成立做了思想上干部上的准备，为新的革命力量、革命文化、革命斗争登上历史舞台创造了条件，是中国旧民主主义革命走向新民主主义革命的转折点，在近代以来中华民族追求民族独立和发展进步的历史进程中具有里程碑意义"[4]。

正是由于中国人民举国一致的抗争，日本帝国主义被迫与中国谈判以解决青岛主权问题。1921年，为解决远东问题召开了华盛顿会议，在华盛顿会议上，中国政府再一次明确提出无条件收回青岛主权的合理要求。面对中国人民的抗争，当然，此时美国基于自己国家在太平洋的利益考虑不愿日本一家独大，促成中国和日本就山东问题单独谈判。经过多轮艰难谈判后，1922年2月，中国与日本签订《解决山东悬案条约》及附则，青岛主权问题取得了重大进展。1922年12月签订《鲁案细目协定》，基本上解决了青岛主权问题。

1922年12月10日，先后经受德国帝国主义和日本帝国主义前后共长达25年殖民统治的青岛回归中国，这是中国自清末赔款割地开放租界起，第一次收回租界。这是中国外交的胜利，是中国人民的胜利，这一伟大实践及伟

〔1〕 习近平："在纪念五四运动100周年大会上的讲话"，载《人民日报》2019年5月1日。
〔2〕 习近平："在纪念五四运动100周年大会上的讲话"，载《人民日报》2019年5月1日。
〔3〕 习近平："在纪念五四运动100周年大会上的讲话"，载《人民日报》2019年5月1日。
〔4〕 习近平："在纪念五四运动100周年大会上的讲话"，载《人民日报》2019年5月1日。

大事件值得中国人民永久铭记，更是建设五四广场的目的之一。

五四广场的历史记载了帝国主义对中国的侵略，以及中国人民为维护主权的奋斗精神，也警示国人"弱国无外交"，国家主权必须靠自身的强大来维护。

国家主权的维护，最终还是要靠自己。第一次鸦片战争之后，面对"三千年来未有之大变局"，中国在外交领域逐步形成了"以夷制夷"的外交理念和策略，"利用列强间的种种矛盾，在战争来临之前分化瓦解敌人，利用列强去牵制和压服列强"[1]。"以夷制夷"的外交思想贯穿于清末、民国整个近代中国同外国列强打交道的历史。但是，"夷"愿意帮助中国制衡其他"夷"是有条件的，那就是必须符合自身的利益，列强会对利益成本衡量计算，进而决定是帮助中国制衡其他列强，还是抛弃中国，甚或趁火打劫。

从德国暴露出入侵胶州湾意图到德国军舰占领胶州湾，清政府考虑的不是整军备战，而是寄希望于俄国制衡德国。"在'决不动兵'的战略决策下，清政府出于对《中俄密约》签订后中俄同盟关系的信赖，将联俄视为解决胶案的重要筹码"[2]，于是就有了清政府各种联俄的努力。俄国最初表现出制衡德国的迹象，但这恰是因为俄国也觊觎青岛，然而俄国考虑到德国占领胶州湾事实既定，与德国交恶不符合俄国的利益，更重要的是俄国考虑到胶州湾离海参崴太远，希望能占领更靠北方的海港，因此，俄国选择与德国交好，换取德国支持俄国在中国攫取更大利益。"当中方求俄未果、决定暂不求助俄国时，俄舰却不请自来，以中俄同盟为借口，实则意在占领旅顺、大连，清政府欲拒不能"，就这样俄国以"保护中国"[3]为幌子占领了旅大港。

1915 年，中日就"二十一条"交涉期间，北洋政府继续采用"以夷制夷"的外交策略，希冀其他列强施压日本。"美国对于一战期间日本在东亚及西太平洋地区的快速扩张，深感威胁。"[4]美国为了维护自己在太平洋地区以及在中国的权益，对日本侵略中国的行径反应非常强烈。北洋政府也以参加一战为诱饵换取英、法、俄等的支持，但这些国家更需要日本的支持，如英

〔1〕 邓媛："浅论以夷制夷与门户开放的关系（1912 年至 1937 年）"，载《今古文创》2021 年第 11 期，第 51 页。

〔2〕 贾小叶："胶州湾事件中清政府的对俄外交"，载《历史研究》2020 年第 1 期，第 114 页。

〔3〕 贾小叶："胶州湾事件中清政府的对俄外交"，载《历史研究》2020 年第 1 期，第 127 页。

〔4〕 唐启华："'中日密约'与巴黎和会中国外交"，载《历史研究》2019 年第 5 期，第 77 页。

国兵败加里波利后，需要日本的援助，因此，英国承认日本在东亚的外交发言权，并保证支持日本提出对德国在山东的诸多权利的要求，法、俄、意等国家基于自己国家利益也做出类似保证。美国参加一战后，对日的态度也逐渐软化，含混承认日本在华权益。

巴黎和会之时，鉴于美国的新外交理念，"提出理想主义外交新精神，主张以公开外交取代秘密外交、尊重民族自决、建立国际联盟以公理正义解决国际争端等理想"〔1〕，且考虑美国视日本崛起为威胁，确定了"联美制日"的外交策略，美国也承诺帮助中国争取权益。但美国"主张的公开外交、公理正义、民族自决等理念，因与各国利益冲突，不断遭英、法、意、日等国抵制"〔2〕，而且，日本针对美国的"民族平等"提出"人种平等"，这与列强的根本利益相悖。最终，列强确认由日本继承德国在山东的权益。

因此，弱国无外交。维护国家主权只能依靠自己，更重要的是自己强大到足以维护自己的权益，古今中外的历史已充分证明，弱国无外交，合纵连横最终靠不住，青岛主权问题再次证明没有实力做后盾的外交是难以维护国家主权的。

一战期间，日本以对德宣战为名，在山东登陆进攻德军。日本的行为肯定是违反国际法的，侵犯了中国的领土主权。武力驱逐日军也在当时北洋政府的考虑之中。"袁世凯一开始也考虑武力抵抗，并询问陆军总长段祺瑞，中国军队能抵抗多久。段回答说，军队可以抵抗，阻止日军深入山东内地，但武器弹药不足，作战将极为困难，只能抵抗48小时，48小时之后，就只有听候总统指示了。这一回答其实也就意味着，中国方面若拼死抵抗强大的日本，将会是无谓的牺牲。"〔3〕这明显是认为，以当时中国的实力不足以与日本抗衡。实力对比悬殊、武力解决无望的情况下，北洋政府不得不"援引1904年日俄双方在中国境内作战，清政府无法阻止日军行动而划出'交战区'一事，决定划出走廊，以供日军进攻青岛。走廊以外区域中国仍保持中立，力求将损失减到最小"〔4〕，尽量避免日本把战火引到山东内地。这当然是不足以维护中国完全主权的，"日军不仅占据了德国原占据的中国胶澳区域，还进一步

---

〔1〕 唐启华："'中日密约'与巴黎和会中国外交"，载《历史研究》2019年第5期，第79页。
〔2〕 唐启华："'中日密约'与巴黎和会中国外交"，载《历史研究》2019年第5期，第84页。
〔3〕 雷文进："'二十一条'签订始末"，载《兰台内外》2012年第2期，第14页。
〔4〕 雷文进："'二十一条'签订始末"，载《兰台内外》2012年第2期，第14页。

扩展至该区域之外"〔1〕。

日本占领青岛后，北洋政府的外交努力因无强大国力做后盾而失败，日本则依靠强力屡屡得逞。"日本完成对山东胶澳区域的占领后，中国政府要求日本撤军，日本政府不仅不撤军，反而在 1915 年 1 月 18 日向中国政府提出灭亡中国的所谓的'二十一条'"。〔2〕北洋政府外交人员则想尽办法拖延，同时，通过各种途径将日本的阴谋披露出去，获得国内外舆论支持，北洋政府还派人赴东京打探日本决策高层的真实企图。但最终在日本发出最后通牒的情况下，不得不签订条约。条约签订后，顾维钧特意起草了关于中国谈判过程中的立场和被迫签订条约的过程，"给后世的历史学家留下记录"，对外公布。从中不难看出，没有强大国力做后盾，"参与此事之外交人员的诸多悲情与无奈"〔3〕。

巴黎和会再次证明"弱国无外交"。第一次世界大战胜利后，中国以战胜国身份参加和会，希望收回山东主权。北洋政府也为此做了大量准备，但是中国方面"没能正确评估自身的国际地位和此次会议的性质"〔4〕。结果是，日本凭借其强力更能在和会上获得话语权，更有资本与其他列强讨价还价，"经过各国的'私下交易'，德国在山东的权益被完全让给日本"〔5〕。北洋政府外交努力失败，"究其根本是北洋政府缺乏对巴黎和会的本质认识——在解决国际冲突时，列强之间达成妥协，必然是以牺牲弱国利益为代价"〔6〕。

五四广场记载了国家蒙辱、人民蒙难、民族遭受劫难的历史。中国共产党成立后，团结全国各族人民，浴血奋战，建立中华人民共和国，实现民族独立和人民解放，结束了旧中国人民一盘散沙的局面，并带领中国人民取得了社会主义革命和现代化建设的伟大成就，目前中国的综合国力日趋强大，

---

〔1〕 张华腾："从中立到参战：第一次世界大战中的中国政府"，载《南开学报（哲学社会科学版）》2020 年第 2 期，第 114 页。

〔2〕 张华腾："从中立到参战：第一次世界大战中的中国政府"，载《南开学报（哲学社会科学版）》2020 年第 2 期，第 113~114 页。

〔3〕 雷文进："'二十一条'签订始末"，载《兰台内外》2012 年第 2 期，第 15 页。

〔4〕 高嘉诚："牢记巴黎和会外交失败历史　努力建设中国特色大国外交"，载《大庆社会科学》2020 年第 3 期，第 71 页。

〔5〕 高嘉诚："牢记巴黎和会外交失败历史　努力建设中国特色大国外交"，载《大庆社会科学》2020 年第 3 期，第 72 页。

〔6〕 高嘉诚："牢记巴黎和会外交失败历史　努力建设中国特色大国外交"，载《大庆社会科学》2020 年第 3 期，第 72 页。

中国再也不需要仰赖外国保护自己。习近平总书记在中国共产党成立 100 周年大会上庄严宣告："中国人民也绝不允许任何外来势力欺负、压迫、奴役我们，谁妄想这样干，必将在 14 亿多中国人民用血肉筑成的钢铁长城面前碰得头破血流！"〔1〕

二、五三惨案纪念园

（一）五三惨案纪念园概况

1. 五三惨案纪念园建设历程

五三惨案（又称济南惨案）纪念园位于天下第一泉风景区趵突泉公园内，于 2007 年 5 月建成开放，总面积 2600 平方米，包括五三堂、五三钟、五三碑、五三亭等，在五三惨案中牺牲的蔡公时烈士的铜像就安放在五三纪念堂内。

1928 年 5 月 3 日，侵华日军在济南制造了震惊中外的五三惨案，时任国民政府山东交涉署交涉员的蔡公时赴任不到一天，就壮烈殉国。消息传至南洋，华人社团义愤填膺。1930 年，以新加坡时任中华总商会会长、著名爱国侨领陈嘉庚先生为代表的南洋各界同胞，捐款铸造了蔡公时烈士全身铜像。铜像高 2.18 米，宽 1.10 米，总重 250 千克。因当时国内抗战，铜像就立在新加坡纪念孙中山的别墅晚晴园里。2006 年 4 月 10 日，新加坡孙中山南洋纪念馆、新加坡中华总商会和中国济南市人民政府联合举行 "蔡公时烈士铜像移交式"。4 月 18 日 10 时 30 分，蔡公时铜像从北京运到济南。铜像回归后，有关方面下决心要建一座济南惨案纪念堂。在济南市博物馆、经二纬四路原交涉署遗址与趵突泉公园三处候选地之间，最终选定了趵突泉作为园址。选择这里，一是考虑到这里每年 200 多万的游客流量，社会教育受众面大；二是这里也是原来五三街的所在地，历史脉络上可以顺承。

2006 年 5 月 2 日，蔡公时烈士铜像回归安置暨济南惨案纪念堂奠基仪式在趵突泉举行。

2007 年 1 月 11 日，济南惨案纪念堂布展方案确定为山东工艺美术学院副教授吴军设计的布展方案。按照总体设计，新建的济南惨案纪念堂将与五三

---

〔1〕 习近平："在庆祝中国共产党成立 100 周年大会上的讲话"，载 https://www.12371.cn/2021/07/01/ARTI1625122624003841.shtml，2023 年 4 月 3 日访问。

碑、五三亭等建筑共同组成纪念济南惨案建筑群落。

2007 年 4 月 28 日，济南惨案纪念堂布展完成。

2007 年 5 月，济南惨案纪念堂对外开放。

2. 五三惨案纪念园的布局

五三惨案纪念园位于山东省济南市趵突泉东北角，迎面就是一座汉白玉牌坊，横额上书"后事师表"。两尊石虎镇守牌坊，走进牌坊迎面就可以看到纪念园的中心建筑——济南惨案纪念堂。这座亭阁式仿古建筑分上下两层，雕梁画栋、古香古色。一楼正中的匾额上有"济南惨案纪念堂"七个大字，这是全国人大常委会时任副委员长何鲁丽女士题写的，她的父亲何思源在惨案发生时任山东教育厅厅长，在他的提议下，当时省内各县几乎所有的公学都建立了关于惨案的纪念碑。

迈进纪念堂，最抢眼的就是蔡公时先生的全身铜像。背景是"日军炮击后之济南"图，上面镌刻着毛泽东在《中国的红色政权为什么能够存在》一文中有关济南惨案的话。两侧陈列了大量史料，分为"风雨如磐""古城喋血""同仇敌忾"等几大部分。

二楼展厅门口匾额"五三堂"由欧阳中石先生题写。展厅以连环画的形式展示了"齐鲁风云""济南沦陷""奋起抗击""民众觉醒"等铜版画。

纪念堂外，在红花绿叶的掩映下，两块巨石上刻着《济南惨案歌》《国耻歌》的五线谱词曲。东侧悬挂了一口 2.4 米高的铸铁大钟，正面写着"勿忘国耻"四个大字，背面则是济南市人民政府撰写的铭文，共 280 字。

整个纪念园占地面积约 2600 平方米，建筑面积 300 平方米。

（二）五三惨案

1. 五三惨案的经过

五三惨案又称济南惨案。民国十七年（1928 年），蒋介石领导国民革命军进行北伐战争，日本军国主义担心中国一旦统一，就不能任日本肆意侵略，于是竭力阻挠北伐战争的进行。蒋介石所率北伐军节节胜利，很快就攻入了山东省。1928 年 4 月 19 日，田中内阁借口"保护帝国臣民"派遣第六师团 5000 人在青岛登陆，控制青岛和胶济铁路沿线要地。1928 年 5 月 3 日清晨，泉城济南城内各处商店相继开门，生意兴隆，市面熙熙攘攘，一片太平景象。但在上午 9 时许，北伐军一名士兵经过日军警戒区时，被无故射杀；北伐军一部移往基督医院时，日军又突然开枪，与此同时又向国民革命军第四十军第三师第七团的两个营发起攻击，北伐军损失惨重。日本侵略者却得寸进尺，一面以武力迫使商埠区的北伐军全部缴械，一面派部队占领设在济南路局的外交部长办公处。

此时，蒋介石仍下令不准抵抗，只是命战地政务委员会外交处主任蔡公时速去交涉，要求日军迅速撤退。5月3日晚上11时许，20多个日本兵闯入交涉署，剪断电灯、电话线，残忍杀害交涉署包括蔡公时在内的16名工作人员。

1928年5月4日，蒋介石命外交部长黄郛致电日本首相兼外务大臣田中义一，指出"似此暴行，不特蹂躏中国主权殆尽，且为人道所不容。今特再向贵政府提出严重抗议，请立即电令在济日兵，先行停止枪炮射击之暴行，立即撤退蹂躏公法、破坏条约之驻兵，一切问题当由正当手续解决"。日本政府根本不把这个抗议照会放在眼里，不予理会，反而扩大济南事态，更疯狂地向中国公民开炮射击。

蒋介石见济南的事态不但平息不下来，相反有越来越紧急的势态，于是他整顿了北伐军，拉着黄郛等人在混乱中溜出了济南。留守济南的李延年、邓殷藩两团将士，与日寇激战三昼夜，打得日寇不敢轻举妄动，直至接到蒋介石令他们撤退的密电后，才撤出济南。北伐军撤出济南后，日军于5月11日上午举行"扬国显威"的入城仪式，开始惨绝人寰的大屠杀：见人就开枪射击，见女人就割去双乳，乱刀刺死。济南市民惨遭屠戮，血流成河，尸横遍野，惨不忍睹，举世公愤！

据国际红十字会济南分会统计，济南惨案中中国军民死亡6123人，伤1770余人，财产损失24 008万余元。因为这次大屠杀始于5月3日，故史称五三惨案。

2. 外交史上第一人——蔡公时

（1）主要经历

蔡公时（1881—1928年），江西省九江市人，幼习经史，1902年组织慎所染斋，名为讲学，实则宣传革命，很快被查封，后赴日本留学，攻读于东京弘文学校，并加入中国同盟会，以《民报》为阵地，从事反对帝制、建立共和的革命宣传。回国后，于1904年随黄兴、谭人凤等人入粤，参与钦廉之役，失败后出走越南，后辗转返回江西，任法政学堂教授，秘密进行革命宣传。

1913年，二次革命失败后，复赴日本，入东京帝国大学政治经济科学习。

1917 年后，任广州护法军政府大元帅府参议；1922 年，任第五师参议，后改任秘书；1926 年，任上海工统委员会委员；1927 年 5 月，任金陵关监督等职；1928 年春，任国民革命军总司令部战地政务委员兼外交处主任，随军北伐；5 月 1 日进驻济南，任国民政府外交部山东交涉员。

（2）遇害经过

1928 年 5 月 3 日，日寇寻衅挑起事端，肆意捕杀中国军民，制造了震惊中外的济南惨案。是日下午，日军将位于济南商埠经四路小纬六路的山东交涉署包围，此时，蔡公时刚接手交涉署工作。晚 9 时，日军 50 余人持械进入交涉署内，威逼工作人员交出武器。蔡公时挺身而出，说"我们系外交人员，不携带武器"。日军置国际公法于不顾，蓄意撕毁国民政府旗帜青天白日旗及孙中山画像，强行搜掠文件。

为避免事态扩大，蔡公时婉言要求日军停止搜查，退出公署，并请日本领事前来洽商，但均遭拒绝。随后，日军以暴力手段将交涉署人员捆缚，蔡公时据理力争，日本军官恼羞成怒，命令日本兵也将蔡公时绑缚起来。蔡公时忍无可忍，便怒斥道："汝等不明外交礼仪，一味无理蛮干！此次贵国出兵济南，说是保护侨民，为何借隙寻衅，肆行狂妄，做出种种无理之举动，实非文明国所宜出此！"一个会说中国话的日本军官冷笑道："你们的蒋总司令都不敢骂大日本皇军半句，他想找我们谈判，我们都没有兴趣。你的官儿有多大，再大也大不过蒋先生！"那日本军官还不解气，一巴掌掼在蔡公时的脸上，还咬牙切齿地骂道："你不要命啦，竟敢辱骂皇军，把你送到蒋总司令手里，他也得杀了你，再向大日本皇军道歉！"蔡公时一腔爱国热血似烈火般熊熊燃烧，义愤填膺，痛斥日寇说："你们这些强盗！我早就看透你们，现在我以一个中国人的身份痛斥你们这帮强盗！"日本军官兽性大发，命日本兵挥动刺刀将蔡公时割耳、切鼻。顿时鲜血喷流，血肉模糊，惨不忍睹。日本强盗放声狂笑，形同禽兽！那日本军官原以为会把蔡公时吓得低声下气求饶，却见蔡公时虎目圆睁，大声怒骂："日本强盗禽兽不如，此种国耻，何时能雪！野兽们，中国人可杀不可辱！"同人闻言皆放声大哭，痛骂日寇。日寇更为恼怒，将蔡公时拖到交涉署院内残忍枪杀，可怜蔡公时正值英年，未见国家统一，竟牺牲在日寇的枪下。蔡公时赴任不到一天，壮烈殉国。

就在日兵捆绑署员时，蔡公时的勤务兵张汉儒身后靠着的办公桌上忽然有东西掉在地上，张汉儒发现是办公用的剪刀。由于 4 人捆作一排，张乃撞旁人肩膀，示意蹲下，于是用反缚着的手将剪刀拾起，互相剪断绳索。看守日军未开手电故未发觉。待日军来拖第二组时，张仍佯装双手被缚。趁日本兵尚未意识到时，张汉儒一跃爬上矮院墙逃跑，日军连连开枪，其余几个皆应声倒下。子弹从张汉儒腰旁飞过，没有击中。之后，他连翻四墙，隐身于一个空水桶中。天色微明时，在一个送水的苦力的帮助和掩护下，骗过日本哨兵，直奔北伐军总司令部，报告蔡公时等被害情形，方使这一惨案大白于天下。

5月3日晚上除张汉儒有幸逃脱外，包括蔡公时在内的16名署员被残忍杀害。日本士兵的这一暴行激起中国人民的极大愤怒，各地民众、团体纷纷举行示威抗议，主张废除不平等条约，抵制日货；美国、法国、英国、新加坡、加拿大、菲律宾、印尼、马来西亚等海外华人、华侨为济南惨案踊跃捐款，华人青年学生恳请回国参加对日斗争，采用各种形式讨伐日本军国主义，要求严惩肇事者，赔偿损失，声援国内正义的斗争。随即，全国成立了济南五三殉难烈士纪念会（何思源为主席），1928年5月12日，国民政府对蔡公时等17人明令褒扬，国民党政府要人蒋介石、李烈钧、于右任、李宗仁、冯玉祥、孙科、宋子文、陈立夫、孔祥熙、王正廷等人题字裱词。

（3）社会评价

蔡公时是民国以来第一位抗日烈士，李烈钧的题词赞他为"外交史上第一人"；冯玉祥为他题词"誓雪国耻"；李宗仁题词"民族精神，千古卓绝"；于右任撰诗"此鼻此耳，此仇此耻！呜呼！泰山之下血未止"。

艺术大师徐悲鸿为其创作巨幅油画《蔡公时济南被难图》。

蔡公时是诗人，早年他曾写过谒黄花岗七十二烈士墓的七律，其中"英雄血和杜鹃开""不抱丹心莫错来""功名都在死中求"等句，忠义之气溢于言表，读起来让人荡气回肠。

五三惨案揭开了中日两国长期战争的序幕，是日军全面侵华的一次预演和试探。而在此次惨案中，中国外交官蔡公时烈士在日军屠刀下英勇献身，保持了民族气节，维护了民族尊严，被誉为"外交史上第一人"。

在五三惨案济南数千遭受杀戮的死难者中，蔡公时是最为典型最为杰出的敢于面对豺狼虎豹、痛斥敌酋、宁死不屈的英雄。他为了捍卫民族的气节和正义的尊严，最终舍生取义，以身殉国。他虽死犹生，其悲壮的爱国精神震撼了敌人，教育了人民，也给世人树立了永志记载、永怀敬仰的形象。

三、共性研究

（一）都反映了中国人民英勇无畏的抗争精神

中华民族是一个具有伟大抗争精神的民族，在历史的长河中，面对列强的侵略，中国人民没有坐以待毙、忍辱偷生，而是积极抗争、奋勇反抗。

1919 年爆发于北京的五四运动，开启了创建中国共产党的序幕。它以中国过去不曾有的姿态，举起了反帝爱国的旗帜，这是一个伟大的爱国运动，是新民主主义革命的开端。1919 年爆发的五四运动，是一个划时代的历史事件。毛泽东指出："五四运动的杰出的历史意义，在于它带着为辛亥革命还不曾有的姿态，这就是彻底地不妥协地反帝国主义和彻底地不妥协地反封建主义。"五四运动是一次真正的群众运动，这是它比辛亥革命大大向前跨进了一步的地方。正是在五四运动中，中国的无产阶级开始作为独立的政治力量登上了历史舞台，对于这场斗争的胜利起了决定性的作用。

在五三惨案中，面对日军的暴行，济南军民在济南卫戍副司令苏宗辙的指挥下，与日寇奋战，特别是邓殷藩团第九连连长郭德芳与部属发誓说："我们生为军人，死当卫国。今天的事，日本人逼得我们实在忍不下去了！为国家，为人民，正是我们牺牲报国的时候了！我们不忍心，也不愿意亲眼看到祖国河山破碎而束手就擒！我们要本着有敌无我、有我无敌的精神和决心，与敌人拼一个你死我活！"北伐军将士以散兵战术抗击日寇的立体战术，打得敌人闻风丧胆。留守济南的李延年、邓殷藩两团将士，与日寇激战三昼夜，打得日寇不敢轻举妄动，直至接到蒋介石令他们撤退的密电后，才撤出济南。尤其是以蔡公时为代表的交涉署的 17 名工作人员，英勇不惧，怒斥日军，捍卫民族尊严，16 名工作人员壮烈牺牲、以身殉国。[1]五三惨案对于大多数善良、正直的中国人来说，是一场空前的大血劫，同时又是一方绝对的清醒剂。五三惨案后，中国人彻底认清日本帝国主义的嘴脸，从血泊中抬起头来，丢掉一切幻想，做好战斗甚至长期苦斗的准备，这成了当时整个时代的主旋律和最强音。五三惨案和济南城保卫战是中华民族从精神上全面抗战的开端，使中国人民从精神上筑起了抗击日本侵略者的钢铁长城，对中华民族民族精神，进行了一次全新的重塑与洗礼。

---

〔1〕　王淑珍主编：《中华民国实录》（上），东北师范大学出版社 1997 年版，第 390 页。

（二）都是"弱国无外交"的典型案例

弱国就是经济、政治、军事、外交、教育、民族意识等构成的一个国家综合国力的各方面或几方面有弱势的国家。这类国家在日常的对外交往中经常处于劣势，所以称为"弱国无外交"。这在战争时期体现得淋漓尽致。历史上最早提出来"弱国无外交"的是诸葛亮。而1945年曾有中国记者采访陆征祥，据报道陆征祥曾对未来国情提出简短而著名之语："弱国无公义，弱国无外交。"

第一次世界大战后，中国作为胜利一方的参战国，派顾维钧等出席巴黎和会。巴黎和会由美、英、法等列强操纵，尽管顾维钧才华出众，活动能力也强，很受法国的"老虎总理"克里孟梭的赞赏，但是由于中国积贫积弱，在国际上势单力薄，列强决定把战败国德国所占中国山东的权利交给日本。这是"弱国无外交"的典型事例。

1928年5月3日，日本帝国主义为了获取在华利益，进而霸占中国，借保护侨民之名悍然攻占济南，大肆屠杀无辜军民和外交人员，打死中国军民6000余人，[1]制造了震惊中外的五三惨案，因大规模屠戮自5月3日开始，故称五三惨案。

在这两个案例中，中国人民的权益都受到极大伤害，都充分显示了"弱国无外交"的历史定律。

（三）都对当时的外交格局产生了深远影响

五三惨案的发生及其善后的处理还有宣传使得中国国内反日情绪高涨，五三惨案也使得中日双方互信合作的希望破灭，中方最终放弃联日外交，转而和西方国家尤其是美国建立较为密切的关系。五三惨案之后蒋介石的决定，标志着其放弃了亲自领兵打入北京的计划，也意味着其决定暂时延缓对北方的控制，而集中全力于巩固在南方的统治。五三惨案后，对外事务在影响中国内政发展进程方面作用更大，而外交也就成为新当权的国民党的当务之急。这对以后中国历史发展的影响极大。

1919年初，英、法、美等国召开巴黎和会，中国作为战胜国派出代表参加会议，中国代表在会上提出取消外国在中国的一切特权、废除"二十一条"

---

〔1〕政协济南市历城区委员会文史资料研究委员会编：《历城文史集粹》（下），中国戏剧出版社2004年版，第449页。

等合理提案，遭到和会拒绝，会议竟决定将德国在中国山东侵占的一切特权转交给日本。最终，英、美、法、日、意等国不顾中国民众呼声，在 4 月 30 日签订了《凡尔赛和约》，仍然将德国在山东的权利转送日本。在巴黎和会中，中国政府的外交失败，直接引发了中国民众的强烈不满，从而引发了五四运动。经过激烈的较量和彼此的妥协，6 月 28 日，各战胜国终于在巴黎近郊著名的凡尔赛宫镜厅签订了《凡尔赛和约》，由于大会将战前德国在山东的特权转交给日本，严重损害了中国的利益，中国代表最终没有出席《凡尔赛和约》的签字仪式。和会上战胜国同时还分别同德国的盟国奥地利、匈牙利、土耳其等国签订了一系列和约；这些和约与《凡尔赛和约》构成了凡尔赛体系，确立了第一次世界大战后由美国、英国、法国等主要战胜国主导的国际政治格局。会议通过领土分配及赔款等措施重塑现实政治格局，遏制德国、俄国等战败国及共产国家，但与此同时通过筹组国际联盟来企图建立理想的国际外交规范。

中国代表没有在巴黎和会上签字，这并不代表中国的利益和权益能够保留下来，相反，这刺激了日本吞并中国、排挤其他列强的速度。由于北京政府的失败，各地军阀利用北京政府的无力，相互攻伐，加剧了中国的内乱。

1921 年到 1922 年召开了华盛顿会议，中国代表提出"十项原则"，山东问题得到解决，日本把青岛交还给中华民国政府但是胶济铁路仍由日本控制，山东实际仍由日本控制，中国权益仍没有恢复。

第二节 "一大代表"星汇

一、王尽美

(一) 王尽美纪念馆基本概况

王尽美（1898—1925 年），原名王瑞俊，又名烬美、烬梅，字灼斋，中国共产党的创始人之一，山东党组织最早的组织者和领导者。王尽美为革命艰苦奋斗，积劳成疾，于 1925 年 8 月 19 日逝世，终年 27 岁。在短暂的一生中，他为党的事业作出了不可磨灭的贡献。1991 年 5 月，经中央宣传部、中共山东省委、中共潍坊市委批准修建王尽美纪念馆，7 月 1 日奠基动工，1992

年 7 月 1 日建成并对社会开放。

王尽美纪念馆位于诸城市城南三里庄水库坝北南坡。地势高阔，环境优美，南眺马耳山、常山与水库万顷碧波辉映，蔚为壮观；北瞰密州古城，全貌尽收眼底，山光水色，古今建筑融为一体。

纪念馆总占地面积为 45 000 平方米，纪念馆园内遍植翠柏苍松，各类花木错落有致，葱茏簇秀，草坪如茵。主馆坐落在一处方形台基上，建筑面积810 平方米，建筑高度 13.74 米，砖混结构，底面呈正方形，四面大门互相对称。内外一律用花岗岩贴壁，象征王尽美千秋永在，万古不朽。

纪念馆西门为正门，上方是陈云同志题写的馆名，进门迎面镶嵌着董必武同志《忆王尽美同志》的诗篇："四十年前会上逢，南湖舟泛语从容。济南名士知多少，君与恩铭不老松。"馆内上下两层，楼下一厅四室，厅内耸立高 2.8 米的王尽美大理石塑像，对面石刻《国际歌》，昭示王尽美的光辉生涯。

馆内共设四个展室，分别陈列王尽美烈士革命斗争的史料、图片、遗物，江泽民、陈云、徐向前、彭真等党和国家领导人的题词，以及关于王尽美的回忆文章与文艺作品。馆前有 27 级石阶和 4 个太平坛。27 级石阶象征王尽美 27 年的人生历程，4 个太平坛分别象征他参加中共一大、二大，国民党一大和出席远东各国共产党及民族革命团体第一次代表大会四次重大革命活动。

纪念馆设计新颖，造型典雅，环境优美，所处地势很高，可以俯瞰诸城市区全貌。纪念馆自 1992 年开馆以来，已接待省内外参观者 110 余万人，成为山东省革命传统教育、爱国主义教育和党员教育的重要阵地和中心。

（二）主要内容

王尽美是中共创始人之一，也是山东党组织的最早发起人，作为中共一大代表曾与毛泽东一起参加会议，结下了革命友谊。遗憾的是王尽美 27 岁英年早逝。1936 年，美国记者斯诺到延安采访，在谈到中国共产党早期创始人的时候，毛泽东对斯诺说："王尽美和邓恩铭是山东支部的创始人。"1949 年，毛泽东在参加第一届全国政协会议的时候，对山东代表马保三说："革命胜利了，不能忘记老同志。你们山东要把王尽美、邓恩铭烈士的历史搞好，要收集他们的遗物。"他还非常动情地介绍说："王尽美耳朵大，长方脸，细高挑，说话沉着大方，很有口才，大伙都亲热地叫他'王大耳'。"

1. 出身贫苦，渴求进步

王尽美1898年6月14日出生在一个贫苦的佃农家庭，是山东省莒县大北杏村人。在王尽美出生前四个月，其父亲突然暴病身亡，还未成人时爷爷也病故了。为生活所迫，王尽美的奶奶只好去地主家当佣人，母亲则在家里日夜纺线挣钱糊口，以此艰难度日。王尽美四五岁时开始跟着母亲赶集，把母亲纺出的线卖掉，换回棉花再纺线。到了上学的年龄，王尽美渴望读书，却因家贫如洗，只能到学堂窗子底下偷听私塾先生的讲课。后来恰巧村里有两个地主家的子弟找人陪读，王尽美由此得到了学习机会，先后去这两家做了陪读生。王尽美聪明好学，在本族亲人的关怀下考上了本村开办的初级小学，因为表现良好当上了大学长，学校免去了他的学费。后来又考上高小，毕业回家务农，挑起了家庭的生活重担。

王尽美在求学的道路上，并没有满足于旧式学堂提供的教育内容，开始接触进步思想。辛亥革命爆发后，各种进步思潮破除了人们长期僵化禁锢的头脑，新的思想、新的精神犹如春风吹拂着神州大地。王尽美经常通宵达旦地读书学习，涉猎的知识越来越多，他在学习中不断进行深入思考、寻求答案，认识到当时存在的各种社会问题，已经严重地阻碍了中国的进步与发展，是导致中华民族灾难不断的根本原因。

为了追求更高的理想，1918年春末夏初，20岁的王尽美在奶奶、母亲的支持下凑到了一块银圆，决定离开家乡继续求学。那年省城济南恰好有免费学校可以报考，王尽美积极准备并顺利考入山东省立第一师范学校，开始学习更广泛的知识。在即将去省城济南学习之际，王尽美漫步家乡的乡间小道，登上村前的乔友山，举目远望蜿蜒东去的潍河水，踌躇满志之余又有些恋恋不舍。看着脚下养育自己的这片黄土地，王尽美思绪万千，情不自禁地沉吟："沉浮谁主问苍茫，古往今来一战场。潍水泥沙挟入海，铮铮乔有看沧桑。"这首诗表达了王尽美对不平等社会的无比愤懑和改造现实社会的远大志向。

2. 投身五四，出席一大

在山东省立第一师范学校学习的时候，王尽美开始接触革命党人，涉足革命活动，在五四爱国运动中发挥了积极作用，带领山东的学子与北京等地的活动遥相呼应，成为山东学生联合会的领袖人物。此时，王尽美与另一位中共早期的创始人邓恩铭在济南共同开展工作，结为革命挚友。随着五四运动的广泛开展，全国各地的学生组织已经与北京各院校的学生会建立联系，进行联合斗争。王尽美作为山东学生运动的领导人物前往北京等地交流工作，参加了马克思主义学说研究会，认识了李大钊，最终在革命实践活动中找到了马克思主义这个真理。

早期的革命先驱李大钊，非常关心山东的党组织建设工作。王尽美、邓恩铭在李大钊的具体指导下积极准备，于1921年春天在济南建立了共产主义小组，在齐鲁大地播下了革命的火种。1921年，王尽美作为代表参加中共一大会议，向大会报告了山东建立党组织的详细情况，并结合工作开展现状，提出自己的建议。

中共一大后，王尽美的思想觉悟进一步提高，更加坚定了救国救民的革命决心，为表达未来革命"尽善尽美"之心意，他将自己的名字王瑞俊改为王尽美。王尽美回到济南立即开展工作，学习传达中共一大会议精神，号召大家认真学习讨论《共产党宣言》等资料。

3. 艰苦斗争，积劳成疾

在中共中央的支持领导下，王尽美在山东建立了中国共产党山东区支部，任书记。王尽美不分昼夜地工作，担负着艰巨的任务，担子越来越重。他开始走出学校，发动群众，积极组织工人运动，逐渐成为一名职业革命家。

为学习借鉴苏联革命的成功经验，王尽美等人于1922年初来到莫斯科，参加远东各国共产党及民族革命团体第一次代表大会，参观了列宁工作的场所，见到了列宁。王尽美深刻地感受到了苏联社会主义革命取得的伟大成就，开阔了眼界，坚定了信心，更加明确了中国革命道路的方向。

1922年7月，王尽美出席了在上海召开的中共二大，这次大会第一次明确了反帝反封建的民主革命纲领，提出了中国革命的目标。为了指导中国的工人运动，王尽美与邓中夏、毛泽东等人联系，阐述当时中国的现状，一起编写《劳动法大纲》。随后王尽美根据中央指示，在山东广泛建立了党团组织，促进了党的各项工作进展。后调到中国劳动组合书记部工作。

1922年9月，王尽美代表中国劳动组合书记部去山海关、秦皇岛等地建立党的组织，领导工人运动。此间，他领导的山海关铁工厂工人反对封建把头的斗争、山海关京奉铁路工人罢工都取得了胜利。在秦皇岛五矿工人总同盟罢工中，他领导的秦皇岛港码头工人罢工也取得了胜利。这些罢工的宣言、函电、传单和新闻报道，大都出自王尽美之手。他在斗争中立场坚定，讲究斗争策略，展现出了杰出的组织领导、宣传鼓动的才能。王尽美在斗争中的英勇表现引起了反动派的敌视、仇恨，遭到了反动派通缉，1923 年 2 月，被反动当局逮捕，经工人营救获释，后又被派往山东。[1]

党的三大后，王尽美根据党的决议以个人身份加入国民党，并（于）1924 年 1 月出席在广州召开的中国国民党第一次全国代表大会。后赴北京出席全国国民会议促成联合总会成立大会，聆听了李大钊的报告。12 月下旬，在天津饭店受到孙中山的接见，并被委以国民会议特别宣传员。王尽美积极投身国共合作领导的国民会议运动，推动了山东各地国民会议促成会的成立。在国共合作中，他非常注重合作、斗争的方式，保证了山东国共合作局面的顺利打开。他利用国共合作的有利形势，在胶济铁路沿线城市，尤其是济南、青岛等地，积极发展党的组织，扩大党组织的影响，使山东党的工作迅速开展起来。

针对帝国主义的文化侵略，1925 年 1 月 24 日，王尽美组织领导党、团员在济南趵突泉开展了大规模反帝宣传活动。26 日，由于连日宣传、演讲，他过度劳累，吐血不止，经诊断患上严重肺病。2 月，他仍抱病组织领导青岛胶济铁路工人和四方机厂工人大罢工，取得胜利后成立了胶济铁路总工会。4 月，又参与组织领导了青岛以大康纱厂为主的日本纱厂工人第一次同盟大罢工，王尽美带病坐镇指挥。6 月，肺病复发，不得不入院治疗。

在生命的最后一刻，王尽美紧紧握住母亲的手，叮嘱道："妈，别难过，儿子是共产党员，这几年在外东奔西跑，为的是解放天下受苦的人，为革命而死，值得。只可惜革命事业还没有成功。妈，儿死后您千万别向组织提任何要求，少给组织添麻烦。"母亲一边擦着眼泪一边点头，她知道儿子是党的人，理解儿子的心。

1925 年 8 月 19 日，王尽美在青岛逝世，年仅 27 岁。王尽美逝世后，党组织派人把他的灵柩送回大北杏村安葬。王尽美去世 4 年后，其妻子也病故了。留下的一双幼子靠老母亲抚养，在党组织的关怀下，也先后走上了革命道路。

毛泽东对于英年早逝的一大代表王尽美始终挂在心上，对他的家人表达了深切的关怀。1952 年在山东视察的时候，毛泽东意味深长地对山东的有关

---

　　[1] 张全景："'尽善尽美唯解放'——纪念王尽美同志诞辰 120 周年"，载《党建》2018 年第 7 期，第 44~45 页。

同志说:"你们山东有一个王尽美,是个好同志。听说他母亲还活着,你们要养起来。"1959年,王尽美烈士的遗骨由家乡迁往济南英雄山脚下的革命烈士陵园。1969年,毛泽东在党的九大怀念革命先烈,首先提到的就是牺牲的一大代表王尽美。[1]

二、邓恩铭

(一)"四五"烈士纪念碑介绍

山东省济南市槐荫区的经七路588号槐荫广场东北角,威严耸立着一座四周青松翠柏环绕、汉白玉栏杆相护的纪念碑——"四五"烈士纪念碑。该碑是为纪念1931年4月5日在纬八路刑场英勇就义的中共一大代表邓恩铭、中共山东省委书记刘谦初、中国妇女运动的郭隆真等22名革命烈士而修建的,纪念碑设计者为仇志海先生。1987年3月共青团槐荫区委发起了缅怀历史和发扬烈士精神的烈士建碑活动,并于1989年4月在青年公园正式落成。2009年,为配合槐荫广场人防工程改造,纪念碑暂时外迁。工程竣工后,共青团槐荫区委、槐荫区党史办、区园林局等部门将纪念碑重新安放至原地,并对纪念碑进行了碑体抬高、清洁、描金等修缮处理。[2]

纪念碑的设计很有深意,从正面看,纪念碑由三块竖立的汉白玉岩石组成,庄严肃穆,像是雄赳赳、气昂昂的一群人向着未来笔直矗立,石碑上方刻有原国家副主席王震题词:"宁死不屈,浩气长存",彰显英雄先烈们视死如归、勇往直前的气概;前方石碑镶嵌反映烈士英勇就义的铜质浮雕,下方刻的数字是烈士们英勇就义的日期"1931.4.5",后方主碑高4.05米,象征4月5日,如此设计是希望后人铭记历史、铭记先烈的英勇付出;侧方石碑上刻着中共山东省时任省委书记梁步庭题词"垂范后来",下刻少年儿童献词;背面有800余字的22位烈士生平事迹,向世人呈现历史上这一天有多么沉重,国之殇,青年时代之殇。

(二)邓恩铭生平

生长于贵州少数民族山乡的邓恩铭,在建党之初能成为代表世界最先进

---

〔1〕 王晶:"英年早逝的一大代表王尽美",载《学习时报》2020年9月25日。

〔2〕 "槐荫广场'四五烈士纪念碑'重修开放",载 http://news.sina.com.cn/o/2010-04-03/025117317101s.shtml,2021年3月8日访问。

思想的共产主义在中国的传播者，在当时开天辟地的一代先驱者中也是少有的特殊人物。这位水族优秀儿子走出"天无三日晴，地无三里平，人无三分银"的贫寒区域，到了有外国租界的山东半岛，虽然看到了体现近代化的工厂和建筑，本人一时也成为"佟少爷"，却也同时目睹了惊人的巨大贫富反差。当地日本工厂的情况，正如他在调查报告中所述——"厂中并无吃饭之休息时间，一面摇铃一面吃饭。'中国奴''亡国奴'是日监工平常辱骂工人之名词，殴打工人则拳足交加""冬天则捉工人之颈，置之冷水管之下而淋之，必至鼻破血流，浑身结冰而后已，此则尤为日厂之特刑"。正是这种特定的环境，使他在"不平则鸣"的激情中走到了五四运动的呐喊行列中。他接触到马克思主义理论并与所见的阶级和民族压迫相结合，这更坚定了他唤醒苦难麻木的工人进行自身解放斗争的意志。靠着信念的力量，他以青春的激情参加了党的一大，在南湖红船上举拳宣誓为共产主义奋斗，此后从学校、工矿、监狱直至慷慨走上刑场，都以满腔赤诚践行了这一誓言。[1]

1. 波折的成长背景

邓恩铭出生于贵州荔波的一个贫苦农民家庭，幼年靠亲友资助求学。6 岁进入私塾上学，10 岁进入荔泉书院读书。1917 年秋毕业后，16 岁的邓恩铭从荔波县城出发，步行经九阡、周覃、三洞、中和、水龙、牛场，过三郎渡口抵三都县城，然后弃陆行舟，在三合大码头雇船顺都柳江而下，过榕江、从江至广西柳州，再经梧州、香港、上海、南京，水陆兼程辗转一个多月，才抵达山东济南，投奔过继给黄家当县官的二叔黄泽沛。并由二叔资助，于1918 年进入山东省立第一中学读书。由于当时中华民族处于危难之际、人民处在水深火热之中，残酷的社会背景深深触动着邓恩铭的内心，中学毕业后，他就坚定地当了一名职业革命家。五四运动爆发后，在五四爱国运动的影响下，邓恩铭积极参加反帝反封建的斗争，并在斗争中接受了马克思主义思想的洗礼。他积极参加北京学生爱国运动，组织学生参加罢课运动。在共同的斗争中，他同山东省立第一师范学校学生王尽美结成了亲密战友，共同组织学生抵制日货，反对卖国条约，积极参加宣传、演讲、罢课、游行等活动，成为学生界有影响的人物之一。他们联络进步青年学生，于 1920 年 11 月 21

---

〔1〕 "邓恩铭事迹"，载 http://www.sdbing.net/memorial/store.php？ action = notice&id = 257&xid = 249，2021 年 3 月 8 日访问。

日组织了进步团体"励新学会"。邓恩铭被选为学会领导成员之一。学会出版了以介绍新文化、新思想为宗旨的《励新》半月刊。邓恩铭经常在《励新》上发表文章，介绍俄国十月革命，宣传马列主义，揭露社会黑暗，抨击旧礼教、旧教育等社会现状。[1]

2. 坚定的成才过程[2]

马克思主义的传入，是邓恩铭革命思想向实践转变的拐点，也是他传奇革命生涯的起点。五四运动爆发后，邓恩铭积极投身反帝爱国运动，大量阅读宣传新文化、宣传马克思主义的书刊，开始向共产主义者转变。1921 年春，他与王尽美等在"马克思学说研究会"的基础上发起建立了济南共产主义小组，创立了济南乃至山东中国共产党的早期组织。邓恩铭和王尽美均担任小组的负责人。

1921 年 7 月，邓恩铭与王尽美赴上海出席中国共产党第一次全国代表大会。回济南后，邓恩铭和王尽美首先成立了直属中央领导的山东第一个党支部——中央济南地方支部。1921 年 9 月，又同王尽美等发起建立山东马克思学说研究会，会员发展到五六十人。在中共中央代表的帮助下，建立了中共中央直属的中共山东区支部，任支部委员。邓恩铭在山东区支部的领导下，积极从事党的组织、宣传工作和工运工作。翌年初，邓恩铭、王尽美等以中共代表的身份，赴莫斯科参加了共产国际召开的远东各国共产党及民族革命团体第一次代表大会，受到列宁的亲切接见。回国后，邓恩铭受组织委派，先后到淄博矿区和青岛四方机厂等工厂企业宣传马克思主义，开展工人运动，克服种种困难赢得工人群众的信任，唤起他们参加革命的热情。一方面大力宣传社会主义的优越性；另一方面仍然致力于党组织的发展和山东工人运动的发动。他的叔父发现他参加革命活动，既惊又怕，极力阻挠，要他安分守己，求取功名。他父母在家乡给他定了亲，来信催逼他回家结婚，想以此来拖住他，但被邓恩铭拒绝了。他在给父母的信中说："……儿主张既定，绝不更改。"这表达了他在革命道路上义无反顾的崇高精神。

1922 年 7 月，王尽美、邓恩铭等赴上海出席了中共二大。会议结束后，

---

〔1〕 "中共创始人之一邓恩铭"，载 http://www.jinan.gov.cn/art/2015/9/8/art_ 247_ 102516. html，2021 年 3 月 8 日访问。

〔2〕 "中共创始人之一邓恩铭"，载 http://www.jinan.gov.cn/art/2015/9/8/art_ 247_ 102516. html，2021 年 3 月 8 日访问。

遵照党中央会议精神和党组织的决定，山东党的工作重点是加强工人运动。邓恩铭积极贯彻会议"山东党的工作重点是加强工人运动"的精神，在山东大地上掀起波澜壮阔的工人运动。邓恩铭在山东工作期间化名黄伯云。他生性活泼且聪颖睿智，能很快地学会各地方言，与当地工人打成一片。1922年6月，在王尽美、邓恩铭等的帮助下，党领导下的山东省第一个企业工会组织——济南大槐树机厂工会成立。7月26日，根据工人们的强烈要求，工会向厂方提出了"年终双薪""星期日休假半天""每年增薪一次""不可随意开除、裁减工人"等八项要求，全厂大罢工经过七天的斗争，资方终于妥协答应了工人的条件，这是济南有史以来工人运动取得的首次胜利。[1]为尽快掌握淄博工人实情，邓恩铭便在淄博煤矿区住下来，调查了解矿工的劳动生活状况，向工人介绍世界各国及中国各地工人运动形势，教育工人认识本阶级的力量，组织起来同资本家作斗争。在他的领导下，矿区工人很快组织起"矿区工会淄博部"，并建立了淄博矿区第一个党支部——洪山矿区党支部，使淄博矿区的工人运动蓬勃开展起来。

　　青岛是邓恩铭在中共成立后从事革命工作时间最长的地区。1923年，他受中共济南地方支部委派到青岛开展工作时，这里党的工作尚未展开。他克服政治环境险恶、经费紧张等困难，深入群众中间，在工人中发展党、团员。他在四方机厂附近创办了工人文化补习学校，作为宣传马克思主义，发展党组织，联系党、团员，领导工人斗争的指挥所。邓恩铭非常重视舆论的宣传作用，他利用在《胶澳日报》编辑《胶澳副刊》的机会，连载《列宁传略》，发表介绍十月革命和世界工人运动的文章，传播革命理论，唤起民众觉醒。在他的努力下，成立了中国社会主义青年团青岛支部，建立了中共青岛组织。在青岛，邓恩铭还积极建设工会组织，发动工人运动。1925年2月8日，邓恩铭发动了胶济铁路和四方机厂工人大罢工，经过九天的斗争，迫使厂方答应了工人提出的部分条件。1925年4月至7月，邓恩铭和青岛党组织连续发动领导了日商纱厂工人的三次罢工，其间，邓恩铭奔走于青岛各区各界，掀起了反帝爱国斗争的新高潮。青岛工人历时数月的罢工斗争，是五卅运动的先声。邓恩铭在组织、领导、指挥这场斗争中，充分显示了他非凡的组织才

---

〔1〕 张含彬：＂比泰山还重的'四五'烈士＂，载 https://news. e23. cn/jnnews/2019 - 06 - 10/2019061000180. html，2021年3月8日访问。

能、敏锐的观察能力和领导艺术。[1]

1925 年 8 月，邓恩铭被调到中共山东地区执行委员会任书记。1925 年 11 月，山东地区委员会机关被敌人破坏，他被捕入狱，遭残酷折磨，后因患肺结核，经党组织多方营救，得以保外就医。1926 年 6 月，他又再次秘密回到青岛，担任中共青岛市委书记，主持市委工作。1927 年 4 月，邓恩铭赴武汉出席中国共产党第五次全国代表大会，他到武汉向中央汇报工作，并到毛泽东举办的"农民运动讲习所"讲课，介绍山东工运、农运情况。1927 年 8 月回山东后，任中共山东省执行委员会书记。大革命失败后，国民党军队于 1928 年 5 月进入济南，此后国民党势力控制山东，对共产党组织和党员进行疯狂破坏和抓捕。自 1928 年冬至 1931 年春，中共山东省委共遭到五次大的破坏，邓恩铭、刘谦初、吴丽实、郭隆真等大批党员干部也因为叛徒出卖而被捕。入狱前，邓恩铭已患上了严重的肺结核病，入狱后，国民党反动当局妄图通过长期监禁，摧残其肉体，销蚀其革命意志，动摇其革命信仰。但是，邓恩铭等共产党人，没有被敌人的威逼利诱所吓倒，他们团结起来，成立了狱中党组织，同敌人进行了不屈不挠的斗争。其中 1929 年 7 月组织的一次越狱，共有 18 人逃出监狱大门。但由于长期遭受关押甚至严刑毒打，大部分越狱人员身体羸弱，加之省委刚遭破坏，狱外党组织未能派人接应，最终只有 6 人逃脱。[2]1931 年清明节的凌晨，国民党山东省当局将邓恩铭等 22 名共产党员从狱中押出，用汽车载往纬八路刑场，并将枪口对准了这群年轻共产人的胸膛，邓恩铭和他的 21 位战友一起，[3]倒在了纪念碑下的这片土地上。为实现共产主义的坚定信仰，洒下了最后一滴鲜血。[4]

3. 对当代的启示

求学和成长环境的巨大反差，激起邓恩铭等革命同志"不平则鸣"的斗志豪情。为反抗阶级和民族压迫，他用鲜血实践了满腔爱国的誓言。烈士已

〔1〕 孙兴杰："邓恩铭的革命生涯"，载 http://paper. dzwww. com/dzrb/content/20110330/Artice-lA11003MT. htm，2021 年 3 月 8 日访问。

〔2〕 中共山东省委党史研究室编著：《中共山东编年史》（第 1 卷），山东人民出版社 2015 年版，第 580 页。

〔3〕 中共山东省委党史研究室编著：《中共山东编年史》（第 1 卷），山东人民出版社 2015 年版，第 581 页。

〔4〕 佚名："永远的丰碑：不惜惟我身先死——邓恩铭"，载 https://www. 360kuai. com/pc/94e64 20ad26fdb249? cota = 3&sign = 360_ 57c3bbd1&refer_ scene = so_ 1，2021 年 3 月 8 日访问。

逝，精神不朽。敬读碑文，我们要学习先烈革命精神，不忘初心、牢记使命，勇于担当，砥砺前行。[1]

学习"四五"烈士百折不挠、矢志不渝的理想信念。在吃穿住用行条件都很艰苦的年代，在外部势力绞尽脑汁驱离逮捕的危险时刻，在革命队伍内部临阵倒戈的困难面前，邓恩铭等革命同志没有屈服，反而越挫越勇，坚定革命信念，为实现中华民族统一事业抛头颅、洒热血，坚贞不屈。1921年中共一大闭幕后，邓恩铭伫立船头，心潮澎湃，即刻题诗一首《决心》表达了他为了党的革命事业不怕牺牲的决心："读书济世闻鸡舞，革命决心放胆尝。为国牺牲殇是福，在山樗栎寿嫌长。"[2]此后邓恩铭回到山东开展党的工作，一干就是10年，直到1931年壮烈牺牲。虽然困难重重，但他和他的革命战友顽强地坚持下来，没有泄露党的任何秘密，没有陷人民群众于危难境地，体现了他坚定的理想信念、百折不挠的奋斗精神，充分彰显了一个优秀共产党员立党为公、忠诚为民的奉献精神。

学习"四五"烈士视死如归、前仆后继的意志品质。邓恩铭曾多次在敌人疯狂扫荡、大肆抓捕革命人士的危险时刻，潜入山东开展工人运动，宣传党的思想理论，在国破家亡危难时刻，邓恩铭等革命同志已将生死置之度外，国家主权统一、人民生命安全事大，个人生死事小。邓恩铭曾先后三次被捕入狱，敌人对其动用刑具，强行进行洗脑，均没有打垮他的革命意志，而且他也没有放弃斗争，在狱中积极发动党员与难友策划和组织了越狱等斗争活动。与其被敌人摧残肉体和灵魂，不如勇敢冲破监禁，出去闯出一片革命新天地。邓恩铭牺牲前，曾写下一首《诀别》诗："卅一年华转瞬间，壮志未酬奈何天。不惜惟我身先死，后继频频慰九泉。"刘谦初牺牲前，得知党组织正在积极营救，于是给党中央写信说不要进行营救，"我心里很平静，正在加紧读《社会进化史》，争取时日，多懂一些道理"。刘晓浦和刘一梦是叔侄，二人被捕后，家人曾变卖田产，携巨款到济南营救。但刘晓浦说："不要再花钱了。我和他们是死对头，不是鱼死，就是网破。如果自首才能出去，那是永

---

〔1〕 王巨新："宁死不屈 浩气长存 ——济南市'四五'烈士纪念碑碑文敬读"，载 http://www.ahyouth.com/news/20201006/1488434.shtml，2021年3月8日访问。

〔2〕 王巨新："宁死不屈 浩气长存 ——济南市'四五'烈士纪念碑碑文敬读"，载 http://www.ahyouth.com/news/20201006/1488434.shtml，2021年3月8日访问。

远也办不到的。"[1]国家处于风雨飘摇之中，革命人士毫不畏惧，勇往直前，向世人展现了视死如归的革命品质。

学习"四五"烈士忠诚于党、为国为民的家国情怀。邓恩铭投身革命后，再未回到故乡，对此他赋词明志："长期浪迹在他方，决心肠，不还乡。为国为民，永朝永夕忙。要把时潮流好转，大改造，指新航。"刘谦初在写给妻子的遗书中说："我现在临死之时，谨向最亲爱的母亲和亲爱的兄弟们告别，并向你紧握告别之手。望你不要为我悲伤，希你紧记住我的话：无论在任何条件下，都要好好爱护母亲！孝敬母亲！听母亲的话！"刘谦初把党比作亲爱的母亲，嘱咐身边的同志在任何时候都要爱护"母亲"，听"母亲"的话。[2]英雄先烈们用他们自身的革命实践，充分演绎着"家是最小国，国是千万家"，危难之际，听党话、跟党走，团结一致守护国家安全，家也就安全了。

为民解忧。在发动工人运动中，邓恩铭对劳苦大众有着深厚的感情，对革命事业极端的热忱，对党无比忠诚。为了革命，他生活十分俭朴，与工人同吃同住，好的衣物、食品总是分发下去，从不独享。工人们有困难，他总是冲在最前头帮助纾困。

心怀国家。在艰苦的革命事业过程中，邓恩铭对中国社会现状有清醒的认识，指出国破家亡的始作俑者正是这些国内外军阀和官僚政客，他们搅得民不聊生、怨声载道。只有建立真正的人民政府，才会给人民以平等自由。因此，他深入人民群众，与志同道合的战友一起成立党支部，开展工人运动，立志将侵略者赶出中华大地，实现国家统一。

邓恩铭正是以心系天下大众苍生的博大胸怀，怀揣着对党无比忠诚的赤子之心，以火一般的热情走进了劳苦大众生活之中，同时马克思主义辩证思维方法为他们找到了一条崭新的道路，那就是无产者与劳苦大众联合起来，共同推翻反动军阀的黑暗统治，从而为广大的工农民众找到了一条获取自身解放的光明大道。[3]

---

〔1〕 王巨新："宁死不屈 浩气长存 ——济南市'四五'烈士纪念碑碑文敬读"，载 http://www.ahyouth.com/news/20201006/1488434.shtml，2021年3月8日访问。

〔2〕 王巨新："宁死不屈 浩气长存 ——济南市'四五'烈士纪念碑碑文敬读"，载 http://www.ahyouth.com/news/20201006/1488434.shtml，2021年3月8日访问。

〔3〕 吴文定、莫远福："邓恩铭英雄情怀探析"，载《黔南民族师范学院学报》2019年第1期，第111~115页。

三、共性研究

在济南英雄山革命烈士陵园，苍松翠柏下矗立的一座座墓碑中，有两座墓碑非常醒目。他们就是中国共产党的创始者，济南党组织最早的组织者和领导人——王尽美、邓恩铭，他们的灿烂光辉划破了当时黑沉沉的夜空。

（一）同是济南求知人

王尽美，原名王瑞俊，祖籍山东莒县，出生于一个佃农家庭，从小酷爱读书，天资聪颖，曾于地主家陪读。他求知意识比较强烈，高小毕业后，虽在家务农两年，但是始终未放下关心国家大事，喜欢读进步书刊，后经过努力于1918年以优异的成绩考入山东省立第一师范学校就读。相较于王尽美的求学经历，邓恩铭的求学经历更波折一些，祖籍贵州的邓恩铭，家庭贫困，但是本着求知的念头，他水陆兼程一千七百多公里，目的地山东济南，在山东省会城市，靠着亲戚的接济资助，于1918年成为山东省立第一中学的一名学生。泉城济南，这个美丽的城市，为两位进步革命人士提供了求知与惺惺相惜的场所。

（二）钢铁般的革命友谊

1914年日本大肆进攻山东，占领济南火车站，并且控制了胶济铁路全线。1919年巴黎和会上，中国虽然是战胜国，但战败国德国在山东的非法特权却被转交给日本。这激起了全国人民尤其是山东民众的巨大愤怒，进而在济南爆发了规模空前的请愿、罢课、罢市和抵制日货的斗争。中国历史上著名的五四运动开始全面展开。当时，王尽美和邓恩铭分别是山东省立第一师范学校和山东省立第一中学的学生。他们作为先进青年的代表，聚集起来积极投身于五四运动的反帝反封建的洪流中。他们在斗争中相识，一起领导学生宣传演讲、罢课游行，一起研究、探讨马克思主义，一起接受了共产主义思想，成为济南学生运动的重要领袖。他们并肩战斗，结下深厚的友谊，成为风雨同舟的革命战友。五四运动前后，王尽美与邓恩铭等进步知识分子经常一起研究各种新思潮，探索救国救民、改造社会的道路和方法。他们在学习研究马克思主义的同时，在齐鲁书社凝聚了一批向往共产主义的青年，并于1920年夏秋之际成立了山东最早的学习研究马克思主义的秘密团体——康米尼斯特学会，即共产主义学会。随着马克思主义的不断传播，共产主义观念逐渐深入民心。1920年11月，王尽美、邓恩铭等又创建了"励新学会"，创办了

《励新》半月刊，它们是 20 世纪 20 年代前期中国传播马克思主义热潮中影响较大的学术团体和刊物之一。

1921 年春天，济南共产党早期组织成立。王尽美、邓恩铭在此基础上继续扩大宣传马克思主义，开展工人运动，促进了马克思主义与工人运动的结合。同年 7 月 23 日毛泽东、董必武、王尽美、邓恩铭等 12 名正式代表，代表着全国 50 多名党员从五湖四海共赴上海，[1]完成了一个重大的历史使命——召开中共一大，中国共产党诞生了。在中共一大 12 名正式代表中，济南有其二——王尽美、邓恩铭。作为济南早期共产党组织的代表，与其他一大代表相比，王尽美、邓恩铭年纪尚轻，但他们对真理的热切追求态度、对社会问题的积极探索精神，给大会参加者留下了深刻印象。1961 年董必武追忆这段历史时曾赋诗："四十年前会上逢，南湖舟泛语从容。济南名士知多少，君与恩铭不老松。"济南共产党早期组织对中国共产党创建作出的重大贡献将永载史册。王尽美、邓恩铭参加完党的一大后，在开阔了眼界、增强了信心的同时，也看到了理论不足的差距。他们立即进行了马克思主义理论补课——于 1921 年 8、9 月间建立了马克思学说研究会，开始有组织地学习和宣传马克思主义，批判无政府主义。研究会的主要活动是组织会员读书研讨，反复学习《共产党宣言》《马克思主义浅说》等著作，从而巩固扩大了马克思主义思想阵地。

1922 年 1 月，王尽美、邓恩铭等六人作为中国代表团山东代表出席了第三国际在莫斯科召开的远东各国共产党及民族革命团体第一次代表大会，并受到列宁的接见。他们亲眼看到了世界上第一个社会主义国家，以及革命胜利后日新月异的变化，这在他们心底深处留下了不可磨灭的印象。回到山东后，邓恩铭一边在校内外大力宣传社会主义国家的优越性，并发展组织，一边与王尽美一道致力于山东职工运动的发动工作。时值军阀政府警察厅通令征收理发业"卫生执照"捐，王尽美、邓恩铭趁机组织发动理发工人大罢工，迫使反动当局答应免去"卫生执照"捐、释放被捕工人、允许自由组织工会三项条件。罢工取得全面胜利，使广大工人受到很大鼓舞，大大地推动了济南的工人运动。1922 年 6 月，中国劳动组合书记部山东支部建立，王尽美兼

---

〔1〕 中共中央组织部、中共中央党史研究室、中央档案馆：《中国共产党组织史资料》（第 1 卷），中共党史出版社 2000 年版，第 18 页。

任主任。自此，山东的工人运动进入了一个新的阶段。

在救亡图存的革命道路上，邓恩铭与王尽美迎难而上，携手前行，在齐鲁大地上挥洒汗水，扶危济困，发展工人运动，宣传马克思主义思想，成立山东最早的党支部……只有意气相投、友谊深厚的人，才会开创如此的壮举，为万世之楷模。

（三）革命战线上的生死兄弟

战争年代，不仅衣食条件差，而且每天还要冒着生命危险在敌人围追堵截的刀尖上行走，艰苦的条件，造成这对革命兄弟年纪轻轻但身体竟每况愈下。

中共一大以后，山东的工人运动在王尽美与邓恩铭等人的努力下，如火如荼地开展着，常年的奔波、艰苦的生活条件、忘我的工作，使王尽美的身体受到很大影响。1924年10月，他染上了肺结核，但革命意志坚强的王尽美，将个人生死置之度外，仍然顽强地工作着。罢工的关键时刻，他不顾病魔的折磨，与邓恩铭等夜以继日地工作，指挥罢工斗争。为了革命事业，王尽美、邓恩铭鞠躬尽瘁！由于革命运动触及了反动派的鳞角，遭到了他们的疯狂反扑，1925年5月，邓恩铭第一次被捕，于11日被驱逐出青岛，不得返回。同月，王尽美因长期工作在革命第一线，劳累过度，肺病复发，病情急剧恶化，后转至家乡养病，三个月后带着未竟的革命事业，怀揣家国统一的理想信念，与世长辞，终年27岁。此时，邓恩铭已顾不上生死兄弟、革命战友离世的悲伤，带着共同的革命信念和未竟的事业，逆境前行。1929年1月，因叛徒告密，邓恩铭第二次被捕。面对敌人的威逼利诱和刑罚，他毫不畏惧，坚定革命信仰，威武不屈，同敌人斗智斗勇，还组织领导了两次越狱斗争，帮助革命同志冲出牢笼。但他因体弱多病加之受刑过重，被敌人抓回监狱。1931年清明节的凌晨，邓恩铭与刘谦初、吴丽实等22位共产党员被押送至济南纬八路刑场，英勇就义，牺牲时年仅30岁。

邓恩铭与王尽美都是中国共产党党员的好榜样、人民的好儿子，为了国家统一和人民幸福，付出了年轻的生命。他们用热血铸就了和平的家园，为无产阶级革命和中国人民的解放事业谱写了一曲绚丽的生命赞歌，充分彰显了一位优秀共产党员舍小家为大家的赤子之心和浩瀚的革命英雄主义情怀，这将永远是我们"不忘初心、砥砺前行"的磅礴力量。

青春的生命，在绽放出最后的光华之后，戛然而止！在中国共产党成立

100 周年之际，历史不会忘记，人民不会忘记，这两个伟大而光辉的名字：王尽美、邓恩铭！他们留下的宝贵精神财富，指引着后来人，在血泊中，奋勇前行！

第三节　红色村庄

山东省内革命文化纪念馆不少，坐落于东营广饶刘集的《共产党宣言》纪念馆与坐落于聊城莘县徐庄的鲁西第一党支部纪念馆在多个方面有相类似之处。两个纪念馆均坐落于乡村中，体现出中国共产党红色基因和革命文化在广大乡村中的历史性传承，成为中国共产党在山东乡村地区早期发展的典型代表。

一、红色刘集

（一）基本概况

红色刘集景区位于东营市广饶县域东南部大王镇刘集村，东接潍坊寿光，南邻青州市。景区内建有全国第一个《共产党宣言》主题纪念馆、中共刘集支部旧址纪念馆、张太恒上将纪念馆、中共刘集支部纪念馆等多个红色景点，其中以《共产党宣言》纪念馆和中共刘集支部旧址纪念馆为代表，两馆也是刘集红色文化的特色所在。

中共刘集支部旧址纪念馆于 2005 年 6 月 30 日落成开馆，是全省第一个农村党支部旧址纪念馆。该馆是山东省爱国主义教育基地、山东省党员教育基地，占地 1300 平方米。馆内设支部旧址一处、支部简史陈列展一处。旧址内按当时生活环境条件进行了复原，在白色恐怖的年代，为掩护地下革命工作而特制的掩饰门、地道等设施再现了当年艰苦卓绝的斗争环境及革命先烈不屈不挠的革命精神；简史陈列展馆系仿古建筑，顶部为仿古飞檐，外设走廊。展厅内分图画文字展、文物展两部分，形象介绍了刘子久、刘良才等革命先驱的英雄事迹及刘集党支部的革命启蒙作用。

《共产党宣言》纪念馆，始建于 2010 年，2012 年 1 月份开始运行。2014年 9 月 19 日纪念馆经过两个月的改陈布展后重新开馆。《共产党宣言》纪念馆外观设计是一本打开的《共产党宣言》，形象直观，极具感染力。该纪念馆总面积 3600 平方米。纪念馆包括地上建筑三层和地道参观区，总面积 3600

平方米。其中，一、二楼展厅分红色幽灵、东方破晓、峥嵘岁月、碧血丹心、光辉永照五部分，全面展现了《共产党宣言》首版中译本问世、传播、指导中国革命的历程，以及在《共产党宣言》引领下刘集人民不屈不挠革命斗争和新时代积极创业的革命精神。三楼设有党性教育报告厅，可同时容纳100人，为开展爱国主义教育活动提供了有力平台。纪念馆另有380米长的地道，地道中再现了艰苦卓绝的革命斗争历史。分两部分，第一部分为地道场景的复原部分，塑像群真实再现了刘集党支部带领全村百姓开展一系列革命斗争的场景。第二部分为党史展部分。展现的是从1921年到2007年，从党的一大到十七大，波澜壮阔的历史画卷。

2013年12月，红色刘集旅游景区晋升为国家AAAA级旅游景区，先后纳入全市一日游、黄河口一日游、"好客山东"旅游路线。游览线路：《共产党宣言》纪念馆——观光地道——红色印记展厅——民俗文化展厅——中共刘集支部旧址纪念馆。

（二）主要内容

刘集是一块红色的土地，刘集人民对党有着特殊的感情。1925年春，这里建立了山东省乃至全国最早的农村党支部之一，使用和保存了我国首版中文译本的《共产党宣言》，哺育了刘良才、刘子久、刘雨辉等一大批党的好儿女。从抗日战争到中华人民共和国成立，先后有30多名英雄为革命英勇就义。[1]刘集的英雄儿女为中华人民共和国的成立立下了不朽的功勋。2005年，中共刘集支部旧址纪念馆建成后，国家和省、市各级领导给予了高度关注和大力支持，多位国家和省部级领导先后来刘集进行参观调研。2009年10月，中共中央时任总书记胡锦涛曾亲临刘集村视察，作出了"让刘集支部这面旗帜高高飘扬、永远飘扬"的重要指示。习近平总书记多次讲述陈望道翻译《共产党宣言》的故事，充分肯定了经典著作《共产党宣言》的重要意义，尤其是其首译本的重要地位，为刘集的红色文化发展指明了方向。

1. 中共刘集党支部成长简史

中共刘集支部旧址位于大王镇刘集村，是山东省农村最早的四个党支部之一。刘集支部旧址是广饶县党组织的发祥地，在山东省农村党建历史上有着极其重要的地位和作用。

---

[1] 任仲平："以信仰之光照亮奋斗之路"，载《人民日报》2016年6月29日。

刘集党支部建立于 1925 年春，是山东省最早的农村党支部之一，刘良才任党支部书记，刘英才、刘洪才为委员，隶属中共济南地方执行委员会。1927 年 8 月，在刘集党支部的基础上，建立了中共广饶特支，刘良才任书记，兼任刘集党支部书记。1928 年 12 月，中共广饶县委在广饶特支的基础上成立，刘良才任委员，次年任县委书记。刘集党支部在上级党组织的领导下广泛开展革命宣传活动，积极发展党的组织，领导农民群众开展了"觅汉增资""短工增资"活动和"吃坡""砸木行"斗争。在抗日战争中，刘集党支部带领党员群众积极投入到抗日救国的斗争中，刘集村被誉为四边地区的"小莫斯科"。在解放战争中，刘集党支部带领党员群众踊跃支前，为夺取解放战争的胜利作出了应有的贡献。当时仅有百多户人家的刘集村就有 27 名烈士，参军参干人员达 192 人。在长期革命斗争的实践经验中，刘集村党支部深刻认识到，农民阶级要实现自身解放，只有在中国共产党的领导下明确自身的历史使命，在《共产党宣言》的指引下有组织地开展武装斗争，才能取得真正的胜利。中华人民共和国成立后，刘集党支部继续坚持马克思主义的指引作用，带领农民群众发展经济。改革开放之后，刘集村在探索中积极转型，在 20 世纪 80 年代通过包产到户摆脱饥饿，90 年代通过大棚蔬菜种植走上致富之路。进入新世纪，在党的领导下，基于自身红色资源优势，开拓了红色旅游业和高效生态农业观光区，实现了新的跨越式发展。

2. 刘集与《共产党宣言》

《共产党宣言》是国际共产主义运动的第一个纲领性文件，它的发表标志着马克思主义的诞生和国际共产主义运动的开端。首版中文译本《共产党宣言》（陈望道译）在中国当时的传播影响深远。首版中文译本《共产党宣言》当时仅印刷了 1000 册，如今留存国内被发现的仅有 7 本，其中刘集藏本是唯一一本在农村组织中传播、使用，并经历过战火的洗礼保存下来的，被认定为国家一级革命文物，被誉为"红色中华第一书"。从大革命时期经抗日战争到解放战争，这本书先后由刘考文、刘世厚藏存，他们在战火纷飞的年代，冒着生命危险把这本《共产党宣言》保存了下来，为党和国家保留了一份极其珍贵的革命历史文献。

这是一本薄薄的小册子，长 18 厘米，宽 12 厘米，平装，小 32 开，仅仅 56 页。封面为红色，上方有 4 行字，从上到下，依次为"社会主义研究小丛书第一种"、"共产党宣言"（初版误印为"共党产宣言"）、"马格斯、安格尔斯合著"、"陈望道译"等字样；封面正中，是一幅水红色的马克思半身像；封底自左至右依次印有"一千九百二十年八月出版""定价大洋一角""原著者马格斯　安格尔斯""翻译者陈望道""印刷及发行者社会主义研究所"。

　　这本《共产党宣言》是由王尽美和邓恩铭参加中共一大时带回来的，后传给山东第一个女共产党员王辩（黄秀珍），王辩又传给了广饶籍的女共产党员刘雨辉。1926 年，刘雨辉借回家探亲之际，把这本《共产党宣言》带回了家乡，交给了刘集党支部书记刘良才，指着封面上的"大胡子"告诉大家："他叫马格斯（马克思），德国人。他和一个叫安格尔斯（恩格斯）的人一起写了这本书。共产党员都应该学一学，会让我们明白革命的目的，知道今后应该走的路。"至此，刘集党支部的党员们，晚上经常聚集在刘良才家的北屋，在煤油灯下学习这本《共产党宣言》，讨论国家大事。入冬或农闲时节，党支部举办农民夜校，这本书又成了刘良才和其他党员向农民宣传革命道理和传授文化知识的好教材。

　　1929 年 1 月，刘良才担任广饶县委书记，县委机关就设在了刘集村，党领导了"觅汉增资""吃坡""砸木行""反征派"等一系列斗争，这本薄薄的《共产党宣言》，在刘集这样的小村中传播革命种子并生根开花，发挥了实实在在的巨大作用。1930 年 11 月，敌人开始在广饶搜捕共产党人，刘良才成为敌人的重点搜捕对象。1931 年 2 月，山东省委调刘良才离开险境，到潍县担任中心县委书记。临行前，刘良才把这本《共产党宣言》郑重地交给了刘集党支部委员刘考文（1933 年 7 月，刘良才不幸被敌人杀害），刘考文接过《共产党宣言》，深感责任重大，下定决心要保管好。他把这本书时而藏在粮囤底下，时而又转移到屋顶的脊瓦下面，始终没有暴露。1932 年 8 月，广饶邻县博兴县暴动失败。广饶县的党组织进一步遭到破坏，不少共产党员被捕、被杀。刘考文估计自己也可能被捕，就把这本《共产党宣言》转交给了忠厚老实、不太被敌人注意的党员刘世厚保存。不久，刘考文果然被捕入狱，全家被抄，《共产党宣言》躲过一劫。后来，刘世厚为了保存这本小册子，把这本书用油纸严严实实地包好，再装进一个竹筒里，在自己睡觉的土炕角挖一个暗洞，把装有《共产党宣言》的竹筒藏在里面，有时又把竹筒藏进墙上的雀眼里。1941 年初，日伪军趁夜包围了刘集村，烧杀抢掠，制造了刘集惨案，全村 80 多人遇害，500 多间房屋被烧毁。在这场惨案中，刘世厚本已逃出村外，后来他看到全村一片火海，十分担心藏在屋山墙雀眼中的《共产党宣言》

被烧毁，就冒险潜回家中，冒着烈火爬上屋山墙，抢救出了这本"宝书"。解放战争时期，刘集一带经常遭受国民党军队和"还乡团"的侵扰，刘世厚不得不经常变换着藏匿地点。直到中华人民共和国成立以后，刘世厚才放心地把《共产党宣言》从藏匿的地方拿了出来。

1975 年，广饶县文物管理委员会派人到刘集村征集革命文物。许多老同志把当年战争岁月用过的梭镖、镰刀等献了出来。县里还把烈士刘良才家那三间北屋及室内的旧家具，作为刘集党支部活动的遗址和革命文物保护起来，改建成革命传统教育基地。刘世厚把他严密保存了 40 多年的这本《共产党宣言》献给了国家。许多老人当年都学过这本书，当他们又看到这本"大胡子"书时，都激动地老泪纵横。1986 年，山东省东营市政协在编纂文史资料时，收集到此书，立即向省市委提出《关于鉴定和保护珍贵革命文物"共产党宣言"的建议》，1986 年 5 月，中央编译局等部门专门组成了联合调查小组，对本书进行认真细致的鉴定和考察，确证该版本是《共产党宣言》1920 年 8 月的最早版本，与于 1980 年上海发现的同一版本相互印证（此前，上海版本被认为是"孤本"）。[1]

从大革命时期经抗日战争到解放战争，刘集党支部的刘良才、刘考文、刘世厚冒着生命危险把这本《共产党宣言》保存了下来，为党和国家保留了一份极其珍贵的革命历史文献。刘集村能够将首译本《共产党宣言》完整保存下来并不是偶然的，早在 1925 年春，刘集村就建立了中共党支部。刘集党支部将《共产党宣言》中晦涩难懂的道理吃透，转换成大众朴素的语言，并紧密结合老百姓生活实际反复地向党员群众进行传播、讲授。为了让更多的人明白其中道理，刘集党支部秘密张贴印刷传单，传播山东抗日游击队第三支队编印的《血花》月刊和清河特委编辑的《群众报》《青年人》等革命刊物，扩大了对《共产党宣言》思想的宣传。[2]刘集村党支部用实际行动证明了《共产党宣言》的理论价值，在革命斗争实践中有力地推动了马克思主义理论的深入传播，也推动了当地农民运动的蓬勃发展。

---

〔1〕 王增勤："山东刘集村发现《共产党宣言》中文首译本"，载《档案时空》2008 年第 3 期，第 28~30 页。

〔2〕 肖家鑫："到刘集看红色中华第一书"，载《人民日报》2017 年 7 月 1 日。

二、红色徐庄

（一）基本概况

山东省委重建纪念馆，原称鲁西第一党支部纪念馆。位于山东省聊城市莘县古云镇徐庄村。该馆于 2011 年初建，占地面积 40 000 平方米，由主雕塑、赵健民与黎玉会面旧址、主展馆、广场、景观湖和假山组成，主展馆面积 1200 平方米，2012 年 11 月开始投入使用。2016 年 9 月，中共莘县县委对鲁西第一党支部纪念馆进行升级改造，并将馆名更名为山东省委重建纪念馆。

山东省委重建纪念馆记录了中共山东省委初建、遭到破坏和复建的历史变迁，承载了包括刘少奇、黎玉、赵健民等中国共产党党员为恢复和重建党组织而艰辛奋斗的历程，展现了中国共产党人的使命、初心和担当，体现了中国共产党人献身革命事业的大无畏精神和革命情怀。

在中共山东省委党组织重建的艰难过程中，莘县古云镇的徐庄村占有非常重要的地位。徐庄村位于冀鲁豫三省交界处，早在 1934 年秋末冬初就成立了党支部。在这里，中共河北省委代表、直南特委书记兼冀鲁豫边区特委书记黎玉，受河北省委指派到徐庄村蹲点。其间，黎玉领导了分粮吃大户的斗争并取得了胜利，由此震动了鲁西乃至山东。

当时，中共山东省委在 20 世纪 30 年代遭到了敌人的严重打击和破坏，山东地方党组织与中共中央彻底失去了联系。在这样的背景下，中共济南时任市委书记赵健民等共产党人开始艰难曲折地寻找上级党组织。当赵健民听说鲁西徐庄村有共产党活动的消息后，1935 年暑假结束后，赵健民骑着自行车沿黄河大堤骑行 500 里来到徐庄村。在徐庄村，赵健民见到了当时的濮县县委书记王士希和濮阳中心县委书记刘宴春。会谈间，赵健民向两位县委书记谈了山东的情况，要求直南特委转告北方局派人恢复山东地方党组织的关系。之后，赵健民于 1935 年冬收到来信，骑自行车再次来到徐庄，与黎玉见了面。这次见面对后来山东省委的重建工作具有非同寻常的意义。

1936 年初，黎玉把在徐庄与赵健民见面的情况向河北省委作了汇报。1936 年 4 月，中共中央代表、北方局书记刘少奇决定，派黎玉到山东恢复与重建山东地方党组织，并委任黎玉担任中共山东省委书记。在黎玉的主持下，1936 年 5 月 1 日，中共山东省委在济南四里山宣布重新建立，黎玉任书记，赵健民任组织部部长兼济南市委书记，林浩任宣传部部长。

今天，山东省委重建纪念馆已成为山东省红色文化的重要基地。2014 年 3 月，该馆被中共聊城市委公布为聊城市党的群众路线教育实践活动现场教学基地，2014 年 8 月被聊城市委宣传部公布为聊城市爱国主义教育基地，2014 年 9 月被中共聊城市委党史研究室公布为聊城市中共党史教育基地，2015 年 12 月被山东省委党史研究室公布为山东省党史教育基地。

（二）主要内容

1. 背景

20 世纪 30 年代，中共山东省委多次遭到敌人破坏，彻底失去了与北方局和中共中央的联系。在这样的背景下，继续开展党的工作、壮大党的组织并与敌人的白色恐怖做斗争便成为山东共产党人的奋斗目标。血雨腥风中，山东共产党人在以赵健民为代表的共产党人的努力下，开启了艰辛的寻求上级党组织之路。

对这段山东省委重建的历史，国内党史研究专家丁龙嘉曾无限感慨地作了介绍：1933 年 7 月，当时的山东省临时工委组织部长叛变，导致整个山东省委的机关和团委特委的机关全部瘫痪。有鉴于此，以赵健民为代表的一部分山东共产党人，独立地坚持斗争，开始了艰辛的恢复和发展山东地方党组织的旅程。

2. 过程

山东省委的重新建立与徐庄村，与共产党人赵健民、黎玉等有着非常密切的关系。

徐庄村，地处冀鲁豫三省交界处。20 世纪 30 年代，徐庄村的北面是山东省的朝城县、观城县，东面是山东省的范县，南面是山东省的濮县，西面是河南省的清丰县和南乐县，是个典型的"三不管"地带。1934 年 6 月，徐庄党支部成立，归属直鲁豫边特委领导。1935 年冬，徐庄党支部接到上级指示："近日黄河鲤鱼来。""鲤鱼"指的是黎玉，是黎玉的谐音，"黄河"指的是上级，这是党的地下工作中的暗语。不久，中共河北省委代表、直南特委书记兼冀鲁豫边区特委书记黎玉受河北省委指派来到了徐庄村。

1935 年，徐庄村由于黄河决口，洪水泛滥成灾，粮食歉收。很多人都被迫背井离乡，外出逃荒。在这种情况下，黎玉向党支部同志提出用分粮吃大户的办法解决这一燃眉之急，党支部成员一致同意这个建议。在分粮吃大户斗争中缴获武器的基础上，徐庄党支部组建了鲁西第一支共产党直接领导的农民武装——徐庄游击队。

赵健民听说鲁西有共产党活动的消息，兴奋不已。于是1935年暑假结束后，赵健民骑着自行车沿着黄河大堤，来到现莘县古云镇徐庄村，见到了以教师身份作掩护的濮县县委书记王士希，随后又见到了直南特委巡视员、濮阳中心县委书记刘宴春。赵健民向两位县委书记谈了山东的情况后，要求直南特委转告北方局派人恢复山东地方党组织的关系。刘宴春同意转达，并给了他几份旧文件。赵健民满怀希望地回到济南。

1935年冬季的一天，赵健民收到来信："老掌柜已到，请速来洽谈一笔生意。"见到此信，赵健民欣喜万分，骑着一辆破旧自行车再次来到了徐庄。

1935年12月，一个寒冷的晚上，赵健民来到徐庄，终于见到了黎玉，两人的手紧紧地握在了一起。

1936年初，黎玉回到直鲁豫边特委的驻地——河北省磁县，把在徐庄见到赵健民的情况转告给了河北省委。1936年4月，中共中央代表、北方局书记刘少奇决定，派黎玉到山东恢复与重建山东地方党组织，并委任黎玉担任中共山东省委书记。

1936年4月，黎玉带着北方局的委托返回徐庄。几天后，黎玉沿着黄河大堤直赴济南。

1936年5月1日，在黎玉的主持下，中共山东省委重新建立。

3. 启示

山东省聊城市莘县徐庄村具有悠久的光荣革命历史，早在1934年就建立了中共党支部。到1936年5月，徐庄村恢复重建了山东省委，开启了山东省党领导革命斗争的崭新历程。因此，在山东省党的发展历史上，徐庄村的地位非常重要，不可忽视。山东省委重建纪念馆（鲁西第一党支部）的重建历程和历史作用更是值得借鉴和思考。

对此，习近平总书记在十九大报告中曾强调："要以培养担当民族复兴大任的时代新人为着眼点，强化教育引导、实践养成、制度保障，发挥社会主义核心价值观对国民教育、精神文明创建、精神文化产品创作生产传播的引领作用，把社会主义核心价值观融入社会发展各方面，转化为人们的情感认同和行为习惯。"〔1〕山东省委重建纪念馆的恢复和重建具有十分重要的意义，给我们以启示：

第一，新时代更应注重弘扬革命精神。山东省委重建纪念馆的恢复和重建展现了中国共产党人不屈不挠、无比坚定的革命精神和革命意志。这一精神虽历经几十年仍不褪色，尤其是在新时代背景下，为促进中华民族的伟大复兴，为实现全面建成小康社会的中国梦，为推进国家治理体系和治理能力现代化的发展，我们更应注重弘扬这一革命精神。这既是一个理论问题，也是一个实践问题。为此，在中国特色社会主义新时代和中国特色社会主义现代化建设的新征程中，我们应当在习近平新时代中国特色社会主义思想的科学指引下，深入学习这一革命精神，并将之运用到社会主义现代化建设的具体实践中。让这一革命精神世代相传，与时俱进，绽放具有时代特点的革命光芒。

第二，新时代要注重社会主义核心价值观的培养。革命精神是社会主义核心价值观培育的宝贵资源和重要精神支撑，新时代推进社会主义现代化建设和改革更应当重视社会主义核心价值观的培养。为此，要突出学校教育、社会教育和家庭教育的重要阵地作用。

在学校教育上，要注重发挥先锋作用，引领革命精神的传承和教育。为此，要坚持不懈培育和弘扬社会主义核心价值观，引导广大师生做社会主义核心价值观的坚定信仰者、积极传播者、模范践行者。要将弘扬革命精神、培育社会主义核心价值观融入高校教学和思想政治工作的每一个环节，把高校作为宣传革命精神和社会主义核心价值观的重要阵地，把革命精神融入教材、课堂，让新时代的大学生深入了解并坚信和践行这种革命精神。

在社会教育上，要注重发展社会主义文化事业，以革命精神推动革命传统教育。为此，要特别注重加大对革命资源的整合，增加公共服务领域的投入，充分利用革命历史纪念馆、革命旧址等文化资源，开展革命传统教育。此外，要善于利用网络新媒体唱响革命主旋律，弘扬革命精神。同时，要突出道德模范的作用，在全社会形成敬仰英雄、追随模范的氛围。

---

〔1〕 习近平："决胜全面建成小康社会 夺取新时代中国特色社会主义伟大胜利——在中国共产党第十九次全国代表大会上的报告"，载 http://www.gov.cn/zhuanti/2017-10/27/content_5234876.htm，2022 年 5 月 4 日访问。

在家庭教育上，父母和家庭是孩子最好的老师，是孩子价值观、人生观和世界观形成的第一导师。为此，要重视家庭教育的潜移默化作用，为孩子营造学英雄、追榜样的教育氛围，引导孩子了解和学习中国共产党的历史，学习中国革命的发展历史，学习社会主义发展史，学习中国的改革开放史。

三、共性研究

山东省内革命文化纪念馆不少，不过与中共刘集支部旧址纪念馆在多个方面有相类似之处的当属坐落于聊城莘县徐庄的鲁西第一党支部纪念馆。两个纪念馆都体现出中国共产党红色基因和革命文化的历史性传承，成为中国共产党在山东早期发展的典型代表。

第一，两个纪念馆都是山东省重要的红色文化教育和旅游基地。中共刘集支部旧址纪念馆自 2005 年建成以来，已经成为山东省乃至全国广大党员干部、青少年开展爱国主义教育、革命传统教育的重要阵地。同时，其所在地也成为重要的红色文化旅游胜地。与其相类似，坐落在山东聊城莘县古云镇徐庄村的鲁西第一党支部纪念馆，也因其历史、传统的原因，成为山东省革命传统教育和红色文化旅游胜地的另一道风景。这两个纪念馆，前者坐落在鲁北地区，有着两个"第一"——山东省最早的农村党支部之一——刘集支部旧址，保存有我国首版中文译本《共产党宣言》；后者坐落在鲁西地区，有着"鲁西第一党支部"的美称；两个纪念馆相映成趣，从不同的侧面反映了中国共产党人和革命先辈们在山东与敌人英勇顽强的斗争精神，为党和人民的事业敢于流血牺牲的大无畏革命精神，任劳任怨、无私奉献的崇高品格。目前，中共刘集支部旧址纪念馆是山东省爱国主义教育基地、山东省国防教育基地、东营市党员教育基地。而山东莘县徐庄鲁西第一党支部纪念馆也是山东省重要的红色文化教育基地，2014 年 3 月被中共聊城市委公布为聊城市党的群众路线教育实践活动现场教学基地，2014 年 8 月被聊城市委宣传部公布为聊城市爱国主义教育基地，2014 年 9 月被中共聊城市委党史研究室公布为聊城市中共党史教育基地，2015 年 12 月被山东省委党史研究室公布为山东省党史教育基地。

第二，两个纪念馆的创立都源于其所在地有着里程碑意义的历史事件。作为山东省最早建成开放的农村党支部旧址纪念馆，山东省爱国主义教育基地、山东省党员教育基地，中共刘集支部旧址纪念馆的创立，其中一个重要的原因是，建立于 1925 年春的刘集村党支部是山东省最早的（第一个）农村党支部之一，刘集支部旧址是广饶县党组织的发祥地，在山东省农村党建历史上有着极其重要的地位和作用。中共刘集支部旧址纪念馆记录了刘集党支部在不同历史时期广泛开展革命宣传，积极发展党组织的重大活动。刘集支部的重要贡献还在于其在极其艰苦的条件下保存了首译本《共产党宣言》。而坐落于山东莘县徐庄的鲁西第一党支部纪念馆，则是 1936 年中共山东省委的恢复地。1929 年到 1933 年期间，山东省委连续多次遭受敌人的严重破坏，致使 1933 年以后三年之久的时间里山东地方党组织与中央失去联系，中央没有设立山东省委。1935 年，党在山东省的临时负责人赵健民两次来到徐庄，终于找到党组织，并于 1936 年 5 月重建了中共山东省委。鉴于徐庄党支部在党史上的重大作用，中组部原部长张全景称徐庄党支部为"鲁西第一党支部"，并提出徐庄是"中共山东省委恢复地"。两个纪念馆也因这些具有里程碑意义的事件而更加凸显其重要意义和地位，也更为人们所关注。

第三，两个纪念馆从不同的侧面反映了中国共产党人在山东的历史面貌。刘集党支部建立于 1925 年春，是山东省建立的最早的农村党支部之一，刘良才任第一任党支部书记。1927 年 8 月，在刘集支部的基础上，建立了中共广饶特支，由刘良才任书记，同时兼任刘集支部书记。这一时期，刘集党支部广泛开展革命宣传活动，积极发展党的组织，领导农民群众开展了"觅汉增资""短工增资"活动和"吃坡""砸木行"斗争。在抗日战争中，刘集党支部带领党员群众积极投入到抗日救国的斗争中，刘集村被誉为四边地区的"小莫斯科"。据说解放战争时期，刘集党支部带领党员群众踊跃支前，青壮年积极参军入伍，为夺取革命胜利作出了贡献。当时仅有 100 多户人家的刘集村就有 192 人参军参干，涌现出 27 名革命烈士。[1]而鲁西第一党支部旧址陈列馆的建立，则展现了徐庄村党支部在山东省党组织恢复重建过程中发挥的重要作用以及莘县人民在革命战争年代作出的伟大贡献。整个纪念馆分为展厅、党支部创建人塑像及"理想信念之光"广场三部分，馆内陈列的照片、实物展品无不诉说着那段可歌可泣的鲁西北抗战史。例如"泥丸党费"的故事就催人泪下。共产党员徐开先牺牲后，他的母亲王光秀掩埋了儿子的尸首，擦干了眼泪，勇敢地接过儿子的使命，担任起了共产党的地下交通员，圆满

---

〔1〕 任仲平："以信仰之光照亮奋斗之路"，载《人民日报》2016 年 6 月 29 日。

地完成了一次次交通联络任务。由于儿子的牺牲，家里非常贫困，无钱交党费，每到交党费时，她都团一个泥丸，放入瓦罐里，作为党费的替代物。

第四，两个纪念馆不仅对山东，对全国都有着重要的意义。从两个纪念馆的创建来看，其不仅有着鲜明的山东地域特色，而且对于全国而言，也具有重要的意义。就前者而言，其保存有我国首版中文译本《共产党宣言》；就后者而言，其所在地莘县在中国革命历史上具有重要的地位。

刘集在全国有知名度不仅因为刘集党支部是山东省第一个党支部，而且还有另外一个更为重要的原因，即它记录了我国首版中文译本《共产党宣言》在刘集村传播、使用和保存的艰辛历程。2011 年 7 月，以刘集支部革命斗争史为题材的大型电视连续剧《宣言》在中央电视台黄金时段成功上映，这也更加提升了大王镇红色文化的渲染力和影响力，扩大了刘集的知名度，在全国引发了"观《宣言》、学《宣言》"的热潮。这一历史事件就使得红色刘集的意义超出了山东的地域界限，而具有了全国性意义，成为中国共产党历史上浓重色彩的一笔。而鲁西第一党支部纪念馆所在地也不仅仅是具有地域性意义，同样具有全国性意义。其所在的徐庄村位于冀鲁豫三省交界处，是抗战时期的堡垒村、根据地、大后方，被称为"八路庄"，享有平原"小延安"的美誉。其所在地莘县素来有"山东红色文化第一县"之称。莘县不仅是中共山东省委的恢复地，而且被称为"华北平原小延安"，抗日战争时期冀鲁豫党委旧址在县内大张家镇；耿楼阻击战、苏村阻击战等均发生在县内；特别是朱德、刘少奇、邓小平、陈毅、宋任穷、田纪云、黄敬等许多革命前辈都曾经在此工作、战斗和生活。从场馆展出的实物、图片、抗战文物、战斗场景雕塑等上，可以深切感受革命先辈们勇敢顽强的战斗精神和鲁西老区人民支援革命的伟大情怀，体会到中国共产党从成立到发展，再到壮大的艰辛历程，以及人民群众对战争取得胜利所起到的重大作用。

第二章
胶济烽火

第一节　起义抗日

一、天福山起义

（一）场馆介绍

天福山位于文登、荣成、威海三县（市）交界处，距文登市区 20 公里，隶属威海市文登市（今文登区，下同）文登营镇，平均海拔 110 米。这里北有正棋山山脉为屏障，西有驾山山脉相阻隔，形成了天然的温暖气候，给动植物创造了良好的生息条件。天福山植被茂盛，森林覆盖率达 98% 以上，主要树种、花木 170 余种，还有 250 年生古树——皂角。动物资源有 137 种。正是因为这里群山拱卫，林木茂盛，山泉甘洌，环境幽雅，所以古时即有"天赐福地"之称，故名天福山。古时，此处建有庙宇寺观，有僧人道士隐居修炼。

就是在天福山，1937 年 12 月 24 日，胶东特委书记理琪等同志领导和发动了威震胶东的抗日武装起义——天福山起义，创建了胶东第一支抗日民族武装——山东人民抗日救国军第三军，打响了胶东抗战第一枪。这支军队犹如燎原之火，在战斗中不断发展壮大，成为中国地方抗日战场上的一支劲旅。从此，天福山起义闻名遐迩，也留下了为强我中华奋斗不息、为抗日救国不惜牺牲、在艰难逆境中勇于奋进的"天福山精神"。

为纪念天福山起义，山东省人民政府把起义遗址列为省级文物保护单位，并拨专款于 1973 年建起了天福山起义纪念馆。纪念馆位于天福山森林公园中心，坐落于起义遗址五间茅屋西侧 160 米处。纪念馆四周苍松翠柏，古木参天。两棵翠柏在众多奇树异木的簇拥下矗立在广场门口两侧。气势恢宏的纪念馆大楼上空门额和纪念塔上刻有郭沫若的题字。置身馆前，便有一种幽雅美丽、神圣庄严的感觉。纪念馆是堂式建筑，长 49 米，宽 23.5 米，红瓦白墙，掩映在浓绿之中。纪念馆内珍藏着天福山起义的珍贵文物，革命烈士事迹、图片、遗物等。纪念馆展厅 400 多平方米的展带上，图文并茂、翔实完整地记述描绘出中共胶东党组织领导人民进行不屈不挠的革命斗争史和起义部队由弱到强、南征北战、英勇杀敌所走过的光辉战斗历程。整个展厅真实再现了当年天福山起义的全过程。

纪念馆北部山顶上用汉白玉及青石精工建造起雄伟壮观的"天福山起义纪念塔"，纪念塔上镌刻着毛泽东手书的"星星之火，可以燎原"和郭沫若手书的"天福山起义纪念塔"；东部拾级而上的山顶上是三军竖立义旗的地方——"红旗亭"；顺亭蜿蜒而下至山底水库旁，有当年"三军"战士亲手挖掘出的一眼清澈甘洌的"天福泉井"。建馆后，天福山纪念馆景区进行了大规模的植树造林和封山育林行动，先后从南京雨花台、胶东各地园艺场和民间购置了大量名贵风景树、奇花异木栽植在起义旧址上，与天福山国家森林公园、天福山革命烈士陵园交相辉映，成为人们仰慕的革命圣地。

1995 年 5 月天福山革命遗址管理所被威海市委、市政府命名为"爱国主义教育基地""威海市党员教育基地"。同年 12 月，被山东省文化厅评为"优秀社会教育基地"。1997 年 12 月被山东省教育委员会授予"国防教育基地"。1998 年 5 月被评为"山东省爱国主义教育基地"。当前，纪念馆已成为青少年缅怀革命先烈，重温沧桑岁月，接受优良传统和老干部、老党员寄托哀思、振奋精神、激励斗志的思想教育课堂。清明、五四、六一、七一、八一、十一等节日期间，前来者络绎不绝，瞻仰先烈、净化心灵。

（二）起义详情介绍

1. 起义背景

1937 年七七事变爆发，日本帝国主义全面侵华战争开始。中国军民奋起抗战，全国抗战爆发。随后，日军以平津为出发地，以平汉铁路为主要突击方向，以平绥铁路和津浦铁路为辅助方向，在华北展开战略进攻，扬言一至三个月灭亡中国。其中，沿津浦铁路进攻的日军于 10 月初入侵山东，国民党军第五战区副司令长官兼第三集团军总司令、山东省政府主席韩复榘不战而逃，致使山东省大部地区沦为敌后。正是在这种形势下，根据中共中央及北方局的一系列指示精神，中共山东省委在济南召开会议，制定了分区发动武装起义的计划，决定分区发动冀鲁边、鲁东南、天福山、黑铁山、鲁西北、鲁东、徂徕山、泰西、鲁南和（微山）湖西十大起义，主动肩负起抗战的伟大历史使命。中共胶东特委书记理琪根据北方局和山东省委的指示，利用天福山的有利地形和周围良好的群众基础，经过周密组织，决定在天福山发动武装起义。

2. 起义过程

1937年12月初，在烟台被捕并被关押在济南的理琪回到了沟于家村，在中共胶东临时工委的基础上，成立了第四届中共胶东特委，并出任书记。他和副书记吕志恒等一道积极筹备起义。12月15日晚，召开了特委扩大会议，参加会议的有吕志恒、张修己、林一山、柳运光、宋澄、张修竹、王台、于得水等。会议决定于1937年12月24日在天福山举行抗日武装起义，以昆嵛山红军游击队为骨干组建"山东人民抗日救国军第三军"。12月24日，天还没亮，理琪便率特委领导登上了天福山。在玉皇庙里，大家抓紧时间再次周密地研究天亮后的具体行动。天亮后，起义仪式正式开始了。理琪庄严宣布"山东人民抗日救国军第三军"正式成立，并将"山东人民抗日救国军第三军第一大队"的军旗郑重授给大队长于得水和政委宋澄。紧接着，于得水掏出手枪，向空中连发三枪。尽管只有80多人，[1]但三声鸣枪却激荡风云，胶东抗日的大旗自此高高飘扬。

12月30日，当起义队伍行至文登西部岭上村时，突然遭到国民党军警的包围。我方虽然向敌方晓以民族大义，高呼爱国口号，但他们还是撕毁了"合作抗日"的协议，疯狂围捕。除大队长于得水率部分队员突围外，大队政委宋澄等29人被捕，被关进文登监狱。[2]面对敌人的审讯，宋澄、刘中华等严词谴责了敌人破坏抗战的罪行。后来，迫于舆论压力和起义队伍的壮大，李毓英不得不释放大部分人。不幸的是，中队长王洪、邢京昌，小队长隋清源三位同志因参加过"一一·四"暴动，被捕后被秘密杀害了。

1938年1月15日，特委部分领导人赶到威海，并于当天下午打开专员公署仓库，取出枪支弹药。为震慑反动势力，本来想调于得水带领队员前来威海，但路远联系不上，就在大水泊临时找了一些农民一路声扬是从昆嵛山下

---

〔1〕 中共文登市委党史研究室、文登市档案馆编：《天福铁军——从"三军"发展起来的英雄部队》，中共党史出版社2009年版，第30页。

〔2〕 王德松、王福海、丛培伦主编：《天福山丰碑》，山东人民出版社1997年版，第63页。

来的，尽管他们到威海后拿起枪还不知道怎么用，但昆嵛山游击队的声威使反动势力的嚣张气焰一下矮了半截，没有敢轻举妄动。16日上午，由从天福山、大水泊赶来的人员及威海政训处成员组成的起义队伍，在专员公署大院集会，理琪宣布起义。下午，起义部队护送孙玺凤到码头，直至离开威海。晚饭后，起义队伍高举"三军"大旗从威海赶往文登。

1938年1月19日，胶东军政委员会成立，主席理琪，副主席吕志恒；同时，山东人民抗日救国军第三军司令部成立，司令员理琪，政治部主任林一山，辖两个大队和一个特务队：第一大队，大队长孙瑞大，政治委员宋澄；第二大队，大队长于烺（后于得水），政治委员林乎加；特务队，队长杜梓林，指导员孙镜秋。从此，山东人民抗日救国军第三军，成为胶东抗日的一面旗帜。

1938年2月初，在攻克牟平城后，理琪、林一山率领"三军"干部战士撤至距牟平城三华里的雷神庙。中午，雷神庙突然遭到近百名日军包围，形势十分危急。理琪指挥大家沉着应战，严密防守，持续激战六七个小时。"三军"指战员仅20余人，[1] 与敌人相差悬殊，但数次打退敌人的进攻，取得毙伤日军50余人、击落一架飞机的重大胜利。[2] 战斗中，"三军"也付出了沉重代价，司令员理琪、特务队队长杜梓林等四人英勇牺牲，林一山、宋澄等负伤。

3月，起义武装一部收复福山城。在此期间，中共蓬莱县（今蓬莱市，下同）组织建立的武装编入第三军第三大队，并攻克蓬莱城，成立蓬莱县抗日民主政府。中共掖县党组织建立的武装编为"胶东游击第三支队"，并攻克掖县城，成立掖县抗日民主政府。中共黄县、牟平、即墨、莱阳等县党组织建立的几支武装也编入第三军。4月中旬，第三军总部率一部到达黄县后，将胶东起义武装编为第一、第二、第三、第四路和"胶东游击第三支队"，并成立黄县抗日民主政府。

"三军"乘胜西进，1938年9月18日，在掖县沙河镇"三军"和胶东抗日游击第三支队奉命合编为八路军山东人民抗日游击队第五支队。这支英雄

---

〔1〕　滕振贤、滕达：《特殊使命——理琪与胶东》，山东画报出版社2017年版，第535页。

〔2〕　中共文登市委党史研究室、文登市档案馆编：《天福铁军——从"三军"发展起来的英雄部队》，中共党史出版社2009年版，第42页。

的武装从小到大、从弱到强，发展成为 4 个军 2 个师又 25 个团。在著名将领许世友、林浩、聂凤智等的指挥下，仅原第 27、31、32、41 四个军的不完全统计，歼敌就达到 75 万余人之多（其中抗日战争 14.6 万人，解放战争 58.5 万人，抗美援朝 2.1 万人），[1]涌现了中央军委授予的"济南第一团""济南第二团"，华东野战军授予的"潍县团"，纵队授予的"塔山英雄团""守备英雄团""白台山英雄团"等诸多集体和夏侯苏民、任常伦、刘奎基等一大批全国著名的战斗英雄，以及迟浩田、张万年两位军委副主席为代表的一大批高级将领和党、国家领导人，为中国人民的民族独立和解放事业作出了卓越贡献。

（三）特点

天福山抗日武装起义，是胶东抗战史上的大事，是中国抗战史上的重要一页。这次起义，点燃了胶东抗战的烽火，激发了人民的爱国热情，鼓舞了人民的斗志，振奋了民族精神，为建立胶东抗日根据地奠定了良好的基础。创建的山东人民抗日救国军第三军，不仅开创了胶东抗日武装斗争的新局面，也使得山东的抗战形势出现了新的转机。由天福山起义部队发展起来的人民武装，不仅在抗日战争，还在解放战争和新中国的建设中，发挥了巨大作用，作出了重要贡献。天福山起义具有广泛的影响和深远的历史意义。

首先，天福山起义点燃了胶东抗日的烽火。天福山起义是在日军大举逼近山东、大片国土沦丧的关键时刻，中华民族面临生死存亡的紧急关头爆发的。刚刚组建的山东人民抗日救国军第三军虽然人数不多，但雷神庙打响的胶东武装抗日第一枪，春雷般地震撼了胶东。这一枪不仅打击了日军的嚣张气焰，打破了日军不可战胜的神话，而且极大地扩大了共产党在胶东的影响，激发了胶东人民的抗战热情，增强了胶东军民抗战必胜的决心和信心。雷神庙战斗如星星之火，点燃了胶东抗日的烽火。天福山起义则成为胶东抗日的一面旗帜，引导抗日武装队伍不断发展壮大。在天福山起义后不久，相继在威海、黄县、蓬莱、莱阳、牟平、荣成、即墨、福山、栖霞等地爆发了 10 余次武装起义，随后又都编入"三军"序列。[2]

---

〔1〕 中共文登市委党史研究室、文登市档案馆编：《天福铁军——从"三军"发展起来的英雄部队》，中共党史出版社 2009 年版，第 388 页。

〔2〕 中共文登市委党史研究室、文登市档案馆编：《天福铁军——从"三军"发展起来的英雄部队》，中共党史出版社 2009 年版，第 385 页。

其次，"三军"开辟的抗日根据地，为山东其他根据地建设提供了宝贵经验。"三军"西上开辟的抗日根据地，是山东第一个抗日根据地。胶东特委十分重视根据地的建设，在三个县建立了抗日民主政府，成立了山东省第一个专区级抗日民主政权——北海行政督察专员公署。各级抗日民主政权结合实际情况，创造性地开展根据地建设，如颁布抗日施政纲领，取得人民的信任和支持；建立保安司令部和人民法院，维护社会秩序，保护人民利益；接管海关，制定新的税收制度，增加财源，保障抗日战争和人民生活的需要；胶东特委的机关报《大众报》，成为宣传抗日鼓舞军民抗日的有力工具；建立多种形式的群众救国组织，广泛团结各阶层爱国群众；开展大生产运动，发展根据地经济；建立兵工厂，提供武器装备；建立全省第一家人民银行——北海银行，阻止了伪钞的泛滥，稳定了根据地的金融市场，促进了工农业和商业的发展。这些创造性的经验，指导了其他根据地的建立和建设，这对坚持敌后抗战、实施战略反攻都具有重要意义。

最后，天福山起义发展壮大的队伍，为中国革命和建设立下了不朽功勋。天福山起义建立的"三军"，经过多次分合数次整编，队伍不断壮大。这支1937年起义时不足百人的队伍，到1938年12月份，就发展到了9000多人，占当时山东武装起义部队2.45万人的近三分之一，为胶东抗日的主要力量。[1]抗战胜利时队伍已达数万人。武器装备由长矛大刀、土枪、破旧步枪发展到"三八"式步枪、机枪和迫击炮，其战斗力有了很大提高。在抗日战争中，以"三军"为火种发展起来的胶东人民抗日武装，共作战7500多次，消灭日伪顽军14.6万余人，为夺取胶东抗战胜利作出了重要贡献。[2]解放战争中，以天福山起义抗日武装为基础发展起来的中国人民解放军第27军和第41军等，南征北战，屡建奇功，涌现出"济南第一团""塔山英雄团"等许多著名的英雄战斗集体。他们为解放战争的胜利和新中国的诞生立下了汗马功劳。中华人民共和国成立后，他们又继续为保卫祖国安全，为国家的繁荣发展创造新的辉煌。

总的来看，天福英雄创造了三个唯一：第一个唯一，天福山起义是中国

---

〔1〕　中共文登市委党史研究室、文登市档案馆编：《天福铁军——从"三军"发展起来的英雄部队》，中共党史出版社2009年版，第50页。

〔2〕　中共文登市委党史研究室、文登市档案馆编：《天福铁军——从"三军"发展起来的英雄部队》，中共党史出版社2009年版，第87页。

共产党唯一一次以红军游击队为骨干的华北抗日武装起义；第二个唯一，天福山起义发展起来的原山东军区第五旅一度成为山东抗战唯一的一支机动力量；第三个唯一，天福山起义，是全国唯一一次至今仍保留了三个集团军，占陆军主力六分之一的抗日武装起义。

在天福山起义 70 周年之际，中共中央军委原副主席张万年和迟浩田分别题词："继承光荣传统，构建和谐社会"和"文登学源远流长，天福山丰碑永存"。天福山起义革命遗址作为全国爱国主义教育基地，在中华民族的抗战史上筑起了一座不朽的丰碑。

二、徂徕山起义

(一) 场馆介绍

徂徕山，又称龙徕山、驮来山，是泰山的姊妹山，地理坐标东经 117°20′，北纬 36°03′，位于山东省泰安市岱岳区徂徕镇。山脉呈东北西南走向，横亘连绵 29 公里，总面积 250 平方公里。其主峰太平顶，海拔 1027 米，相对高度 800 多米，与泰山玉皇顶的直线距离为 30 公里。

徂徕山抗日武装起义博物馆（纪念馆）坐落在山东省泰安市岱岳区房村镇磨山峪村北的徂徕山南麓。现已建成占地面积 19 800 平方米的多功能展厅、教育培训室、文物藏品库房等博物馆主体及配套设施。馆内有磨山峪旧址、徂徕山抗日烈士墓群等市级重点保护文物单位两处、珍贵文物藏品 1500 余件。陈列展览按照尊重历史、再现历史的原则，重点展示 1938 年 1 月 1 日由中共山东省委直接领导的徂徕山抗日武装起义，打响了我党领导山东人民抗战的第一枪；展示了罗荣桓元帅当年率领 115 师浴血奋战的抗战历程及山东抗日根据地创建巩固发展的历史，弘扬了徂徕山起义精神。2015 年底，徂徕山抗日武装起义博物馆由山东省文物局备案确认为非国有博物馆；磨山峪抗日旧址由泰安市人民政府公布为第四批市级重点文物保护单位。

徂徕山抗日武装起义博物馆（纪念馆）北 5.4 公里是徂徕山起义遗址。徂徕山起义遗址位于泰山东南徂徕山麓四禅寺。1938 年 1 月 1 日，中共山东省委组织发动泰安、新泰、莱芜、泗水等地群众和平津沦陷区的流亡学生，在此誓师，宣布抗日武装起义，编为八路军山东抗日游击第四支队。洪涛任队长，赵杰任副队长，黎玉任政治委员。队伍以徂徕山为根据地，转战于鲁中南地区，给敌人以沉重打击，为山东抗日根据地的建设和抗日战争的胜利作出了贡献。

四禅寺原为古刹，后毁。中华人民共和国建立后，徂徕山林场在旧址上建办公室。1977 年公布为省级重点文物保护单位。1987 年，为纪念徂徕山抗日武装起义 50 周年，在附近建高 23 米的纪念碑，徐向前题写"徂徕山抗日武装起义纪念碑"，武中奇题写隶书碑文。

徂徕山抗日武装起义纪念碑位于徂徕山起义旧址前马头山，1988 年立。碑高 23 米，用 573 块泰山花岗岩石精砌而成。寓意 50 周年的 5 段 50 级盘道从山下直通碑前。纪念碑正面镌刻中国人民解放军元帅徐向前题写的"徂徕山抗日武装起义纪念碑"12 个鎏金大字；背面刻有当年参加徂徕山武装起义的老战士、全国著名书法家武中奇撰书的 769 字碑文。

（二）徂徕山起义详情

山东徂徕山抗日武装起义，也称徂徕起义，是 1938 年 1 月 1 日，山东省泰安、莱芜、新泰、泗水地区人民在中国共产党山东省委员会的直接领导下，在山东省泰安县（今泰安市，下同）东南徂徕山地区为开展抗日武装斗争而发动的一次武装起义。徂徕山起义，打响了山东抗日第一枪，是山东建立的首个抗日根据地。这里是英雄的故地，无数抗日义士在这里抛头颅洒热血。

1. 起义背景

第一，党的力量的发展和积聚。早在 1925 年 8 月，受中共山东地方执行委员会的委派，马守愚回到泰安，在成立铁路工会后，于 1926 年建立了泰安第一个党支部——中共泰安支部；后与王撝卿（今泰安市岱岳区大汶口镇卫家庄村人）建立了第一个农村党支部——中共大汶口特支，并随之形成星火燎原之势。不久，徂徕山下良庄镇的山阳村、茅茨村、薛庄村、石楼村，徂徕镇的北望村，房村镇的东南望村相继建立了八个党小组。1937 年 8 月建立泰安临时县委。就这样，经过十多年的发展和积累，泰安党组织逐渐呈现出勃勃生机，走上了发展的道路，革命力量有了较大增长，使处在水深火热中的泰安人民看到了光明和希望，也成为徂徕山起义的组织基础和主要依靠力量。

第二，日本帝国主义侵占山东。1937 年七七事变后，抗日战争全面爆发。由于华北国民党军队抵抗不力，致使日本侵略军长驱直入。1937 年 9 月，中共中央北方局发出号召："每一名优秀共产党员，脱下长衫，到游击队去！"中共山东省委迅速率领机关干部和济南市一部分党员，分批先后由济南迁到泰安，和中央派来的红军干部、省民先队、平津流亡学生组成抗日救亡队伍，在泰安地下党的配合下，分赴泰安、莱芜等地，深入农村城镇，开展抗日救亡斗争。10 月 3 日，日军攻占德州，战火烧到山东境内。国民党官员和地方豪富纷纷南逃，山东局势日益紧张。省委在济南秘密召开紧急会议，决定直接领导在泰安徂徕山这一地区的抗日武装起义。

2. 起义过程

1937 年 7 月 7 日，七七事变爆发后，中共中央发出了关于《中国共产党为日军进攻卢沟桥通电》，中共北方局发出了"每一名优秀共产党员，脱下长衫，到游击队去"的号召，抗日烽火燃遍华夏大地。在全国抗战形势的影响下，泰安党组织积极投入抗战洪流，带领泰安人民迅速掀起了抗日救亡运动。中共山东省时任省委书记黎玉从延安返回泰安。黎玉传达了党的有关精神，研究了山东的抗战形势。为了指导全省的抗日斗争，山东省委决定在泰安徂徕山举行抗日武装起义。鲁宝琪回泰安建立临时县委，进行起义准备工作。

1937 年 10 月下旬，泰安县委在篦子店召开自卫团代表会议，成立了泰安县人民抗敌自卫团，与会人员按照分工各自回乡，实施徂徕山抗日武装起义的各项准备工作。这次会议的召开，意味着徂徕山抗日武装起义的举行正式进入实质性的筹备阶段。12 月，洪涛由鲁西北来到泰安，洪涛找到省委后，进一步加强了对徂徕山起义的领导。为做好即将开展的游击战争准备工作，省委组织人员举办了两期游击战术训练班，由洪涛重点讲解毛泽东的游击战术 16 字诀和开展游击战争的基础知识。

1937 年 12 月 24 日，韩复榘数万大军弃险南逃，日军分两路渡过黄河，占领济南。27 日，省委在篦子店召开紧急会议，黎玉、洪涛、金明、刘居英、林浩、马馥塘、程照轩、孙陶林、武中奇、武思平 10 人参加会议（当时被称作"十人会议"）。会议根据急剧变化的形势，研究确定了起义的具体部署，决定在泰安沦陷时正式举行起义。

1937 年 12 月 30 日，日军逼近泰安。省委机关和平津流亡学生以及当地党员、自卫团员分两批撤离篦子店村。洪涛、林浩率领的一部分人员携仅有的三支枪，首先赶往徂徕山西麓的四禅寺，准备迎接各路起义人员。在等待的过程中，林浩、武中奇等成功地争取了韩复榘部溃散的李怀英、韩德等全副武装的士兵，为这支武器奇缺的队伍增色不少。上山前，在篦子店村做好了带有镰刀、斧头的红旗，旗上绣有武中奇书写的"游击"二字，他还刻了印章。另一部分由黎玉、景晓村带领去山阳村，与程照轩、赵杰、封振武、冯平、李镇卿等在山阳、封家庄、楼德一带发动的人员会合。与此同时，泰安县委也立即通知全县各地参加起义的人员，迅速赶到徂徕山集合。

1938年1月1日，160余名抗日志士聚集在徂徕山四禅寺，举行起义誓师大会。大会由"民先"省队部负责人孙陶林主持。省委书记黎玉宣布"八路军山东人民抗日游击队第四支队"正式成立，洪涛任四支队司令员，黎玉兼政治委员，赵杰任副司令员，林浩兼政治部主任。黎玉在讲话中还阐述了在山东开展抗日游击战争的意义，强调了起义部队要严格执行红军"三大纪律，八项注意"的纪律。参加起义的人员被编为两个中队。省委机关、平津、济南流亡学生和泰安县委、泰安县人民抗敌自卫团等共90余人编为第一中队，李怀英任中队长，鲁宝琪任指导员。赵杰等在山阳、封家庄一带发动的50余人编为第二中队，封振武任中队长，程照轩任指导员。参加起义的10位妇女组成宣传队。1月4日，部队移驻徂徕山东麓光华寺。

1938年1月8日，莱芜县（今莱芜区，下同）委发动，刘居英、程绪润、秦云川等带领在莱芜县莲花山起义的部队60余人也集结于光华寺，编为第三中队。新泰县（今新泰市，下同）委发动，由孙汉卿、董琰、单昭洪等率领的新泰县起义部队50余人也陆续分批前来会合，并与原韩复榘部队的40余名流散官兵编成第四中队，部队迅速发展为400余人。

经短期整训后，开赴良庄茅茨等地开展抗日宣传，扩大政治影响。徂徕山起义部队整训两周后，随即开始对日伪军作战。

1938年1月26日，四支队在寺岭村打响了抗击日本侵略的第一枪。当时，四支队在徂徕山南东良庄活动，经侦察得到可靠情报：有一股日军将从大汶口去新泰。司令部当机立断，决定组成突击队，打鬼子的伏击。部队从二、三中队中挑选了部分精干人员和武器，由赵杰、封振武率领，于26日拂晓隐蔽进入设伏阵地——位于公路边的寺岭村。下午3点，日军的一支马车运输队由大汶口方向进入了伏击圈。指挥员一声令下，战士们居高临下向敌人猛烈开火，一阵排子枪，一阵手榴弹，打得敌人人仰马翻。寺岭战斗后，四支队离开东良庄到新泰境内活动。

1938年2月18日，封振武、赵玉、李镇卿等率二中队精干武装在新泰城西四槐树设伏，炸毁敌人大小汽车各一辆，炸死炸伤敌人40余人，其中还有一名大佐。

四槐树伏击战之后，山东省委在新泰召开会议，决定四支队分成两个大队向南、北两个方向发展。在之后两个多月的时间里，四支队走蒙阴、下费县、进莱芜、上博山，队伍迅速壮大。4月8日，四支队在莱芜东关官寺广场举行会师庆祝大会，四支队正式编为山东人民抗日联军独立第一师，洪涛任师长，林浩兼政委，赵杰任副师长，孙陶林任政治部主任。此时，四支队已发展到近3000人，成为鲁中地区的一支主要抗战力量。

1938年12月，八路军山东纵队成立，四支队编为八路军山东纵队第四支队；1939年3月，四支队取消团级机构，一、二、四3个团缩编为3个基干营；1940年5月，四支队3个基干营恢复为四支队一团，又相继发展成立了四支队二团、三团；1940年9月，四支队主力一团编为山东纵队一旅二团，二团编为一旅三团，四支队后方司令部改称四支队并兼泰山军分区；1941年8月，四支队兼泰山军分区主力组建为山纵第四旅，四支队番号撤销。

3. 特点

第一，为山东人民抗日战争积累了丰富的经验。这场战役揭开了山东党组织自主领导抗战的序幕，也为今后陆续发动的鲁东南地区抗日武装起义、鲁南地区抗日武装起义和（微山）湖西地区抗日武装起义等影响较大的起义积累了宝贵经验。

第二，为创建山东根据地打下了坚实基础。徂徕山抗日武装起义、泰西起义，不但建立了八路军山东人民抗日游击队第四支队、山东西区人民抗敌自卫团两支革命队伍，成为山东抗战的重要军事力量，还为坚持当时及此后泰安地区以至鲁中、鲁中南、鲁西广大地区的抗日战争，创造了重要条件。创立以鲁中沂蒙山区为中心的根据地；向北以淄博山区为依托，开创清河地区平原游击根据地；向南开创抱犊崮抗日根据地；向北发展开创沿海地区抗日根据地；在津浦铁路以西，创立以梁山泊和微山湖为中心的两块抗日根据地；在胶东创立以大泽山为中心的抗日根据地。

第三，促进了泰安党组织的发展壮大。泰安地区这一阶段的抗日斗争，是在中共山东省委的直接领导下进行的。省委在领导抗日斗争的过程中，依靠了泰安党组织的工作基础和较好的群众关系，因为当时泰安党组织不但发展早，跟其他地区比力量还相对较强，这是成功的重要条件。这两个条件有机结合，使泰安地区的抗战形势迅猛发展。

第四，唤醒了人们的抗战信心。徂徕山抗日武装起义建立起来的山东人民抗日游击队第四支队，逐渐发展成为一支真正的人民抗日武装，成为以后在山东敌后抗战的一支重要的军事力量，不但沉重而有力地打击了穷凶极恶的日本侵略者的嚣张气焰，为山东战场的抗日战争的胜利奠定了坚实的基础，也为争取全国抗战的胜利发挥了重要作用。

第五，宝贵的徂徕山抗日起义精神对后人的教育意义。在徂徕山抗日武装起义中，优秀的中华儿女，同仇敌忾，以昂扬的精神状态，发扬艰苦奋斗、不畏险阻、不怕牺牲的精神，表现出了崇高的爱国主义英雄气概。那种顽强英勇、拼搏奋斗、团结统一、自强不息的伟大精神，直至今日仍然是可圈可点的时代精神，在长期的历史进程中，这种令人振奋的精神不断得到沉淀，逐渐被发展成为徂徕山精神，这种精神是教育当代青年人的传家宝，具有重大的现实意义。

三、共性研究

尽管两次起义发生的地点不同，但仔细梳理、研究两次起义的相关资料，仍可窥见其中存在的某些共性。

（一）两次起义发起的大背景一致

1937 年 7 月 7 日，日本帝国主义以七七事变为起点，发动了全面侵华战争。第二天，中国共产党向全国发出通电，指出只有实行全民族抗战，才是中国的出路，号召全国人民、军队和政府团结起来，筑成民族统一战线的坚固长城，抵抗日本的侵略。1937 年 9 月，中共山东省委根据中共中央在敌后放手发动群众，开展独立自主的游击战争的方针和《抗日救国十大纲领》以及中共中央北方局提出的"每一名优秀共产党员，脱下长衫，到游击队去"的号召，结合山东的实际情况，制定了发动抗日武装起义和组织抗日武装的十条纲领。纲领指出：建立党直接领导的武装，发动抗日武装起义，是当前的紧迫任务。

1937 年 10 月，由津浦铁路南下的日军矶谷廉介第十师团占领德州后，国民党第三路军时任总指挥兼山东省主席韩复榘，为保存实力，仅仅在黄河以北稍作抵抗，即率军南逃。危难之际，中共中央和中共山东省委指示各地党组织：要迅速动员组织群众，抓紧在日军入侵、国民党逃跑、人民抗日情绪高涨的时机，及时领导人民举行抗日武装起义，建立抗日武装；要团结一切不愿做亡国奴的人们，组成抗日统一战线；要收容国民党军队士兵加入起义部队，大力收集民间枪支以及争取和改造一些掌握在爱国人士手里的武装；

要建立敌后根据地，开展游击战，把山东抗战的领导责任独立自主地承担起来。随后，山东省委制定了分区发动武装起义的计划，决定在冀鲁边、鲁东南、天福山、黑铁山、鲁西北、鲁东、徂徕山、泰西、鲁南和（微山）湖西10地发动起义，主动为抗战胜利尽职担责。

　　（二）两支起义队伍均由弱到强，日益发展壮大，为抗日战争和解放战争
　　　　　的胜利作出了重要贡献

　　天福山起义创建了胶东抗日民族武装——山东人民抗日救国军第三军，打响了胶东抗战第一枪。尽管最初只有80多人，但这支军队犹如燎原之火，在战斗中不断发展壮大，成为中国地方抗日战场上的一支劲旅，并成为新中国创建立下卓越贡献的第27、31、32、41集团军的原始火种，先后走出了100多位文登籍将军。[1]

　　徂徕山起义160余名抗日志士成立的"八路军山东人民抗日游击第四支队"，短短几天就扩大到500余人。仅仅一个月，起义队伍就增加到1000余人。至4月，部队发展到4000余人，为创建泰山、鲁南抗日根据地奠定了基础。1938年1月，中共山东省委在泰安市徂徕山举行抗日武装起义，成立了八路军山东人民抗日游击第四支队。徂徕山抗日武装起义诞生的八路军山东抗日游击第四支队，在抗日战争以及后来的解放战争和抗美援朝战争中，为民族独立、国家富强都建立了不朽的功勋。1955年至1965年授衔的将帅中，共有10位参加了这次起义。

　　（三）共产党的正确领导，是起义成功的重要保证，也是部队发展和巩固
　　　　　的保障

　　1937年10月，中共山东省委派林一山、张加洛和理琪、宋澄、宋竹庭等一批共产党员干部到达胶东，为天福山起义的成功准备了领导力量。12月，在中共胶东临时工委的基础上重新建立特委，理琪任书记，从而为天福山起义的成功提供了组织保证。随后，胶东的共产党组织不断进行调整和整顿，有力地加强了共产党的领导。红军干部王文和高锦纯等人于1938年5月受中共苏鲁豫皖边区省委派遣，6月初抵黄县后，分别任胶东特委书记和特委军事部长、胶东军政委员会主席。接着，整顿和整编部队，健全领导机构，制定

---

　　〔1〕　中共文登市委党史研究室、文登市档案馆编：《天福铁军——从"三军"发展起来的英雄部队》，中共党史出版社2009年版，第2页。

政治工作条例，从根本上保证了起义的成功和部队的发展、壮大。

1937年9月，中共中央北方局发出号召："每一名优秀共产党员，脱下长衫，到游击队去！"中共山东省委迅速率领机关干部和济南市一部分党员，分批先后由济南迁到泰安，和中央派来的红军干部、省民先队、平津流亡学生组成抗日救亡队伍，在泰安地下党的配合下，分赴泰安、莱芜等地，深入农村城镇，开展抗日救亡斗争。10月3日，日军攻占德州，战火烧到山东境内。国民党官员和地方豪富纷纷南逃，山东局势日益紧张。省委在济南秘密召开紧急会议，决定在泰安徂徕山直接领导这一地区的抗日武装起义。此后，中央派来山东的红军干部赵杰、程绪润、韩明柱以及江明带领的部分参加第三路军训练班的青年学生来到泰安。还有一批获释出狱和回乡的共产党员也回到泰安等地，成为发动武装起义的骨干力量。12月27日下午，省委在篦子店召开紧急行动会议，黎玉、洪涛、林浩、程照轩、孙陶林、武中奇等10人参加会议，确定"县城沦陷之时，即为起义之日"。1938年1月1日清晨，在起义誓师大会上，时任省委书记黎玉宣布："八路军山东人民抗日游击队第四支队今天正式成立了！"同时宣布洪涛任司令员，黎玉兼任政委，赵杰任副司令员，林浩负责政治部工作。四支队暂编成两个中队和一个宣传队，各中队都成立了党组织。可以说，徂徕山起义的成功及后来队伍的发展壮大，与共产党的正确领导是分不开的。

（四）起义地易守难攻、反动统治势力薄弱、群众基础好等亦是两次起义的共有特点

《八路军山东纵队史》（中共党史出版社1995年版）一书这样写道：徂徕山处于（山东）全省腹地。它北依泰山，南靠蒙山，东临莲花山，西近津浦铁路；内有群山可屏，攻守兼宜；附近一带各县共产党的力量较强，群众基础好，有利于开展游击战争和建立抗日根据地。因此，山东省委在1937年10月研究部署全省抗日武装起义的计划时就已确定，省委直接领导泰安、莱芜、新泰、宁阳、泗水等县的党组织，以徂徕山为集结点，发动抗日武装起义。《抗日烽火遍齐鲁》（中共党史出版社2005年版）一书也称，占据徂徕山，一是可以控制北面的泰（安）新（泰）、泰（安）莱（芜），南面的新（泰）汶（上），西面的泰（安）汶（上）几条公路和津浦铁路等交通命脉，具有重要的战略位置；二是便于和全省其他地区联系；三是这一地区党的工作基础较好。中共泰安市委党史办主任亓涛分析说，因为徂徕山具有重要的战略

地位，进可以遏制津浦铁路，控制泰新、泰莱、新汶等公路，威胁泰安和济南；退可以与新泰、蒙阴、淄川、博山、章丘、莱芜等山区连成一片，战略回旋余地大；同时，徂徕山地处鲁中，作为省委的指挥位置，便于与其他战略游击区保持交通联络；而重要的基础条件是这一带有较好的党的工作基础，早在1925年这里就有了党的活动，1926年春建立了中共泰安第一个支部，经过长期斗争，党在广大知识分子和工农群众中具有了广泛的影响力。

天福山位于文登、荣成、威海三县（市）交界处，这里峰峦连绵，位置偏僻，交通不便，当地国民党政府对其控制较松，容易隐蔽地开展革命活动，胶东党组织初创时期就在这里开展革命活动，这一带的村庄在党内被誉为"小苏区"。离天福山二里多路的沟于家村一度是胶东特委和文东县委的驻地。中共胶东特委被敌人破坏了四次，但在人民群众的支持和拥护下，顽强重建，党组织日渐壮大，革命的火种洒遍胶东大地。

第二节　齐鲁抗日根据地

一、大泽山抗日根据地

（一）大泽山抗日战争纪念馆基本情况

大泽山是抗日战争、解放战争时期胶东军区的重要根据地，在这里留下了人民英勇战斗的英雄故事。在这片英雄的土地上，现在建起了大泽山抗日战争纪念馆，以纪念那段峥嵘岁月。

大泽山抗日战争纪念馆位于山东省平度市大泽山镇高家村东南山脚下。其前身是大泽山区高家民兵联防抗日斗争史展室，始建于1968年，为山东省重点文物保护单位，曾接待过众多外宾，在国内外有较大影响。1995年，抗日战争胜利50周年时高家民兵联防抗日斗争史展室扩建，更名为平度抗日战争纪念馆，由时任国防部部长迟浩田上将亲笔题写馆名。2016年3月，平度抗日战争纪念馆再一次翻建重修，更名为大泽山抗日战争纪念馆。总投资2000万元，总占地面积约4944平方米，建筑面积1750平方米，可同时容纳500人参观游览，现为山东省国防教育基地、爱国主义教育基地。

纪念馆由馆舍、抗日英雄纪念碑和铜墙铁壁民兵雕像三部分组成。馆舍采用的巨石外挂立面属亚洲首例、世界第三，正好与坚不可摧的铜墙铁壁高家民兵联防相呼应。馆舍内建筑结构为地下一层、地上二层，代表着过去、现在和未来三层含义，昭示着英雄的平度人民从黑暗走向光明的艰辛历程。

纪念馆分四个功能区，包括礼仪广场区、纪念碑区、主体建筑展示区与和平冥想庭院区四个功能展示区。抗战展示区为室内展区，包括地上展区和地下展区，建筑面积约 1500 平方米。纪念碑区主要分成两个部分：一个是对于残酷战争的反思和警醒，采用的是冷色调；另外一个是艰苦抗战、守护家园、精神不灭的感召和奋进，采用的是暖色调。空间上通过一面黑色镜面花岗岩迂回绕行的方式，串联"冷暖"两大冥想空间。室外展示区主要有雪松庭院、礼仪广场等，并建设了停车场、景观绿化等配套设施。另外，民俗展示区由纪念馆周边民宿区域打造而成，山体公园区主要对周边山体、河道进行整治修复，打造抗日战争纪念馆周边宜人的自然环境。

整个纪念馆的布展共分为前言、家国危难、奋起抗日、武装斗争、抗战胜利、铭记历史、继往开来、后记八个部分。馆内布展形式除采用大量翔实的抗战历史照片、沙盘和实物陈列外，还配合声、电、光等技术手段，再现 70 多年前平度人民在中国共产党的领导下，依靠大泽山抗日根据地，同日伪军开展浴血奋战，打败日本侵略者的历史。让人们更加深刻地了解抗日战争时期平度人民作出的巨大牺牲和杰出贡献。

抗战纪念馆以"缅怀历史、守护家园、追求和平"为基调，以中国大抗战为背景，以平度与大泽山地方抗战为主体，通过空间主题策展，再现高家村人民取得革命胜利的艰辛过程和顽强进取的精神，并挖掘"高家联防"保卫家园的精神渊源，重塑高家村庄精神，形成红色文化品牌效应。

平度抗日战争纪念馆于 1995 年被命名为青岛市爱国主义教育基地后，2006 年又被命名为山东省国防教育基地，成为向广大党员干部群众、青少年等进行革命传统教育的重要场所，是省内红色旅游的一处重要景点。馆内通过大量珍贵的文物、史料、图片和具有代表性、共鸣感的文化元素，辅之以沉浸式的多媒体场景演绎，全方位展示了在中国共产党倡导建立的抗日民族统一战线旗帜下，平度人民英勇奋斗的历史画卷，不屈不挠、可歌可泣的英雄事迹。重温那一段艰苦卓绝、波澜壮阔、气壮山河的峥嵘岁月。

（二）大泽山抗日根据地的抗战

1. 大泽山抗日根据地的建设背景

内忧外患时期，人民生活困苦。1927 年至 1937 年蒋介石和地方军阀进行了中原战争，名义上统一全中国，日本发动九一八事变占领东北三省，蒋介石提出"攘外必先安内"的政策，中国面临严重的内忧外患，胶东地区亦不能幸免，人民生活在水深火热之中。1938年，日本侵略者将触手伸到了平度。先后派飞机对平度城、古岘、蓼兰、南村等重要城镇狂轰滥炸，仅平度城就炸死炸伤平民40余人。抢麦子、烧毁房屋……日军在平度开始了惨无人道的"三光"政策，让无数百姓流离失所，无家可归。据不完全统计，日军入侵平度近八年中，残杀无辜百姓2000余人，烧毁房屋12 000余间，抓劳工万余人，损失财产不计其数。[1]

也就是在中国处于水深火热的时期，1921年中国共产党成立了。中国共产党传播新思想、新观念，极大解放了人民的思想，为大泽山抗日根据地的建立提供了思想准备。1927年10月，中国共产党在湖南、江西两省边界罗霄山脉中段创建了第一个农村革命根据地——井冈山革命根据地。井冈山革命根据地的建立，点燃了"工农武装割据"的星星之火，为大泽山抗日根据地指明了方向，为中国革命照亮了胜利前进的航程。

大泽山是整个胶东西部最高的山脉，最高的山峰海拔600多米，因此大泽山一直被认为是胶东地区的桥头堡，是进出胶东地区的必经之地，有着非常重要的战略意义。平度位于胶东半岛西部，是通往渤海和鲁中南地区的陆路交通枢纽。开创大泽山根据地就能扼住胶东西部的咽喉，保证"渤海走廊"的畅通，意义十分重要。抗战时期，胶东军区西海军分区和南海军分区均设在平度。大泽山抗日根据地是平、招、莱、掖根据地的中心地带，当年的胶东区党委及抗大支校都设在大泽山区，八路军山东纵队第五旅也诞生在大泽山区。1938年开始，面对日军狂轰滥炸，中国共产党领导人民坚持斗争，英勇奋战。全面抗战八年间，平度人民在中国共产党的领导下，开展武装斗争，坚持统一战线，创建了大泽山、河里套、高平路一带抗日根据地，展开游击战、地雷战、麻雀战，给敌人以沉重的打击。抗战中，平度人民作出了巨大的牺牲与杰出贡献。

2. 大泽山抗日根据地创建过程

（1）响应号召八路军进驻。早在1937年冬，平度的共产党员就组织了平掖抗日救国会，活动在大泽山一带。同年11月，莱阳的刘坦、田绰永等人为

---

[1]　中共青岛市委党史研究室：《中国共产党青岛抗战史》，青岛出版社2005年版，第137页。

尽快发动群众抗日，发展"民先"和恢复党组织，在大泽山东麓招莱边区成立了平招莱掖边区临时委员会，为大泽山根据地的创建奠定了群众基础和思想基础。

针对日寇侵占济南，山东广大地区沦为日寇占领，中共中央明确指示山东省委发动群众，保存党的力量，开展游击战争与建立游击区的根据地，准备长期艰苦斗争。同时，苏鲁皖边区省委遵照中央指示，作出了"胶东创立以大泽山为中心的根据地"的指示。1938年初，大泽山抗日根据地开始创建。中共胶东特委与八路军山东抗日游击队第五支队进驻大泽山根据地，进一步巩固了根据地。

（2）山区撒下抗日的种子。为开辟大泽山根据地，1938年7月，中共胶东特委派战均平到平度石桥、罗头一带的几个村庄秘密开展工作，发展党组织。先后在罗头村发展了程绍金、程绍美、程光宝等几名党员，建立了平度县（今平度市，下同）第一个党支部。1938年秋，山东人民抗日游击队第五支队的六十一团和六十二团由司令员高锦纯、政委宋澄率领进驻大泽山西的夏邱堡开辟根据地。10月，胶东特委派以李辰之为首的民运工作团（即中国共产党平度县工作委员会）到平度大泽山周围的几十个村庄宣传抗日救国的思想，开展统战工作，秘密发展党员，在乔家、二甲等村成立了党小组，在大泽山区撒下了抗日的种子。1939年春，蓬、黄、掖根据地被日伪占领，胶东党政军机关转移到平招莱掖边缘的山区莱西县（今莱西市）张戈庄一带组织抗日斗争。同年2月，胶东区党委（1939年1月由胶东特委改称）派李砚农、王溪等充实平度工委的力量，他们的主要任务之一是开辟大泽山根据地。

（3）革命种子的燎原之势。革命的种子一旦播撒，便形成了燎原之势。不久，工委在正涧、乔家、石桥、旧店、马瞳、陶家寨等地先后建立了党支部。4月至8月间，工委在官庄、旧店、乔家、唐田等地建立了分区委。5月，区党委书记王文和宣传部部长林一山等对平度的工作作出重要指示，指出：平度要抓紧发展党的工作，使党的工作在平度扎下根，建立自己的根据地；要重视发展地方党员，培养本地区干部；建立武装力量，要把局面打开，并依靠山区伸向平原。8月，平度县第一次党代会在石桥村召开，选举产生了中共平度县委，李健民任书记。到9月，全县已建立了四个分区委，党员达98人。

为开辟大泽山根据地，胶东军区在地方武装的密切配合下同日伪军展开了激烈的争夺战。1940年3月，军区司令员王彬率部围歼了驻消水庄的顽军高玉璞部，五支队十三团打败了北寺口日伪军，开辟了大泽山北侧的部分地区。

根据山东分局指示，胶东党政军机关于1940年6月西移至平度大田葛家一带，立即组成了200余人的工作队开辟大泽山根据地。平度县委派崔涛带一个工作队至秦姑庵一带。工作队每到一地，便宣传党的抗日政策，发动群众建立农救会、职工会、青救会、妇救会、自卫团等群众团体和抗日武装，建立村政权，组织生产，开展游击战争，并在斗争中发现培养积极分子入党，党员很快发展到448人。[1]

（4）平度革命最终定江山。1940年7月，乔天华率五支队特务二营、刘文卿率南海独立营击败了驻谭家夼、五甲的陈泽渥部，十三团二营和南海五大队击溃了高家、所里头的沈官臣部，解放了大泽山的几十个村庄。8月10日，胶东部队组织了消灭顽军十八旅的战役。五支队十三团攻打祝沟，乔天华率特务二营攻打徐里，刘文卿率南海五大队攻打后寨，将十八旅摧垮，平北获得解放。大泽山抗日根据地自此正式建成，成为胶东地区抗日根据地牢不可破的屏障，为夺取抗战胜利作出了巨大贡献。

1940年9月18日，平度县抗日民主政府在东大田成立，胶东五支队在东大田南河滩完成整编，五支队改番号为五旅，成为山东纵队的主力部队。此后，平度的县大队、区中队、村自卫团相继成立；工、青、妇、儿童团等群众团体也在全县普遍建立起来，许多村庄建立了村政权。9月，西海地委在大泽山成立。从此，大泽山成为胶东地区主要抗日根据地。

3. 大泽山抗日根据地的价值

大泽山抗日根据地形成于抗日战争时期，通过党的建设，武装斗争，经济建设以及各项工作的展开，大泽山抗日根据地从无到有、从弱到强，逐步发展起来，成为胶东地区的重要战略支点，是中共胶东根据地的组成部分，其意义和价值值得充分重视。

第一，为夺取抗战胜利作出了巨大贡献。大泽山抗日根据地是胶东区党委和西海地委的重要依托，是胶东区党委、胶东军区以及胶东抗大支校的落脚地，西海地委、南海地委、南海军分区、南海办事处，都曾把大泽山作为

---

〔1〕 中共平度市委党史办公室编：《大泽烽火》，青岛市新闻出版局1990年版，第100页。

依托。大泽山抗日根据地在抗战期间为八路军输送了大批战士及物资，至1945年，仅平北县参军人员即达2100人，运送军粮230万斤，做军鞋1.2万双，出民工1.4万人次。[1]同时，大泽山抗日根据地也为胶东培养了大批优秀的干部，胶东区党委先后在根据地内的满家、铁匠寺、所里头、郭家店办抗大训练班多期，培养地方与军队干部近千名，因而大泽山有"胶东干部库"之美誉，为抗日战争的胜利提供了优秀的领军人。大泽山抗日根据地为抗战胜利提供了重要的地区依托、丰富的物质资源以及优秀的抗战人员，为夺取抗战胜利建立了不可磨灭的功勋。

第二，涌出大批英雄人物，为后世提供光辉典范。大泽山区被誉为胶东地区"石雷之乡"，涌现出"爆炸大王""战斗英雄""民兵英雄"等抗日英雄人物若干名，"高平路上五虎将"、平北"三只虎"是抗战时期的风云人物，在抗日军民中威望很高，更令敌人闻风丧胆。这些抗战英雄们英勇战斗、抛头颅、洒热血，用鲜血和生命保卫了平度这片土地。大泽山抗日根据地百折不挠、英勇抗争、无私奉献的精神薪火相传，革命先辈们至死不渝、坚定不移的理想信念，英勇奋斗、艰苦卓绝的革命精神也不断影响激励着后世。

第三，传承红色基因，打造胶东红色文化高地。红色文化资源是在中国共产党领导的革命斗争和社会主义建设过程中产生的历史物质遗存、革命精神和优良传统，是党团结带领人民共同奋斗的历史见证，凝聚了党和人民优秀的历史文化传统和时代的精华，是党先进性的重要体现。[2]在大泽山抗日根据地创建的大泽山抗日战争纪念馆是青岛市爱国主义教育基地、山东省国防教育基地，是向广大党员干部群众、青少年等进行革命传统教育的重要场所。在新时代，大泽山抗日根据地有助于挖掘大泽山红色文化，传承大泽山红色基因，永续大泽山抗战精神。大泽山根据地雄风常在，抗日英雄纪念丰碑永存！

二、大峰山革命根据地

（一）大峰山革命根据地纪念馆基本情况

大峰山位于济南市长清区孝里镇，地处长清、平阴、肥城三区县交界处，

---

〔1〕中共平度市委党史办公室编：《大泽烽火》，青岛市新闻出版局1990年版，第111页。

〔2〕王彬堂："传承红色基因打造胶东红色文化高地"，载《中共青岛市委党校青岛行政学院学报》2019年第1期，第97页。

是我国 AAA 级旅游区，省级森林公园。距济南市 47 公里，交通便利，近 220 国道和济菏高速公路的孝里出口。大峰山风景秀丽、景色宜人，春有山花烂漫，夏有蝉吟鸟鸣，秋有红果枫叶，冬有雾凇白雪。大峰山上因有齐桓公当年修建的齐长城和 200 余间屯兵营且保存完整，而被联合国教科文组织评为世界物质文化遗产。它不仅是集人文古迹、度假休闲于一体的综合性旅游景区，更是山东省重要的红色文化教育基地。

长清是受党的影响较早的地区，革命斗争历史底蕴深厚。大峰山革命根据地纪念馆（以下简称"纪念馆"）是为纪念中国共产党人的奉献牺牲和长清人民不屈不挠的斗争精神而建立的。纪念馆每周二至周日上午 9：00—11：30，下午 1：30—4：00 开馆，每周一闭馆（节假日除外）。纪念馆用当地块石砌筑而成，建筑风格具有浓郁的鲁西民居特色。走进展厅，首先映入眼帘的是"强基铸魂"的浮雕，生动刻画了在党的领导下，长清人民同仇敌忾，保家卫国的慷慨之姿。纪念馆布展面积 3200 平方米，内部共分为六部分，分别是："泉城播火，光照长清""国难当头，浴血奋战""同仇敌忾，共筑长城""坚如磐石，迎接曙光""奋起自卫，欢庆解放""遍地英雄，不朽丰碑"。纪念馆以时间为主线，通过丰富的图片展示、大量的实物展览，以及声光电情景模拟等形式，清晰地展现了大峰山革命根据地从无到有、从弱到强，不断从一个胜利走向另一个胜利的发展历程。经过血与火的革命淬炼，不仅大峰山革命根据地日益坚固，长清军民的斗争的信心也更加坚定。

在参观纪念馆之后，人们还会去初心广场、中共长清县委旧址、大峰山革命陵园进行参观。走得再远，也不能忘记来时的路。位于革命纪念馆的北侧的初心广场上用金字镂刻着入党誓词，人们参观纪念馆之后会进入广场，重温入党誓词，坚定理想信念；走出了数百名干部而被誉为培养党政军干部的红色摇篮的中共长清县委旧址位于大峰山脚下，自 1938 年到 1948 年，一直是中共长清县委以及大峰山独立营所在地；在 1951 年修建、占地 12 亩的大峰山革命陵园内长眠着抗日战争时期和解放战争时期牺牲的英烈。

以大峰山为中心，结合史元厚烈士纪念堂、刘德成事迹展览馆、马套村等周围的 12 个红色景点组成了大峰山党性教育基地，全景展示了抗日战争时期、解放战争时期以及中华人民共和国成立以来，长清地区波澜壮阔的发展图景。教育基地建成以来，共接待省、市、区（县）各类党政培训人员 5 万余人次，在教育党员、发展群众方面发挥重要作用。

（二）大峰山革命根据地的抗战

1. 大峰山革命根据地建设背景

1840 年鸦片战争后，中国陷入内忧外患的深渊，中华民族到了生死存亡之际。无数仁人志士为救亡图存前赴后继，但由于没有坚定的革命领导力量，犹如行走在黑夜中，找不到斗争的方向。1921 年中国共产党成立，如喷薄而出的朝日照亮了在黑夜（暗）中探索的中华民族。中国共产党成立后积极传播新思想，广泛建立各地党组织，大力发动党员，为大峰山革命根据地的创建做了思想上、组织上、干部上的准备。

（1）苦难辉煌铸长清。长清县（今长清区，下同）位于济南西南方向，是济南的大县，天灾人祸不断，人民生活困苦。据史料记载，自 1853 年至 1937 年，不到百年的时间，长清经历了水灾、旱灾、地震等九次重大灾祸。再加上受到帝国主义、封建主义、新旧军阀的重重盘剥，人民生活苦不堪言。灾祸对于长清人民是深重苦难，加重了人民生活负担，但灾难又磨砺了长清人民的坚毅、不屈的性格。

（2）革命星火照长清。自 1904 年开商埠后，先进的科技和思想不断传入，济南开始从传统模式向近代化转型。经过辛亥革命和新文化运动的洗礼，民主革命思想在济南广泛传播。五四运动爆发后，济南觉醒的进步人士积极响应，有力地推动了马克思主义在济南的传播。1919 年 10 月，进步人士王乐平在自家的私宅外院中创办了齐鲁通讯社，传播新思想。次年，齐鲁通讯社扩充后改名为齐鲁书社，成为王尽美、邓恩铭等具有初步共产主义的先进分子的活动基地。1921 年春，王尽美、邓恩铭就开始筹备建立济南地区党的早期组织。同年 7 月，王尽美、邓恩铭作为济南小组代表参加了中国共产党第一次全国代表大会，回到济南之后，建立起中共济南地方支部。不久之后，青年团组织也有序建立。党组织、团组织的建立，加快了新思想的传播，迅速影响济南周边地区，将山东地区的革命运动推到了一个新的阶段。长清籍青年学生李卓午、庄东晓，进步青年史得金，受到进步思潮的影响，将马克思主义思潮和共产党的主张传入长清。抗日战争爆发前，长清地区已有党员数名，大力推动了长清地区革命事业的发展。

（3）抗日烽烟护长清。七七事变后，蒋介石采取不抵抗政策，致使日本帝国长驱直入，长清沦落敌手。侵入长清的日军，烧杀抢掠，无恶不作，给长清地区的人民带来深重的灾难。在生死存亡之际，山东地区的共产党员制定了抗日起义的十大纲领，在各地区组织抗日武装起义，长清地区积极响应。1938 年初，中共长清临时支部在南坦山阁楼村魏立政家的地窖内成立，万晓塘任支部书记，冯乐进任组织委员，袁振任宣传委员，魏金三任军事委员。党支部将发展党员、组织抗日武装定为其两大任务。此后，在党组织的领导下，长清地区武装抗日运动轰轰烈烈地开展起来。

随着先进思潮的不断涌入、党组织的建立和人民抗日热情高涨，建立大峰山革命根据地的条件已经成熟。1938 年，王晋亭、袁振、汪毅带领自卫团进入大峰山地区，创建了大峰山抗日根据地。

2. 大峰山革命根据地发展过程

大峰山革命根据地从无到有，不断发展壮大，凝聚着共产党人的心血和长清人民的奉献。魏巍大峰山，铁血铸英魂，历史将永远铭记大峰山上的斗争事迹。

（1）统一战线，广聚英才。大峰山革命独立营营长汪毅是延安派来的干部，具有丰富的对敌斗争经验。独立营第四连连长张耀南在长清执教 10 余年，"弟子三千"，深受长清人民的爱戴。他充分利用自己的社会影响，在两三个月的时间里发动了 100 余人，组建了一支连队。〔1〕长清县党组织十分重视统一战线工作，大峰山周围团结着青年爱国学生和当地农民，以及各行业的坚定抗日人士。

（2）下巴伏击，初建告捷。根据地创立不久，大峰山独立营得到情报，日军一支部队由平阴，途经孝里前往济南。独立营营长汪毅决定利用下巴村的有利地形，伏击敌人。下巴村是丘陵地形，村附近公路一侧是两米高的石堰，居高临下，适合打伏击，另外石堰后面的丘陵地里长着一米多高的玉米和高粱，便于部队隐藏和战后转移。伏击队伍由二十几名有作战经验的战士组成，冯乐进负责指挥，汪毅负责掩护。他们天不亮进入伏击圈隐蔽待命，待到早上八点多，敌人进入伏击圈后，他们放过先头骑兵，将手榴弹对准敌人的步兵和汽车的结合部进行投掷，炸得敌人血肉横飞、乱作一团。伏击之后，战士们在"青纱帐"的掩护下迅速撤离。下巴伏击战取得了杀伤日军 90 余人的辉煌战果，打击了敌人的嚣张气焰，打响了大峰山抗日根据地的第一枪。〔2〕

---

〔1〕 中共平阴县委党史资料征集研究委员会编：《平阴县党史资料》，内部资料，第10页。
〔2〕 山东省长清县志编纂委员会编：《长清县志》，济南出版社1992年版，第16页。

（3）多管齐下，巩固发展。下巴伏击战之后，根据地名声大振，根据地的抗日武装力量不断发展壮大。独立营以大峰山为根据地，以游击战为主，经常利用有利地形伏击日伪军、破坏敌人交通、清除汉奸特务，使根据地日益巩固，为全县抗日活动的顺利开展提供了保障。根据地在周围村庄大力发展党组织，扩大党的影响，广泛动员了群众。根据地重视村政建设，向村民普法，深入贯彻执行陕北边区政府颁布的法律。减租减息，改善人民生活条件。进行文化宣传教育，开展抗日文化教育。

（4）平定暴乱，继续向前。大峰山抗日根据地如火如荼的斗争形势令敌人惶恐和仇恨。1940年春天开始，日伪军加紧对根据地的报复，频繁对根据地进行围剿和扫荡。同年6月，大峰山地区的日伪武装联合封建会道门组织，发动了红枪会暴乱。红枪会暴乱事发突然，县委为了保存力量，除留少数作战经验丰富人员继续斗争外，大部转移至黄河以西。7月初，独立营一连在执行接应二连、三连，侦查红枪会情况的任务时与敌相遇。在敌众我寡，各方面不占优势的情况下，一连战士血战卧牛山，在子弹打光后，就用石头抗击敌人。为不被俘虏，连长孔步健率领10余名战士跳下悬崖。[1]暴乱历时近一年，直到1941年5月，红枪会首领朱存祯被七区队击毙，暴乱得以平息。暴乱使根据地遭受重创，也使全县各级党组织、广大党员经历了严峻的考验。平息暴乱后，各级党组织深刻总结经验教训，加强党员教育，坚定了广大党员抗战的信心和决心。

（5）走出黑暗，欢庆胜利。红枪会危机解除，新的一轮危机又接踵而至，日伪军的扫荡活动更加残酷。在敌人的疯狂扫荡中，整个泰西地区，除大峰山抗日根据地外，其余或沦为敌占区或沦为游击区，对敌斗争形势异常艰难。面对敌人的封锁，根据地实行精兵简政，枪锄并举，与长清人民一道共克时艰。根据地军民一家，形成了"有敌人，无地区"的良好局面，打击瓦解了日伪组织的进攻。值得一提的是，在1941年"反扫荡"中，长清县十区队击毙了日军独立第六混成旅少将旅团长土屋兵驻，这是县级抗日武装击毙的日军最高级军官，受到八路军总司令朱德、副总司令彭德怀的通电嘉奖。随着全国抗战形势的好转，1945年大峰山抗日根据地军民向日军发起进攻，驱逐日寇，光复长清。

---

〔1〕 山东省长清县志编纂委员会编：《长清县志》，济南出版社1992年版，第16页。

（6）奋起反抗，迎来解放。当人们还沉浸在抗日战争胜利的喜悦中时，蒋介石撕毁和平建国协议，发动内战，长清地区再次陷入战火之中。1946年6月，全面内战爆发后，大峰山革命根据地军民奋起反抗。在党的领导下，粉碎了国民党的全面进攻和重点进攻，成功打破了国民党长达45天的"坐剿"。1948年9月18日，解放军攻克长清城，长清人民终于迎来了解放。作为济南的西大门，长清的解放为济南战役的胜利提供了保障。英雄的地区生活着英雄的人民，长清解放后，长清千余名民工随军支前，大批干部南下，为全国的解放事业贡献了"长清力量"。

14年抗日战争，3年解放战争，大峰山革命根据地军民以大无畏的牺牲精神，在中华民族反侵略、反独裁的历史上留下了光辉的一页。大峰山的信仰之火熊熊不熄，红色基因早已融入长清人民的血脉中。

3. 大峰山革命根据地的红色基因传承价值

大峰山革命根据地熔铸的红色基因形成于抗日战争时期，成熟于解放战争时期，中华人民共和国成立后日臻完善，新时代以来不断发扬光大。在革命年代发展起来的大峰山红色基因并没有随着战争的结束而衰减，而是一脉相承，成为长清人民最坚强的精神支撑。

（1）抗日战争时期：定海神针护长清。抗日战争爆发后，蒋介石采取不抵抗政策致使华北沦陷，当日军兵临济南城后，以韩复榘为首的国民党军队纷纷溃逃。日军进入长清后，烧杀抢掠，无恶不作，长清人民陷入水深火热之中。国难当头，中国共产党建立起抗日武装，依托大峰山革命根据地进行了轰轰烈烈的对敌斗争。大峰山沦陷的八年间，长清军民团结一心，共经历大小战役数百次，击毙日军250余名，伪军560余名，重伤日伪军1000余名，炸毁敌方火车4列、汽车20辆、碉堡60余处，战果硕硕。[1]长清抗日武装正是依靠大峰山这片"进可攻，退可守"的坚固阵地，最终迎来胜利的曙光，它就像定海神针，坚定了长清人民抗战必胜的信念。

（2）解放战争时期：坚定跟党谋解放。抗日战争胜利后，长清人民紧密团结在党周围，积极开展争取和平的斗争。诉苦运动、土改运动、练兵生产、宣传教育等活动在大峰山解放区有声有色地进行。内战爆发后，党组织领导

〔1〕 中共济南市长清区委党史研究室：《中共长清地方史》（第1卷）（1921—1949），济南出版社2002年版，第99页。

长清人民抵御了国民党部队的多次进攻，迎来解放。解放后，长清人民发扬大爱精神，积极支援济南战役和全国的解放运动。大峰山革命根据地不仅属于长清，更是全国的大峰山，它为我国的解放事业作出了巨大历史贡献。

（3）中华人民共和国成立后：奉献精神薪火传。大峰山革命根据地并没有随着战争的结束，而淡出人们的视线。大峰山革命根据地人民不畏强敌的斗争精神、舍己为人的奉献精神不断激励着后来人。从大峰山革命根据地创立至今，涌现出像"国际主义战士"史元厚、"雷锋学习的榜样"刘德成、"朱彦夫式的好书记"刘福正、"舍己为人好青年"王守峰等一大批先进典型。

（4）新时代：红色教育引风尚。新时代传承红色基因，必须深挖红色资源。2018 年建成使用的大峰山党性教育基地拥有 12 个现场教学点，精心设计的培训内容，可以满足不同层次、不同类型群体的受教育需求。新时代，大峰山革命根据地的红色文化对教育党员、培育青年发挥着重要作用，为中华民族伟大复兴强基铸魂。

三、共性研究

中华文明生生不息五千多年，中国人民以非凡的创造力为人类文明进步作出了不可磨灭的贡献。但功非一日之力，就非一时之成，日本军国主义的野蛮侵略给中国人民造成了空前巨大的灾难，激起了中国人民的顽强反抗。中华民族向往和平、反对战争的优良传统一以贯之，当侵略来临时，中华儿女唯有与敌人血战到底，才能保家卫国。在中国大部分沦陷的艰难形势下，敌占区中产生的红色根据地虽然在起始阶段规模较小，但经过一段时间后，它们就以星火之态形成了燎原之势，对抗战的胜利起到了不可磨灭的作用。山东地区就是凭借着各地一块或几块的红色根据地的"点连成线、线连成片"的带动作用，推动抗日形势不断向前发展，以热血书写了抗战的篇章，其中具有代表性的是平度的大泽山抗日根据地和长清的大峰山革命根据地，笔者分析它们能在敌人围剿、封锁的夹缝中不断发展壮大的原因，发现两者极具共性。

（一）充分利用当地优势，扬长避短克敌制胜

大泽山被誉为"石雷之乡"，根据地以石雷战而闻名，"不见鬼子不挂弦"这句经典话语就是出自于此。石头雷是平度人民根据大泽山石头多、祖辈擅采石的特点而发明的，他们在石头中间挖出一个洞，把炸药放在里面，代替

铁雷,不易被敌人的排雷兵发现,且威力巨大。平度人民充分发挥聪明才智,并根据实战经验不断改进石头雷,先后研究出了拉雷、绊雷、踏雷、前踏后响雷、真假雷、夹子雷、胶皮雷、竹筒雷、连环雷、子母雷、空中雷、水雷等40余种,因地而施灵活布设,令敌人防不胜防、处处挨打。平度人民依靠大泽山根据地,充分发挥石头雷的威力,先后共毙、伤、俘大量日伪军。大峰山位于长(清)肥(城)平(阴)三县的中心,多丘陵、山地地形,居高临下,不仅适合游击战,还适合伏击战。大峰山革命根据地经典的下巴伏击战就是利用丘陵地形和石堰居高临下进行伏击,依靠玉米、高粱作掩护,战后凭借有利的山地地形迅速撤退。大峰山革命根据地和大泽山抗日根据地虽然武器供应不足,但是两地的人民扬长避短,充分利用当地的一切优势来抗击敌人,体现了中国人民的智慧。

(二)灵活运用游击战对敌斗争

抗日战争是一场以弱对强的战争。抗日战争前期,日军不仅装备优良且进攻势头强劲,相比之下共产党领导的抗日力量武器不足,无法正面与敌对战,只能采取游击战的形式进行斗争。游击战采取出其不意攻其不备的形式,可以最小的伤亡取得最大杀敌效果。但是游击部队必须有坚固的堡垒,以应对日军的打击报复。大峰山和大泽山远离城市且山脉连绵、树木葱郁,非常适合部队转移和躲避敌人的搜索,于是长清和平度的党组织在比较之下便选择了在此创建根据地。根据地活学活用毛泽东同志总结"敌进我退,敌驻我扰,敌疲我打,敌退我进"的十六字游击战术,使敌军损失惨重。大峰山革命根据地的军民除下巴伏击战之外,多次组织游击战,收获颇丰。长清县十区队击毙日军独立第六混成旅少将旅团长土屋兵驻也得益于游击战的办法。游击战令日军付出了巨大代价,敌人多次组织武装力量对根据地围剿进行报复,大峰山根据地的军民利用熟悉地形的优势,采取"坚壁清野"的方式,隐藏在大山深处,进行反"围剿",让敌人无功而返。大峰山的优势,大泽山同样具备。大泽山抗日根据地层峦叠嶂、地形复杂,军民充分利用谷壑交错的地形和浓郁的树丛进行藏雷,山路碎石遍地更好隐藏石头雷,树木茂密可以挂雷。敌人来了,同时引爆路上的、树上的石头雷,把侵略者炸得粉身碎骨。敌人不来,根据地的军民就利用大泽山这座坚固的堡垒造雷,一旦敌人进山,他们就活跃在山中让敌人感受石头雷的威力。

（三）依靠有影响的人物，扩大根据地影响力

根据地创立之初，深受旧军阀残害的当地百姓对共产党有很强的防备之心，如何让百姓相信党，愿意跟党走，帮助党建设根据地是当时亟待解决的问题。根据地除了用实际行动证明之外，另一个办法就是依靠当地有影响力的进步人士进行宣传。他们以己为范，向父老乡亲展现了我党的优良品质。坚定的爱国主义者张耀南是长清县夏张镇纸坊村人，从青少年时期就开始探寻救国之法。在曲阜二师学习期间，除了学习书本知识之外，开始尝试通过实践来教育救国、实业救国。1925 年，他舍弃即将到手的文凭，回乡筹办农民义学和农民合作社，希望带动农民共富。张耀南以家资和山地建立的学校维持了接近三年的时间，即使欠债上千元，他也无怨无悔。1928 年下半年，张耀南在长清县第一高级小学当教员，因在师生中深孚众望，被推举为校长。至七七事变前，他将全部心血凝注于长清地区的教育事业，弟子不计其数，"桃李满长清"。全面抗日战争爆发后，他又积极投入长清地区的救亡运动中。张耀南出任长清抗敌后援会会长后带头出钱出力、参军参战，激发了长清人民的抗战热情，巩固了大峰山革命根据地。长清县共产党组织的创始人魏金三在百姓心中也极具信服力，他领导长清人民积极进行抗日斗争，在粉碎日军"铁壁合围"时壮烈牺牲，年仅 29 岁；平度抗日根据地的教育局局长郁山和妻子黎芳扎根大泽山区，培育青少年，培训青年教师，积极投入平度地区的抗日宣传工作，深受百姓爱戴。抗战过程中涌现出了"爆炸大王""战斗英雄""民兵英雄"等抗日英雄，"高平路上五虎将"、平北"三只虎"等抗战时期的风云人物，在抗日军民中威望很高，更令敌人闻风丧胆。

（四）同仇敌忾，军民一心打日寇

山东大地起狼烟，齐鲁儿女勇抗争。大峰山革命根据地和大泽山抗日根据地的发展壮大离不开中国共产党的英明领导和当地人民的大力支持。1937 年 12 月，日军侵占长清后，肆意烧杀抢掠，以法西斯的残忍手段杀害长清第六区 30 余名农民。1938 年 2 月，日军闯入大彦村，惨杀 100 余名村民，烧毁数百间民房。时隔不久，日军又残忍杀害邵庄 13 名联庄会员，[1] 制造了骇人

---

〔1〕　山东省长清县志编纂委员会编：《长清县志》，济南出版社 1992 年版，第 15 页。

听闻的黄家峪惨案。[1]党领导下的早期抗日组织发动武装起义，全县人民开始以各种形式投入抗战中去。在大峰山革命根据地成立后，独立营多次组织游击战、伏击战以阻止日军对长清人民的残害。当地人民以捐款、捐物、参军等形式为巩固根据地建设作出贡献。覆巢之下无完卵，平度地区同样受到日本帝国主义铁蹄的践踏。日军入侵青岛后，多次对大泽山进行扫荡，实行惨无人道的"三光"政策。其中，1938 年 3 月，日军占领公婆庙村，用机枪扫射、火烧、刺刀穿、活埋等残忍手段，杀害无辜村民 108 人，伤 70 余人，烧毁房屋 800 余间。[2]为了保卫大泽山的人民，1938 年 9 月，八路军山东人民抗日游击队第五支队根据中共苏鲁豫皖边区省委关于"胶东创立以大泽山为中心的根据地"的指示，开辟了大泽山抗日根据地。党为人民，人民为党，大泽山人民了解共产党领导的大泽山游击队是真正抗日的队伍、是全力保护他们的部队后，全心全意帮助八路军战士。大青杨战役中，游击队在装备和人数完全不占优势的情况下，我军凭借着大无畏的牺牲精神和人民群众的帮助打败了装备先进的日军秋山旅团。不大的村庄就有数名群众加入了战斗，他们腾房子、送饭菜、抬担架、送手榴弹，甚至有部分村民直接上前线参加拼杀。在战斗危急时刻，村民张连岐发动左邻右舍掩护受伤的八路军战士，受到广大军民的赞扬。为了保卫自己的家园，数万名平度将士奔赴战场，杀敌报国。抗战中，牺牲在平度土地上的先烈们用鲜血和生命保卫了平度这片土地。大泽山革命根据地党政军民同仇敌忾、共赴国难、生死与共、浴血奋战，为夺取抗日战争胜利作出了巨大贡献。他们的光辉业绩将永载史册，代代相传。

中国的土地不容践踏，中国人民不容欺辱，世上没有铜墙铁壁般的身躯，也没有固若金汤似的关隘，有的是我们保家卫国的信念。大峰山革命根据地和大泽山抗日根据地的军民以及中国千千万万的抗日勇士，团结一心，以非凡的智慧、无畏的勇气、艰苦的抗战、无私的奉献彻底粉碎了日本侵略者奴役中国的图谋，向世界展示了天下兴亡、匹夫有责的爱国情怀，视死如归、宁死不屈的民族气节，不畏强暴、血战到底的英雄气概，彰显了中华儿女勠力同心、

---

〔1〕 中共济南市长清区委党史研究室：《中共长清地方史》（第 1 卷）（1921—1949），济南出版社 2002 年版，第 24 页。

〔2〕 高密市政协文史委员会编：《前事不忘》，潍坊市新闻出版局 1995 年版，第 50 页。

百折不挠的抗战精神，成就了今日中国的山河无恙、岁月安宁。这种以血肉筑成的抗战精神将生生不息、薪火相传。作为新时代的青年，要缅怀革命先驱，传承红色基因，弘扬红色文化，牢记历史，面向未来，珍爱和平。

第三节 鏖战泉城：两次转折之战

一、莱芜战役

（一）莱芜战役纪念馆

莱芜战役纪念馆位于山东省济南市莱芜区的黄山上，原名莱芜革命烈士陵园，1997年更名为莱芜战役纪念馆。它埋葬了1947年2月莱芜战役中牺牲的革命烈士。2007年，在纪念莱芜战役胜利60周年之际，莱芜地方政府对莱芜战役纪念馆展开了全方位的升级改造。馆名由中央军委时任副主席、时任国务委员兼国防部时任部长迟浩田上将题写。

纪念馆自成立以来，已形成烈士纪念塔、展览馆、全景画馆和缅怀堂等几大主体建筑，总面积73.1亩，总建筑面积15 200平方米，展览面积10 000多平方米，绿化面积31 000多平方米。矗立于纪念馆中轴线上的是建于1972年的革命烈士纪念塔，塔高19.8米，正面镌刻有毛主席题写的"革命烈士纪念塔"七个镀金大字，背面篆刻有镏金隶书碑文。该塔为中国100座重点纪念塔之一。

莱芜战役展览馆建于2007年，设有序厅、战前厅、战役厅、支前厅、英烈厅五部分。通过图片、实物、模拟场景、大型雕塑、音像等展示手段，集中展示了中国共产党领导下的华东军队和人民的光辉形象，特别是莱芜人民的伟大胜利历程。

全景画馆建于1997年，高17米，周长120米，展示面积达1200平方米。巨型油画和表面雕塑的结合展现了莱芜战役中城北围歼战的场景，集"声、光、电"于一体，给人以身临其境、惊心动魄的感觉。新建的户外武器陈列馆有两架飞机、两辆坦克和十门大炮，进一步丰富了陈展的内容。

烈士缅怀堂始建于2011年，目前建筑面积达1208平方米，主要由缅怀大厅、烈士纪念长廊和地下烈士骨灰堂等几部分构成。

莱芜战役纪念馆布局合理，建筑雄伟，环境优美，材料生动翔实，展示手段先进，是革命教育、爱国主义教育、国防教育和观光游览的理想场所。2001 年以来，该馆先后被评为"全国爱国主义教育示范基地""全国青少年教育基地""全国重点革命烈士纪念建筑物保护单位""全国 100 家红色旅游经典景区"及"国家'AAAA'级旅游景区"。

（二）莱芜战役的背景、过程与意义

1. 莱芜战役爆发背景

1947 年 1 月，鲁南战役结束，华中野战军北上转入山东，原华中、山东两大野战军正式合并，成立华东野战军，下辖 11 个步兵纵队和 1 个特种兵纵队。国民党方面对共产党方面的情势判断失误，认为华东军区部队经历过宿北、鲁南等轮番恶战后伤亡重大，难以为继，推定共产党军队一定会固守临沂。临沂是中共华东局山东军区所在地，也是中共在北方重要的军事政治中心。知名报纸《申报》评价临沂之于彼时中国共产党的地位："临沂为中共第二支强大部队新四军之根据地，亦为中共华东局山东省政府与山东军区之所在地，亦即大江以北大河以南中共之军事政治中心。其对中共之重要性，仅次于延安，而超过东北之佳木斯，亦即无异华东之延安。"[1]于是，国民党调集 53 个旅 31 万人紧急组织"鲁南会战"，由参谋总长陈诚在徐州前线督战指挥，采取南北并进的策略。南线以整编第十九军军长欧震指挥的 8 个整编师 20 个旅作为主要突击集团，兵分三路自台儿庄、新安镇（今新沂市，下同）、城头一线北上向临沂进攻；北线以第二绥靖区副司令官李仙洲指挥的三个军为辅助突击集团，由明水、周村、博山一线南下莱芜、新泰一带策应。国民党军队准备南北夹攻，迫使解放军与之在临沂决战，进而一举击溃华东解放军，全部占领华东解放区。

鉴于国民党军队采取密集靠拢、齐头并进策略，华东野战军始终不能获得良好战机。2 月 4 日，毛泽东指示华东野战军，不管国民党整编第五军到鲁与否，"敌愈深进愈好，我愈打得迟愈好；只要你们不求急效，并准备于必要时放弃临沂，则此次我必能胜利……敌愈北上，士气愈下降，指挥官愈恐慌，接济愈困难"[2]。陈毅受此启发，考虑到国民党军在南线重兵聚集，而国军

<hr>

〔1〕 "国军劲旅入城人民欢欣若狂"，载《申报》1947 年 2 月 16 日。
〔2〕 《军委关于诱敌深入不要急于出击给陈毅等的指示》（一九四七年二月四日），载中央档案馆编：《中共中央文件选集》（第 16 册），中共中央党校出版社 1992 年版，第 405 页。

在北线孤军深入，于是改变了原有的作战方针，集中主要兵力北上，歼灭北线敌人。这成为后来莱芜战役的主要构想。

与此同时，国民党李仙洲部队开始在鲁中地区部署行动。华东野战军经过慎重考虑，计划如果南线敌人不便于北进或者北进不便于歼敌时，就只留一个纵队在南线与敌人周旋，其余主力继续北上作战。毛泽东获知该方案后完全同意，并要求华东野战军对外要装作向南进击的样子，诱使李仙洲部继续放手南进。最后，华东野战军决定只留一小部分兵力在南线与敌军周旋，主力北上，于莱芜地区围歼李仙洲部。

2. 莱芜战役的过程

为了做出南线进兵的假象以达到迷惑敌人的目的，华东野战军每天不宣布行军的目的，总是在太阳下山就出发，一直走到第二天太阳出来，所以在队伍中流传着从"日落村"出发到"天亮庄"宿营的说法。与此同时，留守南线的第二、三纵队伪装成全军主力部队来阻击敌人。为了使敌人更加确信我军要全力出击，华东野战军还公开大修工事，显示出要决战的样子。不光如此，共产党还组织地方武装进攻兖州，在运河上架桥，造成主力将西进与晋冀鲁豫野战军会合的假象，这使得国民党情报部门误认为华东野战军要死守临沂，从而作出了错误的判断。当国民党军轻松占领华东野战军主动让出的临沂城时，还以为自己取得了"临沂大捷"。国统区舆论一片欢腾，认为华东野战军"惨遭败北"，部队损失"约当其总兵力三分之二"[1]。华东野战军的迷惑行动无疑卓有成效。蒋介石与陈诚大喜过望，认为已经在临沂外围歼灭共军 16 个旅，并将其视为战争胜负的转折点。由此，陈诚一方面命令国民党南线部队继续北上，一方面命令王耀武的部队从北线南下配合作战。

2 月 19 日，华东野战军已秘密接近莱芜，对莱芜形成合围态势。其实，国民党北路指挥官王耀武一直对华野的动向较为警觉，他的飞机也侦查到华东野战军有北移的迹象，便命令李仙洲部队后撤，由国民党第 46 军和第 73 军合力固守莱芜。粟裕得知后，调整作战计划，命令一纵进攻莱芜的李仙洲部和第 73 军，四纵进攻颜庄的第 46 军，六纵进攻吐丝口镇的新第 36 师，八纵和九纵一部组成右路军在博山以南的和庄设伏消灭第 73 军的第 77 师，十纵攻占锦阳关。

---

〔1〕 "国军进驻临沂　定陶收复菏泽解围"，载《中央日报》1947 年 2 月 16 日。

2月20日，战斗打响。当天一早，王建安和许世友分别率领八纵和九纵在和庄地区设伏，国民党第77师也由博山南下抵达和庄。当天13时，华野军队提前发起进攻，但是由于山地作战十分不便，出击距离较远，未能在公路上把敌人分割歼灭，国民党军队迅速收缩到和庄、不动两个村庄内。黄昏时分，八纵、九纵第25师抢占制高点后再次发起猛烈攻击。李仙洲接到第77师告急的消息后，急令韩浚派遣部队增援，同时准备于次日派遣两个团的兵力北上救援。韩浚认为夜晚行军不便，且相信第77师的战斗力足以坚持到天亮。然而，华野猛攻之下的第77师终究未能坚持到次日。至21日清晨，该师大部被歼灭，师长田君健率残部突围至青石关后被担任阻击任务的华野九纵所属部队包围，田君健当场毙命。经和庄一役，国民党第77师大部分被歼灭。由此拉开了莱芜战役胜利的序章。

李仙洲及所属部队在莱芜外围被猛攻的消息很快传到王耀武耳中，同时，颜庄附近出现华野大部队的消息也接踵而至。为避免各部队被分割歼灭，王耀武当即电令部队迅速收缩兵力，要求第46军放弃颜庄，退入莱芜会合第73军。第46军收到王耀武的命令后，于20日夜晚火速撤向莱芜。按照之前部署，华野司令部原计划第四、第七纵队于20日夜间兵至莱芜与颜庄之间以切断第46军撤退之路线，之后由第四纵队参与围攻莱芜。然而，战场形势瞬息万变，此时国民党第46军已进入莱芜，如此一来，国民党两个军猬集莱芜城。

起初，华野一纵按照原定计划抵达莱芜城西南地区，准备协同右路军于20日22时攻击莱芜城及外围蒋军。20日傍晚，华野一纵司令叶飞指挥部队向莱芜城西、城北的国民党外围阵地也发起了进攻。由于四纵尚未赶到，八纵还在与国民党第77师激战，原先最多由五个纵队参与的攻击莱芜城的任务此时只能由一纵独立承担。入夜时分，战斗正酣。国民党第73军炮轰城西，并派兵出城增援。华野三师未能抵御国民党猛烈火力，不得不退出小曹村阵地。与此同时，一师二团正在莱芜城北矿山与国民党军队彻夜苦战，激烈战斗后占领了矿山上数个碉堡。但是国民党第73军以凶猛的炮火配合步兵反击。至21日上午，华野一师二团不得不撤出矿山。此时，华野在城北的马家庄和小洼村进展顺利，连续攻占国民党军两个阵地。

21日上午，处于困局中的国军开始考虑撤退问题。李仙洲命令韩浚的第73军进攻城北，希望保持莱芜城北地区公路畅通。小洼村位于莱芜县城北面通往吐丝口镇方向的两条道路中间位置，此时在华野一纵一师一团手中。韩浚遂派出一个团去攻击名为小洼的华野阵地。一番激战后，国民党军于黄昏时分被迫回撤莱芜城。次日，第 73 军下属一个团的部队进攻莱芜市西北部的安乐山阵地。该处由华野一纵一师的八连坚守，此为国民党军队突围的必经之路。为了占领安乐山，国民党炮兵向山顶发射了大量炮弹，配合飞机投下的燃烧弹，将整个山顶包围在烟雾中。华野驻守部队付出了巨大伤亡，在成功地将莱芜国民党军拖了一天的时间后主动撤离阵地。

就在一纵猛攻莱芜牵制住李仙洲集团时，王必成指挥的六纵也在进攻吐丝口镇。该镇位于明水、博山直通莱芜公路的交叉口地区，面积甚至略大于莱芜城。李仙洲将此处设置为军队后方基地，存储有上百吨弹药和数十万斤粮食物品。国民党第 12 军新编第 36 师奉命驻守。如果取得吐丝口镇的胜利，将切断莱芜被围蒋军的退路，阻断济南方向的援军。王必成受命后做出了第 16 师、第 18 师集中优势兵力围攻吐丝口镇，第 17 师阻击青石桥方向蒋军支援的战斗部署。20 日夜，六纵第 18 师一部自南向北攻入吐丝口镇，另一部分自吐丝口镇西门发起进攻。鏖战至 21 日清晨，第 18 师主动停止进攻，转向巩固阵地。当天，蒋军自青石桥方面派出援军试图分散六纵兵力。第 17 师顽强阻击，予敌以重大杀伤，迫使对方撤回青石桥。入夜，王必成命令第 16 师、第 18 师务必当夜解决战斗。一番战前准备后，各部队自西向东展开进攻。国民党守军抵抗较为顽强，双方逐屋逐巷争夺，一夜激战，吐丝口镇大部分街巷房屋被攻下。新编第 36 师师长曹振铎指挥部队死守位于吐丝口镇东北角关帝庙的师部核心阵地，仰仗充足弹药与坚固地堡拼死抵抗。吐丝口镇内地形狭窄，不利于六纵大部队展开攻击，双方形成对峙局面。

鉴于莱芜城及外围地区国民党部队均遭遇华野强力围攻，且至 21 日，仍未见陈诚所属南线兵团北上解围的行动。王耀武不等请示蒋介石、陈诚，直接电令李仙洲部撤出莱芜，奔向明水及以南地区集结待命。李仙洲接到王耀武命令后，立即召集第 73 军军长韩浚、第 46 军军长韩练成、高级参谋王为霖、第二绥靖区司令部第二处处长陶富业等高级将领会商撤退事宜。李仙洲本人并不想轻易撤出莱芜县城，他认为在解放军重重包围之下，突围撤退，是很不利的。倘若固守，等待临沂附近的国民党军队北上，仍有可能实现内外夹击解放军之效果。参加会议的多数人则主张服从王耀武命令，否则即便取胜也属于违背上级指令，失败了更是需承担罪责，况且莱芜县城弹药粮草供给不足。此时，韩练成强烈要求留给部队一天准备时间，最终，会议决定 23 日早上开始突围。按照现有部队位置决定撤退部署如下：第 73 军、第 46 军分别为左、右路军，两路约定吐丝口镇区域集结，李仙洲指挥所跟随第 46 军行动。

22 日清晨时分，坐镇华野司令部的粟裕才得知由于四纵、七纵未能到达指定地域，蒋军第 46 军已经进入莱芜城的消息。他迅速做出调整部署，命令一、二、七纵队为左路军，统归一纵队司令叶飞指挥，负责解决莱口线（莱芜—吐丝口镇）以西之敌；四、八纵队为右路军，归八纵队王建安司令指挥，负责莱口线以东之敌。同时布置六纵一个师的兵力置于吐丝口镇以南，阻敌北窜。然而，华野部队准备尚不充分，第四、七纵队位置尚远，凭借现有部队强攻聚集到一起的敌人极易徒增伤亡。粟裕便下令停止进攻，重新部署。根据李仙洲部队可能固守与向吐丝口镇方向突围两种选择重新做了强攻歼敌与运动战歼敌两种计划。

23 日上午，莱芜的国民党军队开始撤退，但秩序混乱。原来，国民党第 46 军军长韩练成早在大革命期间就有加入共产党的想法。全面抗战期间更是在重庆与周恩来取得联系。按照与地下党达成的协议，他在关键时刻悄悄离开，直接导致全军陷入混乱。李仙洲久等韩练成不至，无奈下达出发命令，带领第 46 军和第 73 军分两路突围。当天中午 12 时左右，国民党守军完全撤离莱芜后，华野四纵立即进驻，直接将蒋军退路切断。

从莱芜县城到吐丝口镇直线距离不足 15 公里，有两条间隔三公里左右的平行公路相连接。国民党四十六军在右路，七十三军在左路向北突围，空中是国民党空军副总司令王叔铭指挥的空军保驾护航。[1] 下午 1 时，蒋军莱芜退路被彻底切断后，埋伏在公路两侧的华野各部队全线出击。左路军一纵司令叶飞命令炮兵轰击密集排列的国民党军队，给敌军造成重大伤亡，蒋军逐渐陷入混乱，各级组织机构渐次失控。华野左右路军密切配合，不断压缩阵地空间。王叔铭与李仙洲同为黄埔一期同学，又是山东老乡，两人私交甚笃。王叔铭通过无线电告知李仙洲，"空军进行猛烈的轰击及扫射，但是解放军的官兵不怕死，仍阻止不住他们的进攻"[2]。至当日下午 5 时，李仙洲部已溃不成军，包括李仙洲、韩浚在内的 4 万余官兵被解放军俘虏。[3] 莱芜战役胜

〔1〕 莱芜市政协文史资料委员会：《莱芜文史资料》（第 3 辑），内部资料，第 38 页。

〔2〕 李仙洲："莱芜战役蒋军被歼始末"，载中国人民政治协商会议全国委员会文史资料研究委员会编：《文史资料选辑》（第 28 辑），文史资料出版社 1962 年版，第 94 页。

〔3〕 叶飞：《叶飞回忆录》（上），解放军出版社 2014 年版，第 289 页。

利结束。

3. 莱芜战役的意义

当国共双方在莱芜至吐丝口镇狭窄地区激战之时，国民党驻守吐丝口镇的新编第 36 师师长曹振铎眼见华野八纵主力参与围歼李仙洲部，根本不顾及上峰要求坚守接应的命令，掉头逃向济南。

莱芜战役前后历时 63 个小时，华东野战军歼灭国民党七个整编师，俘敌超过 4 万人，加上击毙、击伤，累计歼敌 6 万人。[1] 华东野战军乘胜发展攻势，一举收复胶济铁路沿线的 13 座县城，控制铁路线 250 余里，将鲁中、胶东、渤海解放区连成一片，整个山东战场的作战态势为之一变。莱芜战役的胜利打破了国民党军南北夹击的计划，为彻底粉碎国民党军对山东解放区的重点进攻创造了有利条件。

二、济南战役

（一）济南战役纪念馆

济南战役纪念馆坐落于风景秀丽的英雄山（原名四里山）区域，具体地点在山东省济南市英雄山路 18 号，由济南革命烈士陵园烈士事迹陈列室扩建而来，始建于 1998 年，2003 年正式对外开放。中央军委时任副主席、时任国务委员、国防部时任部长迟浩田题写了馆名。济南战役纪念馆总投资 3800 万元，建筑面积 6800 平方米，由陈列厅和全景画馆两大部分组成，陈列厅分为历史转折点、决战序幕等内容。

2018 年 9 月，纪念馆完成升级改造。改造后的纪念馆仍分为陈列展厅和全景画展馆两部分，其中陈列展厅共有两层，分为 "和战博弈　生死较量" "运筹帷幄　剑指济南" "厉兵秣马　蓄势待发" "八天八夜　鏖战古城" "战略决战　凯歌行进" "接管济南　泉城新生" "英魂长眠　日月同辉" "新时代　新泉城" 八个部分。改造后的纪念馆进一步突出了济南战役在解放战争史上的地位和意义，明确了 "爱党爱军、依靠人民、英勇顽强、敢于胜利" 的济南战役精神，融入了习近平新时代中国特色社会主义思想、十九大精神等时代内容，实现了历史意义与现实意义的有机结合，是对济南战役史实一次更为客观和全面的梳理与讲述。

---

〔1〕　山东省莱芜市地方史志编纂委员会编：《莱芜市志》，山东人民出版社 1991 年版，第 301 页。

多年来，济南战役纪念馆按照"红色基因就是要传承"的工作要求，依托馆内丰富的红色教育资源，不断提升讲解接待服务水平，为部队、党政机关、企事业单位、大中小院校和社会各界群众开展爱国主义教育、党性教育、革命传统教育、入党入团等活动提供服务和保障，创立并发展了"红色课堂"服务品牌，年接待观众 40 余万人次，[1] 为爱国主义教育、未成年人教育等工作的开展作出了有益探索和积极贡献。纪念馆秉承"褒扬先烈、教育后人、服务社会"的服务宗旨，不断完善规划、整修园容、续建革命烈士纪念建筑物，创新开展烈士褒扬、红色教育、文化传承、社会服务、双拥共建等工作，走出了一条集烈士褒扬、红色教育、文化宣传、服务保障为一体的红色之路，已成为山东省、济南市、驻济部队机关开展褒扬先烈、爱国主义教育和革命传统教育活动的重要阵地。

（二）济南战役的背景、过程与意义

1. 济南战役的背景

1947 年 10 月 10 日，中国人民解放军总部发表宣言，提出"打倒蒋介石，解放全中国"的口号。极大鼓舞了解放军和全国人民的斗志。同年 12 月，中共中央在陕北米脂县杨家沟召开会议，制定了夺取全国胜利的行动纲领。毛泽东指出："中国人民的革命战争，现在已经达到了一个转折点……这是蒋介石的二十年反革命统治由发展到消灭的转折点。这是一百多年以来帝国主义在中国的统治由发展到消灭的转折点。"[2]

1948 年秋季，解放战争进入夺取全国胜利的决定性阶段，战争形势发生了根本性变化。人民解放军已经由解放战争初期的 127 万人发展到 280 万人，解放区面积达到 235.5 万平方公里，拥有 1.68 亿人口，并且基本完成了土地制度改革，农民的革命和生产积极性空前高涨，解放军的后方进一步巩固。与此相反，国民党军队则由 430 万人下降为 365 万人，其中可用于第一线的兵力仅有 174 万人，士气低落，战斗力大打折扣，处境十分孤立。[3] 在军事上被迫由"全面防御"转向"重点防御"，国民党政权濒临崩溃，人民解放军同国民党军队进行战略决战的时机已经到来。

---

〔1〕 "济南战役纪念馆简介"载，http://jngmlsly.jinan.cn/art/2020/3/23/art_ 3866_ 202989. html，2023 年 4 月 14 日访问。

〔2〕《毛泽东选集》（第 4 卷），人民出版社 1991 年版，第 1244 页。

〔3〕 中共中央党史研究室：《中国共产党的九十年》，中共党史出版社 2016 年版，第 316~317 页。

济南战役之前，许世友率领山东兵团横扫胶济路 700 里、横扫津浦线 700 里后，济南已经成为山东境内的一座孤岛，中国共产党势必要将山东兵团纳入囊中，将整个山东建成人民解放军南下的战略基地，实现"许谭全军（七纵、九纵、十三纵、渤纵、鲁纵）可于十月间南下，配合粟陈、韦吉打几个大仗，争取于冬春夺取徐州"的战略目标。蒋介石为屏障徐州，隔断解放军华东、华北解放区的联系，并钳制华东地区唯一的强大军事集团——山东兵团不能全力南进，拒绝了美国军事顾问团团长巴大维关于"退出济南，把军队撤至徐州"的建议，决定固守省城济南。王耀武于 1946 年 1 月下旬任第二绥靖区司令长官，3 月兼任国民党山东省党政军统一指挥部主任；10 月 23日，兼任山东省政府主席、省保安司令、山东军管区司令等职。王耀武以济南内城为核心防御阵地，以外城和商埠为基本阵地，以城郊多个支撑点组成外围阵地，各阵地内筑有众多永备型和半永备型强固工事，形成能独立作战的支撑点，企图长期固守济南。

为了夺取济南、解放全山东，早在解放胶济路上的周村、潍县之后，许世友、谭震林就已经着手进行多项准备工作。周村战役后，被俘的整编第 32师第 36 旅旅长张汉铎就写出了济南的兵力部署图；在潍县战役后，九纵更是提出了"打到济南府、活捉王耀武"的口号。1948 年 7 月 16 日，在山东兵团发动的兖州战役结束当日，中央军委和毛泽东根据战局发展，发出五个电报，命令山东兵团司令员许世友、政委谭震林集中兵团全部"主力应不惜疲劳抢占济南飞机场，并迅速完成攻击济南之准备，以期提早夺取济南"，"应争取于十天内夺取济南"。许世友根据中央军委的指示以及敌情，在 1948 年 7 月17 日确定了攻城部署的基本方针：首先攻占飞机场，隔断长清、肥城一带保安旅及土顽（约一万五六千人）；"尔后再从东向西首先攻占济南城"。

2. 济南战役的过程

华东野战军前敌委员会作出决定，济南战役于 1948 年 9 月 16 日发起，大约 15 天至 20 天内攻克济南。9 月 2 日，中央军委复电同意上述部署。9 月 8日，华东军区和山东省党政领导机关按照中央军委在 9 月 15 日前完成攻打济南和打援的一切准备工作的指示，在华北解放区的大力支援下，开展全面准备工作。华东军区以及山东兵团的军队后勤系统和地方支前系统召开了联席会议，全力做好后勤保障工作。华东军区组成济南市军事管制委员会并配备了城市警备部队，做好了进行接管和警备城市的各项准备工作。解放军攻城西集团9月9日自济宁、汶上，东集团13日自泰安、莱芜、章丘等地，分别向济南隐蔽开进。15日，两广纵队等扫除长清西南地区敌保安部队，包围了长清城的保安团。此时，王耀武判断人民解放军主攻方向在西面，遂将其预备队第19旅调至飞机场以西古城方向待机，将第57旅由张夏、崮山等地撤入市区，准备转用于西郊。

1948年9月16日午夜，济南战役打响，人民解放军发起全线猛攻，西集团军歼灭长清、齐河守敌后迅速逼近济南西郊。东集团的九纵按照许世友事先早已确定的"东西对进"原则，一举攻克城东南角的茂岭山、砚池山及回龙岭等制高点，使王耀武判断我方主攻方向在东面，于是调集部队向人民解放军反击，另以一部增援燕翅山，妄图制止人民解放军的攻势。随后，又将飞机场以西的整编第2师之第211旅调入市区，以增强机动兵力。17日，蒋介石命令徐州"剿总"副总司令杜聿明指挥第2兵团准备经鲁西南北援，第7、第13兵团分由新安镇及固镇地区向徐州集结，准备沿津浦铁路北攻。正在负责阻援指挥的粟裕获此情报后，即告知刘邓中原局领导，要求做好配合阻援的准备。

9月17日，人民解放军攻城东集团在炮火支援下，依托有利地形，不断击退敌之反冲击，并乘胜攻克窑头、甸柳庄等地。攻城西集团也继续分路猛攻，至18日，攻克古城、玉皇山、簸箕山、党家庄等地，并以炮火封锁了济南机场，迫使国民党军中止空运。接着，许世友为扩大战果，将预备队的13纵加入西集团作战。19日晚，国民党军整编第96军军长吴化文在人民解放军争取下，率整编第84师等部三个旅约2万人起义，撤离战场。人民解放军趁势前进，至20日拂晓，占领济南商埠以西阵地。人民解放军的连续猛攻和吴化文部的战场起义，严重打乱了国民党部队的防御部署，动摇了坚守济南的信心。王耀武向国民党统帅部请求突围，但遭蒋介石严词斥责，并令其坚决固守待援。王耀武随即调整部署，将主力撤入城内。南线之敌三个兵团，在蒋介石督令下，正分别向商丘、徐州集结中。1948年9月20日，中央军委指示：王耀武部可能突围，应从各方面布置，不使漏网。同时指出：刘峙已令邱清泉兵团集结临城（今薛城区，下同）待命援济，应迅速集结打援兵团全力于邹、滕地区，准备歼击北援之国民党军。除了华东军区迅速动员准备阻击与拦截溃逃之敌外，粟裕也修订了作战方案，以便随时迎击徐州方向上的可能援敌。

　　许世友、谭震林依据军委指示，决定立即向商埠实施突击，以东集团继续肃清城外残敌，积极进行攻城准备。9 月 20 日黄昏，西集团经过 40 分钟的炮火准备和连续爆破后，多路突入国民党守军阵地，至 22 日中午，已经完全占领商埠，歼灭国民党守军。东集团也肃清了城东残敌，直逼城下。人民解放军攻占商埠后，国民党军认为人民解放军需经三五天的准备才能攻城，因此，将三个旅集中内城，将四个旅置外城，积极加修工事，准备顽抗。

　　为了不给国民党守军以喘息的机会，许世友决定立即对外城发起攻击，并作了巧妙的战略部署。22 日晚，解放军攻城兵团各突击部队在强大炮火掩护下，进行连续爆破，勇猛突击，经一小时左右激战，分别突入外城，与国民党军展开激烈巷战。至 23 日，除个别据点外，解放军攻占济南外城。退守济南内城的国民党军，妄图依托高厚城墙和坚固工事，作垂死抵抗。蒋介石下令空军对人民解放军所占市区实行区域轰炸，投掷大量炸弹和燃烧弹，使得商埠和济南外城大片民房被炸起火，平民死伤无数，财产损失严重。

　　济南内城高 8 至 12 米，底宽 10 至 11 米，顶宽 8 至 9 米，并有上中下三层火力点。人民解放军为迅速彻底歼灭济南守军，决定即刻对内城发起总攻。以第 9 纵队、渤海纵队由东南方向，第 3 纵队、第 13 纵队由西、西南方向实行突击。1948 年 9 月 23 日 18 时，人民解放军全部火炮均参加了火力准备。一小时后，各突击分队发起攻击，王耀武率残部拼死抵抗。19 时 53 分，第 9 纵队第 79 团由东门南侧突破，一个多连登上城头，但因桥被守军打断，后续不继，血战一小时后，全部壮烈牺牲。第 13 纵队第 109 团突上城头两个营，遭国民党守军连续反击，经两小时激战，除有两个连突入城内，据守少数房屋坚持战斗外，大部伤亡，突破口为守军重占，其余部队的攻击亦未成功。

　　在此紧急情况下，许世友令各部重新调整部署，严密组织炮火、爆破、突击三者的协同和后续部队的跟进。经过紧张、周密的准备后，第 9 纵队第 73 团经过反复攻击，终于攻占济南城东南角。拂晓时，纵队主力与渤海纵队一部入城与守军展开巷战。13 纵 109 团在已入城的两个连接应下，于拂晓攻上城头，主力及三纵亦跟随突破口入城，向纵深发展攻击。战至当日 21 时，全歼国民党守军，济南宣告解放。

　　许世友以"围而不攻"方式阻断的马鞍山、千佛山守军分别于 25 日、26 日缴械投降。王耀武化装逃至寿光县（今寿光市）境，为解放军严密设防的华东军区地方武装俘获。济南战役顺利、迅速地开展和结束，完全出乎蒋介石、毛泽东的预料。蒋介石亲自乘飞机到济南上空观察后才敢确信济南已被攻克，而毛泽东也是从"中央社"的报道中才确信济南已被许世友部解放。

3. 济南战役的意义

济南战役在中国革命战争史和中国人民解放战争史上具有重要作用，地位十分特殊，是全党全军和全国人民革命精神与战斗意志的重要历史标志之一，是人民解放军战略运筹、战役指挥中的成功案例和优秀典范，在传承红色基因、弘扬红色文化方面意义重大。

济南战役是人民解放战争战略决战极其重要的首个获胜战役。人民解放战争经历了战略防御—战略反攻—战略决战—伟大胜利四个历史阶段，最关键的是战略决战阶段，对于决战阶段的意义，毛泽东曾指出："决战阶段的斗争，是全战争或全战役中最激烈、最复杂、最变化多端的，也是最困难、最艰苦的，在指挥上说来，是最不容易的时节。"〔1〕周恩来在 1949 年 7 月的《在中华全国文学艺术工作者代表大会上的政治报告》中指出："在战争的第三年，我们的进攻取得了决定性胜利。经过 1948 年 9 月的济南战役，1948 年 10 月的辽沈战役，1948 年 11 月到今年 1 月初的淮海战役，1948 年 11 月到今年 1 月底的平津战役，蒋介石的军事力量就从此基本上被消灭了。"济南战役的胜利拉开了三大战役战略大决战的序幕。

济南是人民解放军夺取并占领的首个省会城市。山东境内最大的内陆城市，也是南京与天津间最大城市的山东省省会济南宣告解放。济南战役是人民解放军首次攻克敌 10 万重兵据守大城市的战役，是人民解放军从农村包围城市到攻克大城市作战方针实现转变的标志性战役，历史地位和作用极为特殊和重大。济南的攻克，使华北、华东两大解放区完全连成一片，继津胶济路青岛以西段全部为我方所控制后，津浦路徐州以北至天津以南段也被人民解放军全部控制，从而大大地改善了支援前线的条件。

三、共性研究

莱芜战役与济南战役均为解放战争时期发生在齐鲁大地的经典战例。虽然两场战役时间不同，作战样式迥异，但两场战役的性质、对群众的组织动员、对山东解放区乃至对解放战争的影响却有明显的相同点。认真研讨两场

---

〔1〕《毛泽东选集》（第 1 卷），人民出版社 1991 年版，第 215～216 页。

战役的特点并进行共性研究，有利于探究山东红色地标，丰富齐鲁红色资源内涵与外延，缅怀革命先烈，开展红色研学，此外对于揭示我党我军的胜利密码，继承并开展党史军史教育等大有裨益。

（一）两场战役均对全国战局产生了至关重要的战略意义

内战全面爆发后，国共双方均极为重视山东地区的战略意义与军事价值。为实现逼迫华东地区解放军与之决战的"鲁南会战"计划，蒋介石亲赴徐州部署作战。国民党国防部参谋总长陈诚将此战提升至关系国民党命运的高度，直言："党国成败，全看鲁南一役，只许成功，不许失败。"[1]中国共产党方面同样将山东解放区视为重中之重。毛泽东指出，山东战场已成为扭转全国战局的主战场。[2]双方谁能在山东地区占据上风，势必影响之后全国局势走向。

从1946年6月国民党悍然挑起内战到莱芜战役结束八个月左右的时间，国内战争局势悄然发生重大变化。莱芜战役历时三天，歼灭国民党军一个"绥靖区"前进指挥所和两个军七个整编师，共接近6万人，此战迫使国民党修改全面进攻解放区的战略方针，改为对陕北、山东的重点进攻。

济南战役的胜利同样对全国战局产生巨大辐射作用。济南城被攻克，表明"敌我力量对比已经发生了而且将继续发生着根本的变化。国民党反动派正日益走向最后失败，我们正日益走向全国胜利"[3]。1948年9月29日，《人民日报》头版报道指出济南解放震动南京国民政府，并转述当月25日南京美联社电讯的描写，称济南战役为"动摇蒋介石政权根基的军事胜利。因为它的影响是如此重大，所以国民党政府与国民党控制下的南京各家报纸，都压下了济南丧失的消息"[4]。9月29日，中国共产党中央委员会向华东解放军全体指战员发来贺电，指出解放济南，歼敌10万的伟大胜利，"证明人民解放军的攻坚能力已大大提高，胜利影响已动摇了蒋介石反动军队的内部，这是两年多革命战争发展中给予敌人的最严重的打击之一"[5]。

---

〔1〕"战略防御，转守为攻（1946—1947年）"，载邵雍正主编：《中国新民主主义革命史长编》，上海人民出版社1997年版，第242页。

〔2〕胡乔木：《胡乔木回忆毛泽东》，人民出版社2003年版，第479页。

〔3〕"济南战役胜利原因和重大意义"，载《粟裕军事文集》编辑组：《粟裕军事文集》，解放军出版社1989年版，第397~398页。

〔4〕"济南解放震动南京　蒋匪政权根基益形动摇　匪最高统帅部目瞪口呆"，载《人民日报》1948年9月29日。

〔5〕"中共中央电贺解放济南"，载《人民日报》1948年10月1日。

在内战爆发后一年多时间内，华东战场是国民党军队进攻重点之一。蒋介石曾纠集超过 80 个整编旅的部队投入其间，试图在此决定战争的胜负。[1]随着中国人民解放军陆续转守为攻，华东也无例外地反守为攻。前期战争防御阶段，华东人民解放军几乎失去了华东地区全部县级以上城市的控制权。进入反攻阶段后，解放军先后取得了胶河战役、莱阳战役、胶济路西段战役、胶济路中段战役、津浦战役的胜利，直到这次济南的胜利，标志着整个山东战局的局势得以彻底扭转。新华社 9 月 30 日发表了刘少奇、周恩来修改，毛泽东最后修改审定的社论《庆祝济南解放的伟大胜利》，开宗明义地指出"济南的解放，对于整个战局的重大意义是很明显的"，标志着国民党在华北地区的战略企图宣告失败。"济南这个敌人在山东最强大据点的攻克，使华东人民解放军获得了比以往任何时候更大的自由。"[2]如此情形之下，不但山东的国民党残余部队被迫收缩到为数不多的据点，而且整个华东与中原地区的国军将面临遭受更加沉重、更加迅猛的打击。就全国局势而言，全面解放华东和中原，已经日益临近。

（二）两场战役均巩固与发展了山东解放区

莱芜战役后，华东解放军乘胜解放了胶济铁路沿线 13 座县城，使渤海、鲁中、胶东解放区连成一片，打破了国民党军意图实施的"鲁南会战"计划。莱芜战后三个月，国民党军队未敢再次出战，华东野战军获得了宝贵的休息时间。

莱芜战役的胜利鼓舞了山东解放区军民斗志，消弭了恐慌情绪，增强了胜利信心。同时，为华东野战军争取了休整时间，俘获了敌军的人员、物资、武器装备，补充了部队的军事力量，使得全体指战员更加相信和服从党的正确领导和指挥，鼓舞了军队士气。莱芜战役胜利的消息传到山东各解放区，人民群众更加信任和支持共产党。在临沂，人们一度在华野撤出后出现情绪动荡的情形，而在莱芜战役胜利后，人们的情绪即稳定下来。军民的战斗和建设热情大大增强，地方基层党政工作效率提高，从而巩固了华东野战军在山东解放区的后方基地。

〔1〕 中国人民政治协商会议全国委员会文史资料委员会：《文史资料存稿选编》（全面内战），中国文史出版社 2002 年版，第 124 页。

〔2〕《毛泽东新闻工作文选》，新华出版社 1983 年版，第 369~370 页。

济南战役后，解放全山东的形势日渐明朗。山东境内的烟台、菏泽、临沂的国民党守军纷纷弃城而逃，除青岛外，整个山东的重要城市全部解放。华北与华东两大解放区彻底连在一起，拉开了国共战略决战的序幕。

山东解放区人民以实际行动体现了对人民解放军的支持，保护了革命胜利成果。济南战役期间，全省共出动支前民工 51.4 万人、小车 1.8 万辆、担架 1.4 万副。[1]济南解放后，军事管制委员会积极推进各项措施，革命秩序迅速建立，城市生活得以恢复，民心得以迅速安抚。

（三）两场战役的胜利均极大地震撼了国统区社会各界

莱芜战役中，华东野战军付出代价之少、速度之快、歼敌之多，创造了解放战争以来中共军队的新纪录。国军在莱芜战役中一战损兵折将 6 万余人，[2]此消息传开后，不但震动了济南军民，连远在南京的蒋介石都大为惊恐。2 月 23 日下午，蒋介石携军务局长俞济时等人飞赴济南，期望提升镇守济南的国军士气。第二绥靖区司令长官王耀武遭到蒋介石严厉训斥，表示"损失了这样多的轻重武器，增加了敌人的力量。这仗以后就更不好打了"[3]。

国民党军事上的失败，反过来导致国统区政治、经济危机不断加深。莱芜战役震动了国统区，各界人士对共产党的胜利十分关切。同时，莱芜战役戳穿了国民党欺瞒莱芜战役的宣传谎言。国民党军在占领临沂后，曾一度大肆宣传"临沂大捷"，鼓吹歼灭华东野战军 14 个旅，但是却在不到 10 日的时间里就被歼灭七个师。当新闻记者质问国民党时任宣传部部长彭学沛关于临沂局势的问题时，他却对记者说不要听信共产党的宣传，佯说国民党军队在各个战场保持前进；而当记者进一步追问既然消灭了共产党军十几个旅的力量，那共产党军为何又能包围济南时，彭学沛却闭口无言，无法辩解。

国民党在国统区也陷入信任危机，人们普遍对国民党统治丧失信心。国统区舆论界不得不开足马力，否定共产党军队战绩。国民党国防部一口否认李仙洲被俘虏事实，报纸专程刊文表示："李将军可能在博山附近，率领一部孤军，东驰西突继续与共军苦战，或谓李于弹尽力尽，陷身共军重关时，壮

---

〔1〕 中共山东省委党史研究室编著：《中共山东编年史》（第 6 卷），山东人民出版社 2015 年版，第 313 页。

〔2〕 山东省莱芜市地方史志编纂委员会编：《莱芜市志》，山东人民出版社 1991 年版，第 301 页。

〔3〕 王耀武："莱芜蒋军被歼记"，载中国人民政治协商会议全国委员会文史资料研究委员会编：《文史资料选辑》（第 8 辑），中华书局 1960 年版。

烈殉国。"〔1〕

王耀武指挥下的济南是国民党长期困守且守备精良的孤立据点，内有聚集的十余万美式装备的国民党守军，占据永久性坚固工事，外有空军的接济配合，又有集结在徐州附近的国民党集团大量援军，但在解放军凌厉攻势下仅坚持了八天。该战彻底证明了，在中国人民解放军强大的攻坚能力面前，国民党军队已经力不从心，任何一个国民党重兵把守的大城市都难以抵御人民解放军的攻击。

粟裕评价济南战役之于国民党集团的影响，"在淮海战役后期，杜聿明手中虽有三个兵团，但不敢坚守设有坚固工事的徐州，他们害怕徐州成为第二个济南，是一个重要原因。济南战役结束了，这仅仅是一个序幕，更大的胜利正在等待我们去争取"〔2〕。

（四）两场战役均凸显了人民解放军高超的战略战术水平

这两场战役集中体现了毛泽东人民战争的战略战术原则，是毛泽东军事思想指导下的重要胜利。华东野战军遵照中共中央指示，不计较一城一地的得失，采取诱敌深入，集中优势兵力在运动战中歼敌。中共军队先后发起宿北战役、鲁南战役与莱芜战役，根据瞬息万变的战场形势，坚决贯彻集中优势兵力，分割歼灭敌人的原则，将歼灭战、运动战规模越打越大，逐渐掌控了战场主动权。部队经过此战，指战员士气越发高昂，对新兵的培育更加巩固。据华野各兵团首长反映，莱芜战役胜利后，"政治工作好做了，全体指战员懂得了只有相信和服从正确的领导和指挥，才能歼灭敌人，战胜敌人。铁一般的事实证明了毛主席战略指导的正确"〔3〕。战役期间，山东解放区各部队协同作战，渤海部队奉命对胶济沿线实行破击，做出进逼济南的动作，直接引起国民党集团恐慌。

济南攻城战集中显示了人民解放军强大的攻坚能力。济南城北依黄河，南有泰山，可谓地形险要、易守难攻，日伪时期即修筑有完善的防御工事。王耀武主政期间，又督率部下对城市及周边全面设防，打造了以济南内城为核心的坚固阵地，以济南外围县镇及制高点为外围阵地，配置有十数万装备精良

---

〔1〕 "郝鹏举被害可能李仙洲被俘说实无根据"，载《申报》1947年3月8日。
〔2〕 粟裕：《粟裕回忆录》，解放军出版社2007年版，第474页。
〔3〕 "莱芜战役初步总结"，载《粟裕军事文集》编辑组：《粟裕军事文集》，解放军出版社1989年版，第303页。

军队。然而如此坚城，仅仅在人民解放军兵锋之下坚持八昼夜。这说明了人民解放军不但可以在运动战中大量歼敌，而且可以在相当短时间内攻坚杀敌。

在这两场战役以人民战争的科学指挥方式，依靠人民群众，充分发挥指挥人员的主观能动性、凝聚战役力量，掌握战役主动权，以连续高强度作战，扩大战果，是解放战争意义重大的战略性战役，开创了人民解放战争的有利作战形势。据统计，莱芜战役中动用民工 62 万人，其中常备民工 25 万人，临时民工 37 万人。[1]如歌曲所唱"军民同战斗，攻打莱芜城"。在华东野战军"莱芜战役总结大会"上，陈毅司令员高度赞扬："莱芜老百姓贡献很大，要表扬、慰问莱芜人民，很好地支援莱芜人民进行生产救灾。"济南战役胜利的根源在植根于广大人民群众。华东军区以及山东兵团的军队后勤系统和地方支前系统召开了联席会议，动员了 50 万支前民工，[2]同时为参与阻援的豫皖苏军区部队补充了弹药、粮食、军装、医药等，全面地部署了后勤保障工作。"要粮有粮，要人有人，要物有物，全力支援前线！"各地党组织和政府立即行动起来，组织了 1.4 万副担架，1.8 万辆车辆，筹备粮食 7000 万公斤，设立了几百个转运站，[3]全力做好人民军队解放济南的后勤保障工作。济南战役后，山东于 1948 年 8 月全境解放。山东解放区为解放全中国作出了重大贡献。解放战争战役总数的近 15%发生在山东，歼敌总数占全国歼敌总数的 9%。山东革命老区人民群众为人民解放战争的胜利作出了巨大牺牲和贡献。

（五）两场战役均体现了中国共产党卓越的地下情报工作能力

莱芜战役彰显了中国共产党的地下情报工作能力。战役期间，与中国共产党早有联系的国民党第 46 军军长韩练成消极抵抗，有意地将李仙洲集团撤离莱芜县城的时间拖延了一天。撤退当天，韩练成故意隐匿行踪，退出战场，直接造成国民党军队指挥系统混乱，为华东解放军围歼李仙洲部立下了大功。

韩练成出生于宁夏南部一个贫寒农民家庭，早年加入西北军，跟随部队参加北伐。1926 年，接受军政治处处长、中共党员刘志丹教育，决心加入中共。

---

〔1〕　中共泰安市委党史资料征集研究委员会编：《中共泰安地方党史（1926-1949）》，山东大学出版社 1995 版，第 345 页。

〔2〕　魏宏运主编：《民国史纪事本末》（第 7 册），辽宁人民出版社 1999 版，第 510 页。

〔3〕　中共济南市委党史研究室：《中共济南地方史》（第 1 卷），济南出版社 2001 年版，第 385 页。

但未来得及入党，受到国民党"四·一二"政变影响，与刘志丹失去联系。[1]之后，韩练成历任西北军排长、连长，国民革命军第二集团军营长、团长，并在中原大战中曾率军驰援蒋介石而取得蒋氏信任，仕途畅通无阻。全面抗战爆发后，深受国民党军事委员会副参谋总长白崇禧赏识的韩练成被调入桂系，参加对日作战，并在昆仑关鏖战时负伤。1942年5月，韩练成在重庆与周恩来第一次单独会面。当周恩来得知韩练成即是刘志丹亲自培养的入党积极分子"韩圭璋"后，便由他介绍，将韩练成引入了中国共产党情报工作系统。周恩来要求韩练成："从整体战略高度、以人民解放事业的大战略为目标，直接参与制定或影响国民党的既定战略。"[2]自此，韩练成严格执行周恩来指示，只接触周恩来及指定联系人董必武、李克农、潘汉年等人。

1946年，韩练成率领第46军从海口出发进驻山东。中共中央以绝密电报的方式将韩练成关系转告华东局，双方很快取得联系。46军为桂系嫡系部队，所属三个师官兵大部分是广西人，其中有两个师长分别是白崇禧外甥和李宗仁亲戚，部队缺乏起义基础。韩练成便与华东局方面协商，以提供重要军事情报为主，率军保持消极状态，伺机贻误战机。整个莱芜战役过程中，韩练成提供了国民党计划部署、军队行进等重要情报，为莱芜战役胜利作出了突出贡献。周恩来称之为没有办理入党手续的共产党员，朱德称赞他"为党、为革命立了大功、立了奇功"[3]。

济南战役中解放军所争取的吴化文起义也是中共地下情报工作的一次重大成功。1948年9月19日，在济南战役的紧要关头，国民党整编第96军军长兼第84师师长、济南西线指挥官吴化文率部起义。吴化文部是国民党军队中的一支杂牌军。抗战胜利后，中共成立了专门领导小组，负责争取吴化文的工作。中共地下情报人员李昌言、黄志平与辛光等人奉命秘密接触吴化文，开展争取工作。整个过程中，吴化文历经多次犹豫和动摇，中共地下工作者对其反复劝说，陈述利害关系，最终促其决心起义。9月16日，济南战役打响。9月18日，为促使吴化文丢掉幻想，迅速举行起义，华东野战军西线兵

---

〔1〕 韩兢："隐形将军韩练成"，载王晓春主编：《父辈的勋章》，江西美术出版社2018年版，第528页。

〔2〕 韩兢："隐形将军韩练成"，载王晓春主编：《父辈的勋章》，江西美术出版社2018年版，第531~532页。

〔3〕 韩兢：《隐形将军》，宁夏人民出版社2017年版，第5页。

团对吴部驻守阵地给予适当性打击。吴化文恼怒之下命令炮兵还击，起义大有破裂之势。关键时刻，黄志平同志临危不惧，据理力争，严肃地指出吴化文反复无常破坏协议在先，正告抵抗到底只会导致灭亡的后果。吴化文冷静下来后，再次请求黄志平、李昌言、辛光往来联系。[1]19 日晚，吴化文召集属下军官议定起义事宜。当晚 22 时，吴部开始撤出阵地。至 21 日，济南西线的防地全部移交给华东野战军。至此，吴化文率三个旅等 2 万余人起义。[2]

　　中共地下工作者所策动的吴化文部队起义影响深远。就济南战役而言，直接促成了济南解放的进程，极大减少了华东攻城部队伤亡。就对全国战局而言，吴化文起义极大地震动了国民党军队，对此后国民党百万官兵的投诚、起义发挥了带头作用。

---

　　[1]　李昌言："策动吴化文起义的前前后后"，载中国人民解放军济南军区政治部：《济南战役中吴化文起义》编辑组：《济南战役中吴化文起义》，山东人民出版社 1987 年版，第 123~124 页。
　　[2]　粟裕：《粟裕回忆录》，解放军出版社 2007 年版，第 468 页。

第三章
红色沂蒙

第一节　沂蒙巾帼

一、"沂蒙六姐妹"

"沂蒙六姐妹"纪念馆位于山东省临沂市蒙阴县野店镇烟庄村，馆名由迟浩田题写，占地面积 5000 多平方米。主要展示以"沂蒙六姐妹"为代表的沂蒙妇女，在中国共产党领导下拥军支前、无私奉献的革命历史。旨在铭记革命历史，缅怀革命先辈，培养爱国主义情感，增强民族凝聚力，激励人们为全面建成小康社会和实现中华民族的伟大复兴而努力奋斗。

著名支前模范"沂蒙六姐妹"，是革命战争年代在沂蒙老区涌现出的一个女性英雄群体。她们是蒙阴县野店镇烟庄村的六位青年妇女，她们的名字是张玉梅、伊廷珍、公方莲、杨桂英、伊淑英、冀贞兰。在解放战争时期，她们齐心协力参与支前工作，从缝军衣、做军鞋、碾米磨面、烙煎饼，到筹集军粮草料、运送弹药、救护伤员，从站岗放哨、查路条、当向导、送情报，到参加"识字班""妇救会"、女民兵，担任村干部等，敢担重任，不辞辛劳，无私奉献。1947 年 6 月 10 日，当时的《鲁中大众》以《妇女支前拥军样样好》为题，报道了这个模范群体的英雄事迹，称她们为"沂蒙六姐妹"。新时期，"沂蒙六姐妹"积极参与双拥共建活动。中共中央政治局时任委员、中央军委时任副主席、时任国务委员、时任国防部部长迟浩田上将高度评价"沂蒙六姐妹"在革命战争年代和社会主义建设中作出的贡献，为她们欣然题词"沂蒙六姐妹，拥军情永不忘"。2007 年，在建军 80 周年之际，她们又被评为"全国十大爱国拥军新闻人物"和"十佳兵妈妈"荣誉称号。电影《沂蒙六姐妹》和电视剧《沂蒙》播出后，"沂蒙六姐妹"的事迹在全省、全国引起了强烈反响。

（一）基本概况

在革命战争年代，大批青壮男子参军支前上了前线之后，沂蒙山区的妇女们积极动员生产，几乎承担了所有支援部队的后勤工作，用柔弱的肩膀和男人们一起撑起了革命的胜利，为民族解放和新中国的诞生作出了独有的贡献。

1. 革命年代的支前模范

在革命战争年代，红色沂蒙为中国革命事业作出巨大的贡献，涌现出无数支前拥军英模人物，"沂蒙六姐妹"就是其中的代表群体。在离孟良崮西北方不足 30 公里的小山村——蒙阴县野店乡烟庄村，一个只有 150 多户人家的小村子里，张玉梅、伊廷珍、公方莲、杨桂英、伊淑英、冀贞兰六个当时只有十八九岁的年轻姑娘，勇敢挑起支前的重担，这就是被称为支前英模的"沂蒙六姐妹"。

1947 年 5 月，孟良崮战役前后，烟庄村的干部和青壮年劳动力都去随军支前，连六七十岁的老汉也拄着拐棍给部队带路去了，村里就剩下了女人和孩子。当时，每天都有解放军从村子经过，赶赴前线，部队进了村，需要安排食宿、筹备军粮、护理伤员，谁来挑这个头呢？这时张玉梅、伊廷珍、公方莲、杨桂英、伊淑英、冀贞兰六姐妹在一起商量：子弟兵在前线流血牺牲，村里的工作就是咱们的事了！于是她们毅然挑起了支前拥军工作的重担。

（1）筹草料。她们做的第一件工作就是为部队的战马筹集 5000 斤草料，并火速送往指定地点。[1] 但当时为了防备国民党反动派的飞机轰炸，乡亲们都躲到山沟沟里去了，再说敌人多次来村里烧杀抢掠，村里空荡荡的，什么柴草也没有。要凑草料就得翻山越岭，挨家挨户地找。伊廷珍扛着秤，杨桂英拿着账本，和其他姐妹一起翻了一山又一山，凑了一户又一户。那时候的六姐妹虽然年轻力壮，可她们小时候都缠过小脚，走平路还行，翻山越岭可就遭罪了，尤其是伊淑英还怀着身孕，爬山更是困难。张玉梅心疼地劝她回村里干别的工作，可她却说："俺不能回去，兵马未动，粮草先行，眼下搞草料这工作最要紧，俺能坚持住！"大家咬紧牙，走进一个个村庄，最后终于凑

---

[1] 山东省档案局编：《打开尘封的记忆——细说档案里的故事》，山东人民出版社 2006 年版，第 87 页。

足了谷草和料豆。接着她们又动员村里的妇女组织运输队，把草料送到了指定地点。

（2）烙煎饼。她们刚完成草料征集工作，又接到区公所的紧急通知，要求烟庄村两天内加工 2500 公斤煎饼送往前线。全村真正能烙煎饼的不过 70人，两天内要把 2500 公斤粮食运回来，分到各户，再碾磨烙成煎饼，送到前线，时间太紧张了。[1]可是，我们能让亲人饿着肚子打仗吗？任务紧急，说干就干。于是六姐妹分头到山沟里动员群众回村。入夜时分，烟庄村又充满了生气，到处碾推磨转，各家各户的饭屋里一片灯火，一片忙碌，处处散发着烙煎饼的香气，冀贞兰、杨桂英等在一天之内每人烙煎饼高达 40 多公斤，而且有质有量。[2]公方莲由于长时间的劳累犯困，不小心还把手烙伤了几处。六姐妹除了完成自己应摊的一份，还主动把村里十几户军属烙煎饼的任务及其他活都揽了过来。

（3）做军鞋。有一天，区里又一连来了三道紧急通知，下达了三批军鞋任务，总计 245 双，要求 5 天内完成。[3]六姐妹中，冀贞兰最心灵手巧，纳的鞋底结实匀称，平时村里的姐妹们都爱向她请教个针线活儿，做军鞋她自然成了最忙的人。白天，冀贞兰领着姐妹们打壳子、弄鞋帮、纺线捻麻绳；夜深了，她还坐在昏暗的油灯下纳鞋底。这是个很枯燥的活儿，但冀贞兰却一针一线都一丝不苟。纳完了鞋底，要绱鞋帮了，可发现鞋面布不够了，翻箱倒柜找了个遍，还是没有，冀贞兰一咬牙，找了一件布料最好的衣服，把大襟撕了下来，做了鞋面布，那是一件新衣服，她还一直没舍得穿呢！大伙儿都把军鞋交来后，"六姐妹"一清点，发现多了 7 双鞋，一查问，才知道是军属们另外捐献的。252 双新军鞋送到了部队，这一双双军鞋，针针线线都寄托着姐妹们的无限深情，沂蒙山人的心都纳进这鞋底里了。[4]

（4）送弹药。在孟良崮战役打得最激烈的时候，六姐妹又接到了往前线运送弹药的任务。她们觉得这个任务很危险，随时都有可能牺牲，不能再去挨家挨户动员，就自己承担了起来，联络了几个"支前先进"的姐妹组成运

---

[1] 政协山东省临沂市委员会编：《沂蒙山区好地方》（第 4 册），人民日报出版社 2003 年版，第 394 页。

[2] 中央临沂市委编：《沂蒙红嫂颂》，中央文献出版社 2002 年版，第 274 页。

[3] 中央临沂市委编：《沂蒙红嫂颂》，中央文献出版社 2002 年版，第 370 页。

[4] 冯增田主编：《沂蒙潮涌》，山东友谊出版社 2003 年版，第 247 页。

输队上了前线。150 斤重的弹药箱，她们两人抬一个，翻越 20 多里的崎岖山路，一直送到前沿炮兵阵地。[1] 炮兵战士看着这支妇女运输队，一趟一趟给他们运送弹药，都感动得掉眼泪。而她们却说："听着俺们运的炮弹在敌人的头上轰隆轰隆地响，心里比什么都自在。"

（5）救伤员。完成运送炮弹的任务后，刚一回到村里，姐妹们就见村里一片慌乱景象，一打听才知道，原来烟庄一带的解放军要大转移，敌人很快就要占据这一带，乡亲们已经扶老携幼向北转移了。部队首长找到六姐妹，通知她们也赶快转移，并委托她们给部队借八套便衣，六姐妹很快从乡亲们那里借到了衣服，交给了部队。过了一会儿，部队侦察连的战士们穿上便衣，向敌军方向出发了，可是他们刚翻过一个山坡就被敌人发现了，密集的子弹打过来，有一名侦查员腿负伤了，被背了回来。敌军很快就要冲过来了，可六姐妹见部队里有战士负伤，都不愿马上走，她们立刻为战士包扎好伤口，然后又绑好担架，抬着伤员转移。伤员躺在担架上急了，一个劲儿地喊："你们快走，不要管我！晚了，你们就出不去了！"张玉梅坚定地摇摇头说："不行，俺们不能丢下你不管！"就这样，六姐妹一直守护在伤员身边，直到部队派人来接走了他，才往村外走去。她们刚出村口，敌人就已占领了村南的小山，一排排炮弹向村里打来。有一颗炮弹落在了离杨桂英四岁儿子 10 多米的地方，炸出了一个三四米深的大坑，掀起的泥土把杨桂英的儿子埋在了沟底，剧烈的爆炸声当场就震聋了他的双耳，从此，这个天真可爱的孩子就变得又聋又哑了。杨桂英的奶奶也在那次转移中被敌人的炮弹炸死了。[2]

在整个莱芜和孟良崮战役中，烟庄村的乡亲们在六姐妹的组织下共为部队烙煎饼 15 万斤，凑集军马草料 3 万斤，洗军衣 8500 多件，做军鞋 500 多双。[3]

"沂蒙六姐妹"这一称谓，是当年陈毅元帅亲自命名的。冀贞兰老人还清晰地记起第一次见到陈毅的情景。"骑一匹马过来，打着绑腿，不知道他是谁，很和蔼的一个人。"老人说，当时看不清他是什么首长，而且匆匆忙忙

---

〔1〕　山东省档案局编：《打开尘封的记忆——细说档案里的故事》，山东人民出版社 2006 年版，第 89 页。

〔2〕　参见徐兴东等："'沂蒙六姐妹'的故事"，载《山东农业》1995 年第 8 期，第 16~18 页。

〔3〕　山东省档案局编：《打开尘封的记忆——细说档案里的故事》，山东人民出版社 2006 年版，第 89 页。

地，快要打仗了，压根不知道他是陈毅。后来有一天，六姐妹接到通知去蒙阴的指挥部。在那里，冀贞兰再一次见到了上次骑马的那个人，他很亲切地询问姐妹们这些日子摊了多少煎饼、做了多少鞋子、有什么困难没有。问完情况，那个人就笑着说，给你们起个名字吧，说叫大嫂呢，你们还有没结婚的呢，叫大姐吧，还有结了婚的呢，干脆就叫"沂蒙六姐妹"吧。冀贞兰这时知道这个人是个大首长，但还是不知道他居然就是大名鼎鼎的陈毅。很多年后，在孟良崮纪念馆里看到陈毅的照片，冀贞兰觉得面熟，旁边的人告诉她那就是战役总指挥陈毅。1947年6月10日，当时的鲁中军区机关报《鲁中大众》以《妇女支前拥军样样好》为题，报道了这个模范群体的模范事迹。从此，"沂蒙六姐妹"的名字传遍了整个沂蒙山区。

2. 新中国成立后拥军之情的延续

新中国成立后，"沂蒙六姐妹"不引功自居，安享清福，而是积极投身到家乡的建设中去。她们发动、带领广大妇女挖井、修水库、治山改土，工作起来仍像战争年代一样，不怕苦、不怕累。岁月蹉跎，鬓染白霜，但六姐妹为党、为人民忘我工作的那股劲头和无私奉献的那种精神始终未变。

在六姐妹心中，子弟兵就是最亲的人。当年，六姐妹曾动员自己的丈夫、兄弟和左邻右舍的男子入伍上前线，如今解放了，自己的孩子也长大了，她们又把孩子送到了部队。

1979年，南疆自卫反击战打响了，消息传到烟庄，六姐妹又一次坐不住了，几个人一合计，现在拥军不用上前线了，咱们就做鞋垫表心意吧。于是她们一连几夜赶制，做出一双双鞋垫，绣上军旗，写了慰问信，寄给南疆边防部队的将士们。收到沂蒙革命老妈妈的礼物，战士们群情振奋，立志杀敌卫国的决心更大。在六姐妹的带动下，成千上万的沂蒙妇女纷纷为前线子弟兵赶制慰问品，使整个沂蒙山区又掀起了第二个支前拥军高潮。据不完全统计，仅蒙阴县就赠送鞋垫1万余双、军旗7面、背心700件，写慰问信100余封。[1]

1996年一个寒冬腊月的日子，济南军区某部实施拉练演习途经蒙阴宿营，六姐妹得知后，凑到一块儿合计了一下，于是发动各自的家人连夜赶做了20双鞋垫，翌日一大早送到了宿营点赠送给部分官兵，并再三嘱咐："解放军同

---

〔1〕 徐兴东等："'沂蒙六姐妹'的故事"，载《山东农业》1995年第8期，第19页。

志，寒从脚下入，垫上鞋垫儿有利于保护身体。"1997 年夏天，原济南军区某部师团参谋野外驻训来到蒙阴县，六姐妹得知子弟兵在冒着高温酷暑训练时，便从自家果园摘来了西瓜和甜桃，辗转十多公里山路，送到训练点慰问驻训参谋，鼓励他们刻苦训练，争当好军官。

蒙阴县"八一"希望小学，是军委原副主席张震上将题写的校名，原济南军区援助建设的。六姐妹主动担任了该校校外辅导员，每逢新学期和重大节日升国旗时，六姐妹都亲自前来为该校师生作革命传统教育报告，激发学生的爱国之情、报国之志。

每年新兵入伍，在县人民政府征兵办公室的统一组织下，六姐妹都亲自为新兵披红戴花，赠送笔记本、鞋垫等物品，勉励新兵到部队后一定要苦练杀敌本领，为老区人民争光。1996 年，"沂蒙六姐妹"之一的杨桂英外孙郑伟高中毕业回村后，在姥姥的动员下到镇上第一个报名参了军。1998 年，伊廷珍大娘也领着她的两个孙子报名参军。

1998 年长江流域特大洪灾牵动着山东沂蒙老区人民的心，"沂蒙六姐妹"目睹了中央电视台的抢险救灾报道后，在生活并不宽裕的情况下，每人捐款500 元，并亲手绣制了几十双鞋垫，连同一封慰问信，寄往抗洪抢险一线。从电视上得知受灾群众急需御寒被装后，她们又抱出自己舍不得用的新棉被送到了捐赠办公室。

"沂蒙六姐妹"50 多年来支前拥军的先进事迹，激励着全县人民。在她们的带动和影响下，全县拥军优属活动广泛深入地开展。1995 年，蒙阴县被山东省人民政府、山东省军区表彰为"全省拥军优属模范县"，1996 年又被表彰为"全国拥军优属模范县"。[1]

（二）主要内容

"沂蒙六姐妹"身上折射出的党群一家、水乳交融的精神本色，汇聚到爱党爱军、无私奉献的沂蒙精神当中，这种精神不会随着时间的变化、空间的转移而消退，反而在人类的历史长河中历久弥新，为新时代的党群关系提供了方向指引和行动指南。

1. 反映了"全心为民"和"铁心向党"的相互契合

党政军进驻山东根据地以后，始终秉持全心全意为人民服务的根本宗旨，

---

〔1〕　傅家德："沂蒙六姐妹"，载《中国民兵》1999 年第 4 期，第 29 页。

坚持一切依靠群众，一切为了群众，把最广大人民群众的根本利益作为出发点和落脚点。不管是革命战争年代，还是新中国成立后，抑或改革开放至今，沂蒙地区的党政军干部都身先士卒，满心装着人民。刘少奇在沂蒙根据地大刀阔斧地推进减租减息运动，让沂蒙人民在经济上翻了身；徐向前在严冬把自己身上仅有的一件棉衣披在百姓身上；王同昌在村民因缺钱、少劳动工具、没有种子而焦急之时，毫不犹豫地率先将省吃俭用攒下的家底拿来购买生产工具，兴办合作社；王传喜为了代村的发展，克服重重困难，坚定地带领民众致富；厉家寨整山治水的过程中，厉家寨的党员干部每天工作十几个小时，带头实干。这些发生在不同历史时期的人和事凸显了沂蒙地区领导干部"全心为民"之情。

关系总是相互的，感情必然也是双方的。中国共产党的军队进驻山东后，沂蒙地区的人民亲眼见证了每一位官兵为了当地民众与敌人生死搏斗、血洒疆场，沂蒙人民找到了答案，知道了这支队伍为谁而战。从此，沂蒙人民便坚定走上了倾其所有助革命、全家动员去杀敌的抗战支前道路。涌现出了"沂蒙六姐妹"等支前模范，她们昼夜不息地烙煎饼、缝军鞋、送弹药，展现了"铁心向党"的红色基因。

2. 彰显了"水乳交融、生死与共"的紧密党群关系

"沂蒙六姐妹"把爱国拥军当作一生的追求，也生动诠释了"水乳交融、生死与共"的党群关系，这一党群关系是在波澜壮阔的革命年代形成的，新中国成立后得到了进一步的升华。革命年代，沂蒙革命根据地党组织坚持党的群众路线，领导人民开展革命斗争，建立民主政权，使劳苦大众翻身得解放，真正当家作主。沂蒙人民从切身感受中坚定跟党走，舍生忘死支援革命。建立了党群之间、军民之间、干群之间生死与共、血肉相连的密切关系。新中国成立后，各级党组织继承和发扬光荣传统，带领沂蒙人民改造自然、艰苦创业，党员干部吃苦在前、享受在后，先后涌现出大批先进典型。1995年，临沂在全国18个连片扶贫地区中率先整体脱贫，2011年综合实力跨入全国地级城市50强，列48位，开创了沂蒙老区崭新的发展局面。[1]这一时期党员干部带领群众拼搏进取、开拓创新，使得水乳交融的干群关系在新的时期得

────────

〔1〕 孙海英、陈永莲：《沂蒙精神与临沂革命老区跨越式发展研究》，山东人民出版社2017年版，第9页。

到了进一步升华。当前新时代是一个伟大的发展变革时代，但是不管时代怎么变化发展，"水乳交融、生死与共"的党群关系的本质内涵不会改变。

二、沂蒙红嫂

"红嫂"这个称谓来源于抗日战争时期发生在沂南县的一个真实故事——明德英乳汁救伤员。这是一个感天动地、深明民族大义的英雄妇女！这个平凡的农家哑妇长期饱受旧社会封建思想的摧残，在恶魔般的敌人和死神面前，勇敢地冲破旧风俗习惯的压力，向正义敞开胸襟，用自己的乳汁喂救子弟兵，用至圣的慈母胸怀滋养革命力量。"明德英乳汁救伤员"的故事成为震撼中华民族灵魂的千古绝唱！1960年，著名作家刘知侠根据明德英乳汁救伤员的情节，创作了短篇小说《红嫂》，编入京剧《红云岗》、舞剧《沂蒙颂》。"红嫂"也成为中国革命历史赋予沂蒙妇女的特殊的光荣称谓。

（一）基本概况

1. 沂蒙红嫂纪念馆

沂蒙红嫂纪念馆坐落于山东省临沂市沂南县马牧池乡常山庄村。这座红色革命纪念馆建于2011年，位于红嫂的家乡，是全面介绍沂蒙红嫂的专题纪念馆，也是中华人民共和国成立以来唯一一处由农民自发建立的大型红色革命纪念馆。

沂蒙红嫂纪念馆占地面积100余亩，分为红嫂主题展馆展区、红嫂生活体验展区和沂蒙红色遗迹展区等，共有12个展馆、24个展室。馆名由中共中央政治局时任候补委员、全国人大常委会时任副委员长王汉斌亲笔题写。自2011年纪念馆开馆以来，纪念馆接待了全国大批前来学习的党员干部和各界群众。据初步统计，每年前来学习的国家部委、省内外党员干部达10万人次，前来参加学习的各界群众年平均达30万人次。沂蒙红嫂纪念馆已经被中央和国家部委、省、市、县等70多个部门和单位确立为公务员公仆意识教育基地、爱国主义教育基地、革命传统教育基地、党性教育基地、廉政建设教育基地。[1]

沂蒙红嫂纪念馆周围还配套有沂蒙红色影视基地。该影视基地由山东省

旅游规划设计院规划设计、山东沂蒙红色影视基地旅游开发公司投资建成。沂蒙红色影视基地占地 1129 亩，总投资 2.6 亿元。沂蒙红色影视基地由《红嫂纪念馆》《古山村》《古县城》《山乡梦度假村》四部分组成，目前已经发展成集影视拍摄、红色旅游、红色教育、绿色养生为一体，具有体验、食宿、娱乐等多种功能的综合性文化产业园地，成为享誉全国的红色旅游景区。

参观者前往沂蒙红嫂纪念馆的配套公共交通设施已经齐备。去往沂蒙红嫂纪念馆的游客可以通过两条公交线路到达，第一条线路是从临沂市出发开往沂南的城际公交线路，到达沂南（沂南汽车站），早班 5 点 40 分发车，一直运营到 17 点 30 分，每隔 20 分钟发一班车。从沂南转车前往沂蒙红嫂纪念馆。第二条线路是临沂（临沂汽车客运总站）—沂南（智圣汤泉换乘中心）—竹泉村—沂嫂纪念馆（班车上写的是沂南县城至鲁庄/竹泉村）。

2. "明德英乳汁救战士"的故事

1941 年 11 月，日寇对沂蒙山区进行"铁壁合围"大扫荡。日军调集五万兵马，带领一些汉奸，实施拉网式战略和"三光政策"，对老百姓进行烧、杀、抢、掠。中国共产党带领抗日根据地军民，发动老乡实行"空室清野"的"三空"政策，即粮食牲畜藏空、家里所有用的东西搬空、人员躲空，来应对日军的"三光"政策。当时沂蒙山区的抗战形势相当残酷严峻，但是英雄的沂蒙山人民目睹了共产党八路军坚持抗战、一切为了民众的实际行动，从而积极拥护共产党及其领导下的八路军抗战，发展起深厚的军民鱼水情。

在沂南县马牧池乡王家河西岸的李氏祖茔墓地里，有几百座坟冢和墓碑，占地几十亩。这"鬼"地方靠近树林处有一个团瓢屋，住着贫困哑女明德英夫妇和他们不满周岁的孩子。李氏祖茔东边村子就是山东纵队司令部驻地马牧池村。1941 年 11 月 4 日，日伪军与山东纵队司令部机关部队发生了一次激烈的战斗。随着枪炮声逐渐变小，一名八路军战士冲出敌人包围圈，跑到了村子西边，在两名日本兵追赶下，朝明德英居住的墓地跑来，小战士边跑，边在坟茔、石碑、树木间躲闪。忽然，小战士从一个坟后躲向一棵树后时被敌人发现了，敌人的两颗子弹击中小战士的右臂右肩。小战士强忍着疼痛朝树林跑，遇见了树林边团瓢屋门口抱孩子晒太阳的明德英。尽管又聋又哑的明德英还不知道墓地里发生的流血事件，但是看见身上带血、气喘吁吁地朝她奔来的战士，便立即明白了他的处境，忙迎了上去。小战士见明德英不会说话，回过头用手朝树林里指了指。明德英拼命地把他拖进团瓢屋，按倒到床上，盖上了一床破烂不堪的被子。两个日本兵在树林里找来找去见不到战士的影子，沿着墓地边沿转到了明德英的家。明德英家的团瓢屋非常矮，门更是矮的人低下头才得以进去，站在门口就可将里面一眼看穿。日本兵见明德英是个聋哑人，就按照明德英的手势向远方追去。在巧妙支走日本兵后，明德英进屋发现伤员已经流血过多导致昏迷。这个淳朴善良的哑女来不及生火烧水，毅然解开衣衫，决然将自己的乳汁滴进了伤员的嘴里。伤员总算救了过来。为了让小战士早日养好伤，她又和丈夫李开田倾其所有，杀了仅有的两只正在下蛋的老母鸡，为小战士熬鸡汤补身子。半个月后，明德英的丈夫李开田又借钱买了一个锅饼让战士带着返回部队。1943 年，明德英夫妇又从日军的枪林弹雨中抢救出八路军山东纵队军医处香炉石分所 13 岁的看护员庄新民。解放后庄新民从上海几经波折联系上明德英夫妇。

（二）主要内容

沂蒙红嫂精神是山东省独具特色的红色文化精神。在沂蒙山区这块英雄的热土上，可以说是"村村有烈士，乡乡有红嫂"，探析红嫂精神产生的文化基础，有助于更好地传承红嫂精神。

1. 红嫂精神产生的优秀传统文化渊源

（1）红嫂精神源于丰厚的沂蒙山文化。沂蒙山文化既有源远流长的历史，也有博采众长的凝结。

沂蒙山文化在历史上凝集了春秋战国时期齐、鲁、楚三国文化的部分特色。在那个历史年代，沂蒙山地处齐、鲁、楚三国交界地带，这使得沂蒙山区的地域文化含有鲁文化的敦厚重礼和仁爱诚信、齐文化的开放进取和求真务实、楚文化的卓然不屈和开放多元。这三国文化的交融塑造了沂蒙山区人民淳朴厚道、勤劳坚韧、仁义正气、为国尽忠、包容开放、变革图强的优秀精神品质。

（2）沂蒙山文化具有深厚的兵学文化渊源。早在东夷时期，这里就有尚武的风习，到了齐国，成就了齐国吕望（姜太公）的"东夷之士"风范。自此之后，沂蒙山区兵家思想博大精深，先后涌现了数量丰富的兵学著作，例如《六韬》《司马法》《孙子兵法》《孙膑兵法》等，这些兵学经典自成体系，影响深远。迄今，在沂蒙山区乡间相传的古老故事中，在孩子们不起眼的乡野游戏中，人们都经常能见渗入沂蒙人民骨子里的兵学元素。

（3）沂蒙山文化素有深厚的爱国传统。早在汉朝末年，素有"齐鲁敦煌"之美誉的沂南县培育了魏蜀吴三国时期蜀汉丞相诸葛亮。诸葛亮既以卓越的政治军事才干，建蜀国，兴汉业，励精图治，呕心沥血，也以"鞠躬尽瘁，死而后已"的爱国主义精神被历代华夏子孙所赞誉。到了唐朝时期，沂蒙山区培育了著名的书法家颜真卿。颜真卿既是书法大家，也是政治家和爱国志士。唐德宗时期，颜真卿已经 70 多岁，接到唐德宗委任，毅然担负起劝降当时兵力最强的谋反将领李希烈的使命。颜真卿舍生忘死、义无反顾地带着几个随从去反军阵营。面对利诱，他慨然陈言"我若是与你们这些叛贼同流合污，我如何对得起国家？"终被李希烈所杀害。尽管颜真卿没有如众望所归，劝降叛贼归顺唐朝，但是他用生命捍卫了国家的尊严，成就了一代爱国表率。这些优秀的爱国文化元素塑成了沂蒙山人民自卫保家的优秀传统。

清朝时期，离沂南不远的费县新庄镇东流村，就有义和团活动，后来村里成立起"大刀会"，由此，东流村村民好武之风代代相传。1939 年，面对凶残来犯的日寇，东流村素有民族正气的先辈们男女老少齐上阵，勇敢地打响了沂蒙山区村民自发抗日的第一枪。东流自卫阻击战充分体现了中华民族大无畏的英雄气概，展示了中华民族优秀儿女自发捍卫家园、抵抗外侵、勇敢战斗的精神风貌。

总之，沂蒙山区人民爱国的精神、尚武的传统、强健的体魄、过人的体质无不为沂南红嫂精神的诞生奠定了基础。

2. 红嫂精神产生于深厚革命文化基础

（1）沂南县是国内中国共产党活动时间最早的县之一。原山东省委书记高克亭曾经说过："山东的中心在沂蒙，沂蒙的中心在沂南，沂南的中心在常山（今沂南县马牧池乡）。"中国共产党在沂南境内的活动开始于大革命时期。沂南县苏村镇门家庵子村刘鸣銮是沂南县籍最早的一名共产党员，也是第一次国内革命战争时期的先驱者之一。刘鸣銮受中共党组织指派，于 1927 年 11 月返回沂南，此后一直开展党的工作。

1937 年，为了反抗日寇的入侵，中共苏鲁豫皖边区省委创立了抗日军政干部学校。1938 年 8 月，抗日军政干部学校随中共苏鲁豫皖边区省委来到岸堤办学，建立了"岸堤干校"。抗日军政干部学校的宣传教育让世代生活在贫瘠山区、受苦受难的沂南女性看到希望、获得解放，激发出高昂的爱党爱军热情和革命自觉性。抗日军政干部学校女学员们身穿灰色制服的飒爽英姿和宣传革命的意气风发曾经在 1939 年 5 月 13 日《大众日报》四版《前哨妇女》

刊载署名"天真"的《干校的女生队》被专题报道。"沂蒙红嫂"明德英的娘家就是沂南县岸堤镇岸堤村,"岸堤干校"的革命宣传和教育极大解放了沂南女性的思想和行为,也影响着无法言表、善于观察的明德英。

(2)沂蒙山区较好的革命斗争形势激发出群众高昂的抗日热情。1938年4月21日,日军侵占临沂城,在大街小巷密布岗哨,对无辜居民进行疯狂的大屠杀。5月,中共苏鲁豫皖边区创建沂蒙山区中枢根据地。8月,中共苏鲁豫皖边区省委进驻沂南县古镇青驼的青驼寺东南四公里左右刘家河疃村,拉开了创建抗日根据地的序幕。1939年6月29日,在徐向前的指挥下,山东纵队第二支队在孙祖附近的九子峰伏击敌人,取得重大胜利。1940年3月21日,中共山东分局、八路军第一纵队、山东纵队在孙祖村召开了庆祝胜利暨追悼殉难烈士大会,有党政军民3000多人参加。[1]到会人员高唱《孙祖战斗胜利歌》,群情激昂,产生了重大的社会效应,让处于水深火热中的百姓看到了希望,为形成良好的党群军民关系奠定了基础。

(3)沂南县革命政府重视培养妇女干部。1939年夏季,经历了日军扫荡后,沂南人民的生活更为艰难。沂南县在革命政权建设中,根据毛主席提出的抗日民族统一战线思想,注意团结联合妇女参加抗日斗争,注重培养和提拔妇女干部。不久后,全县就有19名妇女当选为区、乡副职,还有的妇女被选为庄长或区、乡参议员。很快,沂南妇女们被广泛发动起来,以贫下中农为骨干团结和联合各界妇女,组织起抗日救国妇女会。沂南县境内形成了全民抗战的良好局面。

3. 沂蒙红嫂精神的价值和意义

红嫂精神是人类战争史上女性奉献的惊世骇俗之绝唱。尽管千百年来女性参与战争的故事数不胜数,女性参战的细节也被演绎得淋漓尽致,然而沂蒙红嫂精神仍然令中国乃至世界为之感动。一个农家哑女在日本军国主义战魔和死神面前,无所畏惧地向正义敞开伟大的胸襟,用自己圣洁的乳汁喂救八路军伤员。这种大仁大义、刚正坚贞的慈母情怀是人类精神文明高度发展的绝美典范。

红嫂精神是军民关系鱼水情的千古不朽之绝唱。许多沂蒙女性面对日寇的残忍军事侵略,舍小家为大家,义无反顾地把儿子、丈夫、兄弟送向抗日

---

〔1〕 中共临沂市委编:《三帅在沂蒙》,中共党史出版社1996年版,第621页。

战场。在民族危亡时刻，许多沂蒙红嫂唱起了"最后一个儿子送战场、最后一口粮食当军粮、最后一块粗布做军装"的大义至爱之歌。尽管她们平凡朴实得就像沂蒙山上的一草一木，却能深刻体悟到，浴血奋战的军队子弟来源于乡亲们的家，也保护着乡亲们的家，没有家，既没有儿女也没有了夫妻。千千万万的沂蒙红嫂把自己和每一个革命战士的关系看作儿女、夫妻之亲，把密切军民关系推进到极致。

三、共性研究

1960 年，著名作家刘知侠根据明德英乳汁救伤员的情节，创作了短篇小说《红嫂》，后被改编成舞剧《沂蒙颂》、电影《红嫂》等艺术作品在全国传唱。从此，"红嫂"就成为在革命战争年代舍生忘死、无私奉献的沂蒙妇女共同的名字。在沂蒙山区，像明德英这样的红嫂还有很多，可以说是"村村有烈士，家家有红嫂"。而"沂蒙六姐妹"就是红嫂中的一个代表性的群体。在"沂蒙六姐妹"身上集中体现了"最后一口粮当军粮，最后一块布做军装，最后一个儿子送战场"的红嫂精神。总体来看，"沂蒙六姐妹"和沂蒙红嫂都是沂蒙地区出现的爱党爱军、无私奉献的女性群体，集中体现了很多相同点。

（一）都是文化启蒙与妇女解放的产物

以沂蒙为中心的山东根据地建立后，党组织和根据地政府做了大量宣传教育、文化启蒙以及解放妇女的工作。其一，根据地政府举办了补习学校、识字班、读报组等，利用劳动余暇时间组织妇女学习文化，进行思想教育。其中影响最大的是识字班，对于广大妇女学习文化、提高觉悟发挥了重要作用。其二，废除陈规陋习，解放妇女身心。山东省战工会于 1943 年发布了《关于开展妇女放足运动的指示》，通过各种形式宣传缠足的危害和放足的好处。其三，提倡婚姻自主，提高妇女地位。山东根据地建立后，颁布了一系列法规，如 1942 年的《晋冀鲁豫边区婚姻暂行条例》、1945 年的《山东省婚姻暂行条例》等，明确规定了婚姻平等自愿、一夫一妻的原则。提倡男女平等、家庭和睦，明显提高了妇女在家庭中的地位。其四，切实保障妇女的经济权益。1941 年《晋冀鲁豫边区劳工保护暂行条例》规定了男女要同工同酬；1945 年《山东省女子继承暂行条例》规定了女子在继承和婚姻中的财产权；1946 年《关于土地问题的指示》规定了女子和男子一样有分配土地的权利，提高和巩固了妇女的经济地位。经过上述妇女解放的措施，大部分沂蒙妇女在家庭和社会经济中的地位不再是辅助性的，而是独立性的，使得妇女获得了在家庭和社会中一定的话语权。正是这段时期的文化启蒙和妇女解放，才使得无论是"沂蒙六姐妹"还是广大的沂蒙红嫂，都变成了革命斗争的主体参与者。

（二）中国共产党对沂蒙妇女工作的坚强领导是根本原因

"沂蒙六姐妹"以及红嫂群体在沂蒙地区的大量涌现，原因是多方面的，但最根本的原因是中国共产党在根据地对妇女工作的坚强领导。

早期中国共产党人对马克思主义理论的启蒙和传播，给沂蒙地区播下了革命的火种。五四运动后，王尽美是沂蒙地区最早的马克思主义传播者。越来越多的知识青年接触了马克思和恩格斯的著作，了解了中国共产党。在1925年1月中共四大召开之前，沂蒙地区就有近20人加入中国共产党，这些早期共产党人通过各种途径宣传马克思主义理论，使得追求进步的沂蒙妇女群体能够了解到相关的理论知识，也逐渐了解了革命的道理，认识到共产党是为劳苦大众谋解放的组织，为"沂蒙六姐妹"以及红嫂现象的产生播撒了火种。

沂蒙地区各级党组织发展女党员，为"沂蒙六姐妹"和红嫂的产生提供了组织基础。1927年4月，中共沂水支部成立，这是沂蒙地区最早的党组织。随后各级党组织体系逐渐建立，很多女性先进分子也积极要求加入中国共产党。根据中共临沂市委对近百位沂蒙红嫂的统计，她们有近50位是共产党员，其中20世纪30年代加入共产党的就有近20位。[1]这些妇女党员和干部增强了党在沂蒙地区妇女群体中的组织影响力，进一步坚定了她们跟党走的意志和决心，带动了更多沂蒙妇女无私奉献，积极支持党的革命事业。

加强了党对妇女工作的重视和领导。沂蒙革命根据地在党组织内部成立独立的妇女部、妇女委员会等妇女领导机构，提高妇女工作在党内的重要性。并从1938年开始，相继建立各级妇女救国会，并以《妇女救国会宣传大纲》的形式，明确了这些妇女组织在抗战期间的地位和主要任务。通过识字班等多种形式，有步骤地提高沂蒙地区妇女的整体文化水平，还重点培养了数量可观的妇女党员和妇女干部，通过干部培训班提高了妇女干部的能力和水平。广大妇女群体的文化知识水平和妇女干部政治觉悟的提高，无疑对"沂蒙六

---

〔1〕　中共临沂市委编：《沂蒙红嫂颂》，军事谊文出版社2005年版，第179页。

姐妹"和红嫂群体的出现起到了直接的促进作用。

（三）都受到沂蒙自然环境和地域文化的深刻影响

首先，从自然环境看，沂蒙地区以山地、丘陵为主，蒙山和沂山以岱崮地貌为主，沂蒙境内河流众多，山高地少，自然灾害频繁，人们生存条件恶劣。加之在旧社会制度下，受地主阶级和资本家的严重压迫和剥削，沂蒙人民过着饥寒交迫的生活。这些自然因素促使沂蒙女性形成了勤劳勇敢、吃苦耐劳、淳朴直爽的性格特点，并渴望翻身做主人，对未来的美好生活充满向往。

其次，从地域文化看，沂蒙地区历史悠久，文化灿烂。一般认为，东夷文化与齐鲁文化的融合，形成了沂蒙文化。"孝悌"是儒家伦理的重要范畴，自古至今，沂蒙地区出现了一大批践履儒家孝悌思想的人物，在元代郭居敬编写的《二十四孝》中，沂蒙就有七孝。孝悌文化的实质在于感恩，在于奉献精神，这是出现"沂蒙六姐妹"和红嫂现象重要的文化支撑。

总体来说，沂蒙地区独特的自然地理、人文环境，底蕴深厚的传统文化，造就了沂蒙人民个性鲜明的文化品格。历史上的沂蒙人民重视修政治军、发展经济、不屈不挠、艰苦创业，逐步形成了重义轻利、积极进取、改革创新、乐于奉献的性格。这些因素成为促进沂蒙女性群体始终走在革命、建设和改革前列的强大动力。

第二节　齐鲁红歌

《沂蒙山小调》与《弹起心爱的土琵琶》都是融思想性、教育性、艺术性于一体的红色歌曲。两者一经传唱，就以其通俗生动的歌词、美妙动听的旋律，直抵人们心灵、引起共鸣，迅速传遍大江南北。它们的影响至今不衰。

一、《沂蒙山小调》

这首作为沂蒙红色文化重要组成的歌曲，诞生于山东省临沂市费县薛庄镇白石屋村。当年抗大一分校文工团和中共山东省委机关报《大众日报》印刷所也曾在这里长期驻扎。

（一）诞生地介绍

为纪念《沂蒙山小调》这首歌在这里诞生，1999 年 9 月，中共费县县委、费县人民政府在白石屋村，特邀原抗大一分校的老校友、上海与山东两地的抗大研究会代表，举行了《沂蒙山小调》诞生地纪念建筑群揭幕典礼。之后，在这里建立了《沂蒙山小调》诞生地纪念亭和纪念碑，记载了《沂蒙山小调》诞生的过程，以及现今流传的《沂蒙山小调》词曲及作者，以启后人，永志不忘。并请抗大一分校文工团原团长、国家农业机械部原副部长袁成隆同志题写了"沂蒙山小调诞生地"纪念碑名，词作者阮若珊同志题写了"深深怀念沂蒙好地方"，分别镌刻在白石屋村旁的巨型花岗石上。

现如今，《沂蒙山小调》诞生地被定为山东沂蒙党性教育基地"《沂蒙山小调》诞生地"教学点，成为宣传弘扬沂蒙精神的重要阵地。《沂蒙山小调》现在已经成为当地重要的文化符号。当地政府恢复了1940年的村落场景，立体呈现《沂蒙山小调》的创作过程和当时沂蒙人民的生产和生活文化，在中心位置建成了一个大型的演艺广场，周边也恢复了当年抗大一分校文工团和中共山东省委机关报《大众日报》印刷所在此战斗和生活的场景。

（二）诞生及传播

《沂蒙山小调》这首歌曲诞生的历史背景是在抗日战争即将转入相持的阶段，1938年10月份左右，党的六届六中全会胜利召开。会上，毛泽东作了《论新阶段——抗日民族战争与抗日民族统一战线发展的新阶段》的报告。报告正式提出"马克思主义中国化"命题，确立独立自主、坚持持久战的战略。为更好巩固党在抗日战争中独立自主的领导地位和提高党的战斗力，会议强调加强学习马列主义的理论和培养干部的极端重要性和迫切性。

根据六中全会精神，中央、军委决定成立两个抗大分校的建制，担负敌后训练培养八路军、新四军和地方军政干部的战斗任务，并决定一分校归八路军总部建制。1938年11月25日，在陕西延安成立了"中国人民抗日军政大学第一分校"。次年，抗大一分校从晋东南经过长途行军，穿越敌人重重的封锁线，迁到沂蒙山区。

到了1940年，抗日战争进入艰苦岁月。沂蒙抗日根据地建立不久，日寇经常扫荡，为了更好保持有生力量以消灭敌人，抗大一分校由蒙阴县的垛庄一带迁驻费北蒙山东南麓白石屋一带。白石屋村分上和下两个自然村，当时山东党政军领导机关和后勤机关经常活动、驻扎在此，其中抗大一分校文工团就驻扎在下白石屋村。

当时校部和各大队驻地的周围，除了日军的据点，当地还有一支叫"黄沙会"势力较大的封建地主反动会道门武装所盘踞的一些山头和村庄。以国民党临沂专员张里元为首的反革命顽固派利用"黄沙会",与抗日军民对抗,制造各种事端。为彻底扫除抗日障碍,费东工委和行署,向"黄沙会"会员做了大量艰苦细致的政治教育工作,但由于反动派的严密控制,都未能奏效。最终,我军不得不决定使用武力解决。1940 年 6 月上旬,根据上级命令,抗大一分校于山东临沂地区的垛庄南山一带参加了反顽战役。

为了更好发挥文艺宣传凝聚群众消灭反动势力的革命热情和意志,校文工团的编审股长李林和团员阮若珊受主任袁成隆之命,努力创作一首革命歌曲。这对年轻的革命恋人在费县白石屋村夜以继日地苦思冥想。阮若珊以反对"黄沙会"为主题,创作了八段歌词。这八段歌词是:

人人（那个）都说（哎咳哎）沂蒙山好,沂蒙（那个）山上（哎咳哎）好风光。

青山（那个）绿水（哎咳哎）多好看,风吹（那个）草低（哎咳哎）见牛羊。

自从（那个）起了（哎咳哎）黄沙会,大家（那个）小户（哎咳哎）遭了殃。

牛角（那个）一吹（哎咳哎）嘟嘟响,拿起（那个）刀枪（哎咳哎）上山岗。

硬说俺的肉身子（哎咳哎）能挡枪炮,谁知（那个）子弹穿过见阎王。

装神（那个）弄鬼（哎咳哎）把人害,烧香（那个）磕头（哎咳哎）骗钱财。

八路（那个）神兵（哎咳哎）从天降,要把那些害人虫（哎咳哎）消灭光。

沂蒙山的人民（哎咳哎）得解放,男女（那个）老少（哎咳哎）喜洋洋。

这些歌词一方面讴歌了沂蒙家乡的好风光,另一方面也揭露和批判了"黄沙会"的丑恶罪行和丑陋嘴脸。像"硬说俺的肉身子（哎咳哎）能挡枪炮,谁知（那个）子弹穿过见阎王。装神（那个）弄鬼（哎咳哎）把人害,烧香（那个）磕头（哎咳哎）骗钱财"这两句歌词,就形象刻画了这个反动会道门的虚伪、狡诈。

为了便于群众传唱，发挥更强的艺术感染力，李林借助当地传统民歌《十二月调》的花鼓调编写了歌曲《反对"黄沙会"》（也就是《沂蒙山小调》的前身）。歌曲在当地一经传唱，"黄沙会"这个反动会道门组织的欺骗谎言立马被戳穿。这首歌曲在当时起到了教育群众、鼓舞斗志、瓦解道众、孤立顽固道首的作用，配合武力取得了消灭"黄沙会"斗争的胜利，为根据地的抗日斗争扫除了一大障碍。

随着形势的变化，作者和广大军民又对《反对"黄沙会"》歌词不断修改，在保留开头两段歌颂沂蒙山秀丽风光唱词的基础上，将反对"黄沙会"内容的段落改为抗日的内容，譬如将"自从来了黄沙会"改为"自从来了日本鬼"，充分揭露了国民党顽军"光吃军粮不打仗，一心一意要投降"，痛斥汉奸"勾结鬼子来扫荡，奸淫烧杀丧天良"等。歌名也不再叫《反对"黄沙会"》，易名为《沂蒙小调》。

这首歌曲一经传唱，很快就传遍了鲁中、鲁南、滨海、胶东、渤海等山东各抗日根据地，受到了广大军民的普遍喜爱。随即又传到华北、华东等全国各大根据地，从夺取抗日战争的胜利唱到解放战争的胜利，唱到迎来新中国的成立。

1949年4月，由陈曼鹤编辑、陈虹发行、美乐图书出版公司印制的《民歌集》（中国之部）吸纳了一首无作者三段词的《沂蒙小调》。经考证，这是《沂蒙小调》的第一个歌词删节刊印本。此《民歌集》能于上海解放前夕的1949年5月27日在上海出版发行，堪为珍贵。

1953年秋，山东军区政治部文工团的副团长李广宗、研究组组长王印泉、乐队队长李锐云重新修改记谱，把后两段改成了新词，将原歌词中的抗日主题，改为歌颂沂蒙山秀丽风光和中国共产党领导下沂蒙人民幸福生活的民歌。这首民歌被定名为《沂蒙山小调》，从此沂蒙山小调正式版本诞生。

此歌一出，在山东引起了轰动，也波及全国各地。1964年，华东地区举行民歌会演时，这首歌受到了陈毅等领导的称赞，引起了全国轰动。现在这首歌已被确定为临沂市市歌，并作为山东民歌蜚声国内外，至今盛唱不衰。

二、《弹起我心爱的土琵琶》

《弹起我心爱的土琵琶》是电影《铁道游击队》的插曲。该片是1956年上海电影制片厂根据刘知侠的同名小说拍摄的战争片，由赵明执导，曹会渠、秦怡、冯喆、陈述等主演。该片讲述了抗日战争时期，山东临城枣庄的一支铁道游击队在大队长刘洪、政委李正的带领下，活跃在铁路线上，与日本侵略者展开斗争的故事。该片取材于抗战时期鲁南铁路沿线发生的真人真事，主要人物都有原型，所有战斗故事也都确有其事。

（一）诞生地介绍

一提起《弹起我心爱的土琵琶》，不少人都熟悉其悠扬婉转的曲调。诚然，这首歌运用了山东民歌中独有的小调，抒情的旋律和铿锵的节奏相得益彰，让它成为微山湖畔最美的歌谣。

其实，电影中的铁道游击队并不仅仅在微山湖活动。其于1940年2月成立于枣庄，是抗日战争时期八路军第115师所属的鲁南铁道大队。由洪振海、王志胜任正副大队长，杜季伟任政委。后来，洪振海于黄埠庄作战中牺牲，改由刘金山继任大队长。刘知侠同志在《铁道游击队》中把两任大队长的姓组合成刘洪这一英雄形象。他们在中国共产党的领导下，以临城为中心，挥戈百里铁道线，出没万顷微山湖，在艰苦卓绝的抗日战争中，创造开展了形式多样的游击战术，出其不意地打击日军。

为纪念这支抗日队伍的丰功伟绩，山东省枣庄市以铁道游击队为主基调，建起了一个占地九公顷的市级公园。在园区中心，矗立着一块高33米的铁道游击队纪念碑。游击队战士持枪冲杀的铸铜人物塑像，屹立于纪念碑顶端；底座正面镌刻碑文，两侧为花岗岩浮雕，再现了游击队员英勇杀敌的场面；碑前及两侧八级台阶，代表了八年抗日战争，碑体正面为竖起路轨的造型，体现了游击队员们活跃在铁路线上，浴血奋战的深刻含义；50根道木象征着世界反法西斯战争和中国人民抗日战争胜利50周年。碑体中央镶嵌着原国家主席杨尚昆亲笔题写的"铁道游击队纪念碑"八个金箔贴面大字。

1994年，微山县人民为缅怀革命先烈的光辉业绩，兴建了微山湖抗日英烈纪念园和铁道游击队纪念碑，主体工程于1995年4月完成。铁道游击队纪念碑的碑体由帆船、人物形状组成。帆高30米，船长20米，钢筋混凝土结构，红白花岗石贴面。原国家副主席王震为纪念碑题写碑名："铁道游击队纪念碑。"背面为原山东省委书记梁步庭题词："微湖大队、运河支队、铁道游击队英名永存。"字迹采用24K金箔镶嵌。三尊铜铸铁道游击队队员塑像身高3米，有的怀抱琵琶，有的持枪站立，表现的是他们在执行任务后胜利归来，一种太阳快要落山的闲适安谧的氛围。

(二)歌词诞生及传播

《弹起我心爱的土琵琶》这首脍炙人口的插曲由芦芒、何彬作词,吕其明作曲。当时,吕其明认为这部电影情节紧张,为了体现游击队员的革命乐观主义精神,缓解观众的紧张情绪,他向导演赵明建议,应当为这部影片谱写一首优美动听的歌曲。赵明对他的提议表示赞同,吕其明随即请上海诗人芦芒、何彬创作了歌词。歌词如下:

> 西边的太阳快要落山了
> 微山湖上静悄悄
> 弹起我心爱的土琵琶
> 唱起那动人的歌谣
> 爬上飞快的火车
> 像骑上奔驰的骏马
> 车站和铁道线上
> 是我们杀敌的好战场
> 我们爬飞车那个搞机枪
> 闯火车那个炸桥梁
> 就像钢刀插入敌胸膛
> 打得鬼子魂飞胆丧
> 西边的太阳就要落山了
> 鬼子的末日就要来到
> 弹起我心爱的土琵琶
> 唱起那动人的歌谣
> 嗨!嗨!

词作者芦芒,原名李衍华。在抗日战争和解放战争中,芦芒有较多的木刻版画作品和诗歌发表于《江淮日报》《盐阜大众报》和《先锋》报刊上。中华人民共和国成立后,芦芒曾任中国作家协会上海分会书记处书记和创作委员会诗歌组组长、上海文联理事及《上海文学》《收获》《萌芽》杂志编委等职。由其作词的歌曲《弹起我心爱的土琵琶》《我们年轻人》等,在群众中广为流传。

这首歌的曲作者吕其明，10岁参加新四军，成为一名小文艺战士。1956年，26岁的吕其明接受了为电影《铁道游击队》作曲的任务，当年抗日根据地的生活给了吕其明创作的灵感和激情。

在创作中，他的脑海里浮现出过去他见过的身穿便衣，扎着子弹带，手拿套筒枪或大刀的游击队员的形象，他采用山东民歌中富有典型意义的音调，创作了一首具有浓郁山东地方风格通俗、淳朴的歌曲《弹起我心爱的土琵琶》。

随着电影的上映，这首优美的歌曲马上传唱开来，并且几十年而不衰。在长达半个世纪的电影、电视音乐、器乐作品和声乐作品的创作中，吕其明结出了累累硕果。他陆续为故事影片《铁道游击队》《红日》《白求恩大夫》《庐山恋》《城南旧事》《雷雨》《焦裕禄》等200多部（集）影视剧作曲，创作了管弦乐序曲《红旗颂》等大型音乐作品。

歌曲采用再现单三部曲式结构。第一乐段为慢板，用高亢的男声勾画出激烈战斗后的战士们在日落西山时的湖畔弹起土琵琶吟唱歌谣的生动场景。第二段节奏逐渐紧张起来，向人们展现出铁道游击队员爬火车、骑骏马、搞机枪、炸桥梁以及与敌人激烈战斗的画面。第三段回到慢板速度，旋律为第一段的变化再现，表现了在激烈艰苦战斗过后，战士重新唱起那萦绕心中的动人旋律。从"西边的太阳快要落山了"的抒情慢板，跳进到"爬上飞快的火车"的铿锵快板，"何意绕指柔，化为百炼钢"油然而生，表现了游击队员在艰苦环境中的坚强意志和乐观精神，具有极强的感染力。

歌曲吸取了山东民歌的曲调风格，旋律质朴优美又不失战斗豪情，准确地刻画出游击队员的革命乐观主义精神。歌词主题鲜明、语言通俗生动、段落层次分明，对塑造影片中游击队员的英雄形象起到了画龙点睛的作用。

影片《铁道游击队》中《弹起我心爱的土琵琶》这首歌是一首领唱、合唱曲，影片的演职员字幕中并没有出现演唱者的名字。这首歌的合唱是上海合唱团，领唱是上海歌剧院男高音歌唱家陈景熹。不过陈景熹录这首歌时还不是专业演员。1956年夏天，20岁的陈景熹刚刚中学毕业，在同学的提议下报考了上海市文化艺术干部学校，以一首歌曲《太阳出来喜洋洋》，在全国五六百考生中脱颖而出，被学校录取。

当时上海电影制片厂正在拍摄《铁道游击队》，主题曲《弹起我心爱的土琵琶》由吕其明作曲，但是由谁来演唱却一直没有合适的人选。眼看着电影即将杀青，主题曲的演唱者还没有着落，导演赵明心急如焚。一天，赵明突然想起上海歌剧院歌剧团和上海文化艺术干部学校的演员，就请来一群演员进了录音棚。在这群演员中就有陈景熹，在反复试唱时，陈景熹那舒缓、抒情、明亮的歌声很快征服了众人，成了领唱者。

录完后，陈景熹自己当时并没有感觉唱得非常好，也不知道最终会不会被采用。直到影片放映后，他才听出来用的是他领唱的版本。尽管没有一分钱报酬，荧幕上也没有署他名字，但首次试声，他就出手不凡，几成典范。1958 年，陈景熹从上海文化艺术干部学校毕业被分配到上海歌剧院，一直工作到退休。

2017 年，歌曲获第十届中国金唱片奖综合类最佳创作奖。2019 年，歌曲入选中宣部"庆祝中华人民共和国成立 70 周年优秀歌曲 100 首"。

三、共性研究

虽然《沂蒙山小调》的创作和流传早于《弹起我心爱的土琵琶》十几年，一个是歌颂美丽家乡，一个是歌颂游击队员，但作为同样具有感染力和生命力的两首红色革命歌曲还是有着许多相似性。

艺术源于生活。两首歌曲之所以富有感染力和生命力，这同创作者们深入革命岁月里的生活实践密不可分。

毛泽东 1942 年在《在延安文艺座谈会上的讲话》引言中指出，在中国人民的解放斗争中有文武两个战线，即文化战线和军事战线。要想战胜敌人，首先要依靠手里拿枪的军队。但是仅仅有这样的军队是不够的，还要有文化的军队。山东抗大一分校文艺宣传队就是这样一支军队。这支军队同拿枪的军队一样，在抗日战争中，发挥着重要作用。如同毛泽东所说："这是团结自己、战胜敌人必不可少的一支军队。"[1]这支军队在革命事业这台机器上，发挥着齿轮和螺丝钉的重要功能。

如果说平型关战役等是军事战线上的杰作，《沂蒙山小调》等作品就是军队在文化战线上的杰作。山东抗大一分校这支军队不仅涌现了《沂蒙山小调》这样的优秀作品，还创作了歌曲《跟着共产党走》。除了这两首歌曲，《弹起

---

〔1〕《毛泽东选集》（第 3 卷），人民出版社 1991 年版，第 847 页。

我心爱的土琵琶》所反映的主题作品《铁道游击队》，也是山东抗大一分校成员刘知侠创作的。这三位革命文艺战士，在山东抗大一分校的革命大集体里进行学习、生活、打仗、创作、宣传等革命实践。

同阮若珊、李林、刘知侠一样，虽说《弹起我心爱的土琵琶》创作者吕其明不是原山东抗大一分校的成员，但他有着跟他们三人一样的革命经历。吕其明 1930 年 5 月出生于安徽无为的革命家庭。父亲吕惠生是当地很有威望的教育界人士，抗战时期积极投身抗日救亡运动，担任过新四军第七师皖江抗日根据地行政公署主任。吕其明正是在这种氛围革命大家庭里长大的。1940 年，新四军二师抗敌剧团演出小歌剧《农村曲》。剧团相中了吕其明扮演剧中的逃难孩子小毛，于是在这一年，10 岁的吕其明就被选进了剧团，开始了新的生活。抗战剧团的生活是艰苦的，但对吕其明来说，却是进了一所没有围墙和门牌校徽的艺术大学，他在那里唱歌、演戏、教歌、行军、打仗、宣传，等等。九年的剧团生活是他艺术人生经历中最宝贵的一个关键时期。

正是他们在山东抗大一分校或新四军抗战剧团等革命大家庭中陶冶和锤炼，他们的艺术创作才有了去革命实践中找创作灵感和激情的自觉。《沂蒙山小调》《铁道游击队》《弹起心爱的土琵琶》等作品之所以能经久不衰，其表达主题并不是他们三位文艺创作者"躲进小楼成一统"，纯粹用自己脑袋抽象演绎出来的。

不仅《沂蒙山小调》的创作离不开深入人民群众生活，《铁道游击队》及其主题曲《弹起我心爱的土琵琶》的创作成功，也得益于创作者对产生作品艺术形象的人民生活实践基础的深入。吕其明在谈自己创作经验时说自己脑海里浮现出过去他见过的身穿便衣、扎着子弹带、手拿套筒枪或大刀的游击队员的形象。很显然这些游击队员的形象源于他在新四军队伍里的革命实践。作家刘知侠创作的铁道游击队形象也离不开他深入这些游击队员生活的实践。

1943 年夏天，山东军区在滨海抗日根据地召开了全省战斗英雄模范大会。在这次大会上，刘知侠认识并采访了铁道游击队的英雄人物。那些传奇式的英雄和惊心动魄的战斗，都给刘知侠留下了深刻的印象。不久，刘知侠接到了铁道游击队的来信，邀请他到铁道游击队深入生活。1944 年，刘知侠第一次去铁道游击队，和铁道游击队的队员们一接触，他就爱上了这些英雄人物。他们热情、爽直、机智、勇敢，经常和敌人短兵相接，都是些英勇顽强的好汉。

　　刘知侠常常随他们一起战斗在微山湖畔和铁路两侧，并住在微山岛上。有空闲的时候，他就向游击队的干部、队员了解多年来他们在铁道线上英勇歼敌的事迹。游击队员们的打票车、夺枪械、撞火车、搞物资，消灭了一个个经过敌人精心训练、专门对付他们的特务队，每场战斗都打得激烈，打得敌伪闻风丧胆。同时，刘知侠还走访了微山湖畔铁路两侧曾经帮助过游击队的工人、渔民和农民。对游击队在铁道线上的战斗、工作和生活，作了全面深入的了解，有了极深的生活感受。

　　可见，不管是沂蒙山"好风光"还是"爬上飞快的火车，像骑上奔驰的骏马。车站和铁道线上，是我们杀敌的好战场。我们扒飞车那个搞机枪，撞火车那个炸桥梁，就像钢刀插入敌胸膛，打得鬼子魂飞胆丧"等游击队员的形象，都是阮若珊、吕其明、刘知侠等人的创作灵感和素材，都和他们的革命实践经历密不可分。可以说，没有革命实践经历，就不会产生这么好的红色文艺作品。

　　艺术还高于生活。在战火纷飞的岁月里，不管是在抗大一分校文工团还是新四军抗战剧团，当时的生活缺衣少食、百般艰辛，并且随时都可能献出他们年轻的生命。当时阮若珊所在文工团的成员是一群十一二岁到十七八岁，最大的也不过二十几岁的青少年。他们吃的是用高粱和地瓜做成的酸煎饼，睡的是用山茅草铺的地铺，同时还面对着敌人的围剿和顽固分子的破坏，随时都有可能流血牺牲。

　　今天看来，抗战生活并不美好，炮火损坏的家乡千疮百孔也不美丽，为什么这些工作者还去讴歌、礼赞？很显然，这和这些革命者的革命浪漫、乐观情怀密不可分。这种革命情怀也不是抽象的，也是经过血与火革命实践历练的结晶。

　　譬如，《沂蒙山小调》所体现的对沂蒙山区和沂蒙人民的"爱"，并不是李林和阮若珊凭空出现的一种抽象的大爱情怀，而更多的是他们在那个满是血与火的抗战岁月里，与沂蒙人民同呼吸共命运的革命经历孕育出来的。阮若珊于1939年冬随抗大一分校校部从太行至山东迁至沂蒙山区开辟山东抗日根据地。此后七年一直在沂蒙山区，在山东分局及第115师师部领导下从事抗战文艺宣传工作。这七年，让她有了对沂蒙山和沂蒙人民的深厚的爱。她一直把沂蒙山当成第二故乡，把沂蒙人民当自己的娘家人。每当小调诞生地的人们去看她，她都很高兴。1999 年 8 月 17 日，再次见到小调诞生地的人，她万分激动地亲笔写下了"深深怀念沂蒙山好地方"，这行字深深寄托了她对白石屋、沂蒙山的一腔深情。

当时，抗大一分校文工团活跃在沂蒙山广袤的乡村、城镇，为部队演出，为人民演出。正是他们不畏艰苦、不畏牺牲，以自己血汗去换取人民的抗战和解放事业，才让我们的人民与共产党领导的军队有了一种心贴心的"水乳交融、生死与共"的感情。这些经历给他们一种家乡亲人的感情。正是这种感情才让他们发自肺腑地歌唱"人人都说沂蒙山好，沂蒙山上好风光……"，也正是这种扎根于沂蒙山人民并肩抗战的家乡亲人情怀，才让沂蒙山人民乃至世界人民被感染、被吸引，才让《沂蒙山小调》成为有世界影响力的中国民歌。

歌颂游击队员生活的《弹起心爱的土琵琶》，也赋予了机智勇敢的游击队员以革命"柔情"。他们热爱和平、热爱作为自己家乡的"静悄悄的微山湖"，本来是弹起自己心爱土琵琶、唱起动听歌谣的光阴和场景，但敌人不允许和平，不允许家乡美好，所以只能让他们进入末日，才能自由自在弹起自己心爱的土琵琶、唱起动听的歌谣。可见，具有感染力的两首歌曲，都以浪漫情怀体现和激励着革命人民和军队抗战到底的革命意志。

这两首传唱不衰的歌曲之所以具有强大的感染力和生命力，还同创作者在创作中对当地人民群众"艺术"成果的借鉴和吸收密不可分。

《沂蒙山小调》作曲者李林吸取了花鼓调。从《反对"黄沙会"》到几易其词的《沂蒙山小调》，其中歌颂沂蒙家乡青山绿水的美好风光及其表达对家乡热爱的真挚情怀前两段歌词没有变，在当时人民中间传唱的这个花鼓调也没变。变的是从反对"黄沙会"到抵抗日本帝国主义、歌颂新中国等沂蒙人民经历的不同生活时代和实践形式。不同历史形势下沂蒙人民的生活实践给《沂蒙山小调》的创作提供了源源不断的艺术素材。

同《沂蒙山小调》歌颂沂蒙家乡的主题不同，《弹起心爱的土琵琶》是歌颂微山湖周边抗战的游击队员。小调突出沂蒙山"好风光"的艺术形象，后者突出游击队员勇敢机智、坚定乐观等艺术形象。这些形象的创作素材也是来自微山湖铁道游击队的生活实践。这些形象再现也是借鉴了民间艺术元素。吕其明在创作中借鉴山东民歌中富有典型意义的调式落音、音调，创作出这首具有浓郁山东地方风格、通俗、淳朴的歌曲《弹起我心爱的土琵琶》，展示了游击队员的革命英雄主义和革命乐观主义精神。

总之，这些至今家喻户晓的作品之所以能够成为经典，离不开创作者深入实践、深入群众的工作。同时，还离不开那段岁月里那些文化战线上的无名英雄。他们没有留下剧本，没有留下剧照（少数几张是从他人处搜集的），更不用说演出说明书之类的了。但他们的身影，他们所创造的艺术形象久久地留在抗日根据地人民的心中，在战争中成长的壮丽的文艺事业被深深地刻在军民的记忆之中。

第三节　穷山沟里的建设者

一、厉家寨

（一）厉家寨展览馆基本概况

厉家寨展览馆位于山东省莒南县坪上镇厉家寨村。1957 年 10 月 9 日，毛泽东在中共莒南县委工作组上报的《山东省莒南县厉家寨大山农业社千方百计争取丰收再丰收》的报告上批示，指出："愚公移山，改造中国，厉家寨是一个好例。" 10 月 12 日，《人民日报》以《英雄社战胜穷山恶水》为题目用头版头条全面介绍了厉家寨的模范事迹。10 月 13 日，《人民日报》刊登题为《大山农业社作出建设山区的好榜样——开山劈岭填沟挖渠改造自然》的文章，介绍了大山社区农业社建设山区的丰功伟绩。11 月 3 日，《大众日报》发表题为《拿出愚公移山的劲头，改造自然，建设社会主义》的社论，介绍了厉家寨的事迹。在同年 12 月的全国农业工作会议上，国务院授予厉家寨大山农业社一面锦旗——"英雄社战胜穷山恶水"。从此，大山脚下的厉家寨名扬全国，成为 20 世纪 50、60 年代我国农业战线上的一面红旗，1957 年至 1965 年，全国各地到厉家寨参观学习的有 50 多万人。[1]

厉家寨展览馆的修建就是为了纪念这段光荣的历史。展览馆于 1977 年、1993 年、2002 年先后经历了三次修建，之后经过多次修葺。2004 年，坪上镇党委政府根据临沂市委提出的"把厉家寨展览馆建成革命传统教育基地"的要求，多方征集图片、实物等资料。2005 年，坪山镇对厉家寨展览馆进行了

---

〔1〕　临沂市政协文史和学习委员会编：《光辉的历程——临沂改造山河五十年纪实 1949–1999》，齐鲁书社 1999 年版，第 3 页。

一次全面彻底的修护，修护后的展览馆为三层楼结构，展览总面积 760 平方米，展出带长 420 米，收藏了珍贵图片 600 多幅，实物 130 多件。厉家寨展览馆展出内容按时间先后顺序排列，共分三个部分，即艰苦创业（1942—1957年）、光辉批示（1957—1978年）和继往开来（1978年以后）。厉家寨展览馆被临沂市委组织部命名为"党员教育基地"，被临沂市委宣传部命名为"沂蒙精神教育基地"。为纪念毛主席批示厉家寨 50 周年，厉家寨展览馆于 2007年对第三部分（继往开来部分）重新布展，建成 9 个展室和 1 个走廊，共计58 个展板，面积 73 平方米。

厉家寨在社会发展的新时期也不断地产生变化，原有的展馆的容量需要进一步拓展。2013 年 12 月，厉家寨展览馆新馆规划完成并开工建设，于 2014年 5 月投入使用。鉴于当时全国还没有关于土地整治的专业展览馆，原国土资源部土地整治中心、山东省原国土资源厅建议把厉家寨展览馆建成中国首个也是唯一的一个土地整治展览馆，并命名为中国土地整治第一馆。

厉家寨展览馆新馆的外观呈圆形，建筑面积 5000 平方米，建筑风格突出历史雕塑感，功能定位为厉家寨精神红色主题展馆。新的场馆用更为丰富的图片和资料展示了厉家寨人民的光辉历史，再现了厉家寨人艰苦奋斗、敢为人先的精神风貌，全力打造出一个崭新的临港革命传统和沂蒙精神教育基地。

（二）主要内容

1. 厉家寨村的发展演变

厉家寨村位于有"山东小延安"[1]之称的莒南县。在过去的厉家寨曾经流传着这样一条谚语："穷山恶水种地难，既怕涝又怕旱，十年就有九年欠，沙石盖子旱龙岗，锄地叮当响，种地不打粮。"当时老百姓的生活是"糁子煎饼两手捧，地瓜稀粥照人影"。家家户户过着半年糠菜半年粮的日子。在农业合作化时期，厉家寨人发扬艰苦奋斗的精神，开山造田，取得了农业生产的大丰收，毛主席在 1957 年批示"愚公移山，改造中国，厉家寨是一个好例"。厉家寨从此声名远播，成为全国学习的典型，后期崛起的大寨人也先后多次到厉家寨参观学习。厉家寨展馆将这段发展历史分成艰苦创业、光辉批示和继往开来三个部分的内容来进行介绍。

---

〔1〕 厉娜、满永："厉家寨乡村调查记——兼谈党史、国史研究中的视域转向"，载《社会科学论坛》2005 年第 11 期，第 144 页。

（1）艰苦创业篇（1942 年至 1957 年）。

艰苦奋斗部分的内容重点展出 16 年来，党支部书记厉月坤、大队长厉月举等人带厉家寨人民深翻整地、移河改道造土地、深翻整地建三合一梯田。

厉家寨村于 1942 年 12 月解放，1944 年建立党支部。1945 年 9 月成立厉家寨行政村，由厉家寨、张家寨、大山河、寨子河、徐家寨五个自然村组成。厉家寨村成立时共有村民 2335 人，党员 17 名，土地 6500 亩，山场、河滩约5500 亩，牲畜 330 头。[1] 在当时的艰苦条件下，厉家寨人民率先开始了大规模的土地治理、改造自然的活动，努力争取粮食丰收。在土地治理过程中，他们先后采用"叠地""深翻地""二合一"梯田、"三合一"梯田等整地治地的方法，不断改良土壤，提高地力，增强抗旱防涝能力，实现了粮油单产和总产的大幅度提高。

第一，叠地（1942 年至 1951 年夏）。厉家寨人民为改变土层薄的状况，采用叠地的方式来增加土层，提高地力，增强抗旱能力，保苗增收。叠地就是把大小不等的地块，根据土层深浅将地块周围的土适当往中间折叠，缩小耕地面积以增厚土层。但是，地越叠越小，是一个"剜肉补疮"的方法，村民们说"一块地，叠三年，围着锅台打转转"。采用叠地方法之后，水土流失的状况并没有得到改善，却给厉家寨人民带来一个有益的启示：要想多打粮，就得在土地上下功夫。

第二，深翻地（1951 年冬至 1953 年夏）。深翻地是指在保持原有地块大小的基础上，深翻土壤层，培肥地力，增加粮食产量。1953 年冬，厉家寨农业社深翻地 400 多亩，获得平均亩产 422 斤的好收成，周围各乡各村纷纷到现场学习翻地整地的方法，推动全区深翻土地 1.6 万亩。[2] 在整地过程中，厉家寨人民根据土质好坏、土层深浅和季节差别，创造了"熟土在上，生土在下，两生夹一熟"的深翻整地的方法。

第三，"二合一"梯田（1953 年冬至 1955 年冬）。厉家寨人民在深翻整地的同时，还在地块外侧和两端加培地埂，埂宽 30 厘米至 40 厘米，高 15 厘米至 20 厘米，群众叫它"二伙一成功"，后称"二合一"梯田。在一般雨水

---

〔1〕　临沂市政协文史和学习委员会编：《光辉的历程——临沂改造山河五十年纪实 1949-1999》，齐鲁书社 1999 年版，第 13 页。

〔2〕　山东省莒南县地方史志编纂委员会编：《莒南县志》，齐鲁书社 1998 年版，第 187 页。

情况下，"二合一"梯田可以起到保持水土的作用，减轻旱灾影响，提高粮食产量。1954年春播前，厉家寨整地"二合一"梯田2400多亩，[1]土层由一般的2寸至3寸加深到1.2尺左右，亩均粮食增产25公斤至35公斤。[2]1955年，粮食亩产274公斤，总产372吨，分别比1952年增长110%、102.6%。[3]但由于"二合一"梯田对原有地貌没有根本改变，又没有排水系统，即使雨水丰富的时节，地里也容纳不了过多的水分，容易造成水土流失。

第四，"三合一"梯田（1956年冬至1960年夏）。"三合一"梯田是指深翻整平地面，使地面外高里低倒流水，三面培埂、包地堰、里侧开排水沟，在沟端出水处用石头砌沉淤坑，修上石砌的"水簸箕"。因为包含三道工序，即深翻整平、培修地堰、建排水系统，需要一气呵成，所以群众称之为"三伙一成功"，后又称"三合一"梯田。"三合一"梯田在防止水土流失，保土蓄水、保肥、加深土层等方面明显优于"二合一"梯田，并基本改变了地块零星、倾斜不一的原始地貌。1957年春耕前，共整地"三合一"梯田1520亩，整治大小岭头11个，改河道5条，修建11座水库，[4]总库容量100多万立方米，连同以前修建的2000多道闸山沟工程，使3600亩旱田变成水浇田，1500亩丰产田能旱涝保丰收，山坡变平原，沟底变良田。[5]

1955年，厉家寨粮食亩产274公斤，总产372吨，油料13.2吨，人均粮油257公斤，向国家交售粮食68.3吨，花生米60吨。[6]1956年，虽然发生了多年不遇的水灾、风灾，但粮食亩产仍然创了历史新高，平均亩产达到276.4公斤，提前12年实现了全国农业发展纲要目标，[7]农业社的生产和社员生活水平已大大超过了当地富裕中农户。1956年10月6日，新华社对厉家

〔1〕 临沂市政协文史和学习委员会编：《光辉的历程——临沂改造山河五十年纪实 1949-1999》，齐鲁书社1999年版，第14页。
〔2〕 中共莒南县委党史资料征集委员会编著：《中共莒南地方史》（第2卷），中共党史出版社2007年版，第88页。
〔3〕 临沂市政协文史和学习委员会编：《光辉的历程——临沂改造山河五十年纪实 1949-1999》，齐鲁书社1999年版，第14页。
〔4〕 临沂市政协文史和学习委员会编：《光辉的历程——临沂改造山河五十年纪实 1949-1999》，齐鲁书社1999年版，第14页。
〔5〕 戚海莹：《山东的社会主义改造》，山东人民出版社2006年版，第164页。
〔6〕 临沂市政协文史和学习委员会编：《光辉的历程——临沂改造山河五十年纪实 1949-1999》，齐鲁书社1999年版，第14页。
〔7〕 临沂市地方史志办公室：《临沂年鉴》（1995年），齐鲁书社1997年版，第125页。

寨的农业丰收情况进行了专题报道。

（2）光辉批示（1957 年至 1978 年）。

光辉批示部分重点展出了毛主席批示厉家寨 21 年来，党支部书记厉日耐、党支部副书记厉永森等人与厉家寨人民一道大搞农田水利基本建设的历史。毛主席光辉批示厉家寨前后，厉家寨人（厉月坤、厉月举、厉日耐）在 1956 年至 1979 年间先后八次应邀参加国庆观礼。

第一，农田水利建设。

厉家寨人民在整治土地的同时不断探索农田水利建设。在整治"二合一"梯田时，他们修暗渠。在整改农田水利基本建设过程中，探索了很多治水新法：

一是移河改道造土地。1954 年，厉永谦带领 25 名劳动力，到西北山下的程子沟改造土地。[1]这个地方原来只有 11 块零星小地，合起来才五亩三分地，西边靠着大崖头，东边是河滩，中间有一个大水汪。地块间河沟纵横，高低相差三米多。社员们在队长厉永谦的带领下，大干苦干，经过一冬一春的时间，依靠双手和一把镢头抠出了上千车的乱石头，削去了崖头，填平了洼坑，取直了弯曲的河道，深翻整平了厉家寨有史以来的第一块大地——"跑马地"（约 13 亩）。与此同时，还在地里打出了厉家寨第一眼浇地水井，这不仅让厉家寨的社员开阔了眼界，还得到了十分有益的启示，为厉家寨之后的农田水利建设开创了一条新路子。以敢打硬仗著称的第六生产队被人们誉为"钢六队"，厉永谦被称为"钢队长"。

二是竖水横流。1955 年冬，厉家寨人民在魏家岭、小岭上修建竖水横流工程。在治理之前，每当洪水暴发，这里就有成片的土地被冲毁。为了彻底改变这种局面，党总支书记厉月坤带领厉家寨人民经过两个多月的艰苦劳动，凿通了长 1000 多米、宽 6 米、最深 8 米的两条排水沟，并在大小甲沟修起了四座塘坝，迫使竖水横流。这样一来，每座水库都能在蓄水的同时进行排水，水量超出库容时，就顺着水沟泄入寨子河；干旱时可以自流灌溉下游土地，防水患、抗干旱效果显著。1957 年 11 月，山东省第三届社会主义农业建设积极分子代表大会胜利召开。山东省人民委员会奖给莒南县大山农业生产合作社一面锦旗"开山劈岭，改造自然，建设山区的英雄旗帜"。

---

〔1〕 山东省莒南县地方史志编纂委员会编：《莒南县志》，齐鲁书社 1998 年版，第 187 页。

1957 年由徐伴农（1922 年至 1984 年）执笔撰写的典型材料《山东省莒南县厉家寨大山农业社千方百计争取丰收再丰收》一文，得到了毛泽东的亲笔批示"愚公移山，改造中国，厉家寨是一个好例"。厉家寨成为新中国农业战线上的一面旗帜，此文也成为考察调研农业生产的一篇范文。

1957 年冬天，中共临沂地委作出了向厉家寨大山农业社学习的决定，并发出"学大山、赶大山、全区变大山"的号召，掀起了农田基本建设的高潮。厉家寨人民在毛主席光辉批示的鼓舞下，以更加饱满的热情投入整山治水的热潮中去。确定了"向农田水利化、坡地梯田标准化、沟地川台化、荒山搞绿化"的奋斗目标，充分利用劳动力资源，由青年突击队、铁五队负责修水库，钢六队负责改造沙荒。到 1958 年秋又建了四座水库，一座地下拦河坝，共修建水库、水窖、挖水汪 38 个，挖自流灌溉渠道 18 条，全长 57 华里，整修"三合一"标准梯田 2680 亩，1200 亩荒山得到治理。[1] 1958 年粮食单产达到 850 斤。

三是截潜流。1958 年春，厉家寨的干部和群众为了把危害多年的大山河变为利河，在"九龙石"下建设截潜流工程。经过 80 多天的连续战斗，挖出 4000 多方沙（土），回填了黄粘土，修建起了长 148 米、宽 8 米、深 5.5 米的地下拦河坝，开挖 1500 米长的渠道，引河水浇灌农田 500 多亩。

四是围山河。围山河是在葡萄山上开挖的一条环山截水沟。厉家寨人民在改变穷山恶水的实践中，掌握了"水是一条龙，自上往下行，治下不治上，白搭一场工"的规律。1964 年春，他们在葡萄山上凿开一块岩石，闸起 15 条山沟，劈出了一条长 900 米、宽 2.5、深 1.5 米的围山河。围山河的水和小水库相通，这样既能蓄水，又能防止山洪冲毁农田。

1965 年，冬动工修建龙门水库。1966 年春建成，大坝底宽 120 米、高 22 米、长 230 米，容水量 122 万立方米。1966 年夏天，沿大山东挖了长 12 华里的干渠，修建筑物 52 个，龙门水库的修建，扩大了土地的浇灌面积，为农业的丰收奠定了基础。

1970 年 7 月到 1971 年 5 月，在葡萄山北坡龙潭水库干渠上动工修建了电灌站。扬程 67 米，爬坡 226 米，使渠水翻过葡萄山，直接浇灌梯田 600 亩。1972 年，又在葡萄山西坡修建了扬水站。1972 年 7 月 15 日，动工修建石人顶

---

〔1〕 费聿辉、徐东升主编：《沂蒙精神》，中共党史出版社 2018 年版，第 87 页。

渡槽，11 月竣工。全长 350 米、高 9 米，共投工 1.8 万个，浇地四百亩。

从 1960 年开始，厉家寨农田水利建设实行山、水、林、田、路全面规划，综合治理，到 1976 年基本完成规划任务。全村 3062 亩耕地，[1]全部建成了高标准的"三化"园田。[2]

经过这个阶段的整地治理以后，地块由小变大，扩大耕地面积 450 亩，80%的耕地能排能灌。田间共修排灌渠道 9 条，总长 2 万米，其中石渠 1.1 万米；大小建筑物 580 个；建小（一）型水库 2 座，小（二）型水库 1 座；塘坝 36 座；打大田井两眼，截潜流 1 处，总蓄水量 300 多万立方米；修建围山河 2 条，平均深 1 米、宽 2 米，总长 1750 米；建机电扬水站 2 处，扬程分别 64 米和 26 米；架渡槽 1 座，长 285 米；修机耕路 8 条，总长 12 500 米。山场河滩植树造林 2500 亩，使森林覆盖率达 30%。由于不断进行农田水利建设，粮油产量连年提高，1965 年粮食单产 451 斤，花生米单产 165 斤，1975 年粮食单产 1036 斤，花生米单产 361 斤。[3]

第二，科学种田。

科学技术是第一生产力。1963 年，厉家寨成立了由干部、老农、知识青年组成的科学实验队，在北大建立了科学实验基地。厉家寨人民认真贯彻"农业八字宪法"，积极把愚公移山精神同科学知识结合起来，在治土、治水的同时，实行科学种田，建立了高粱、小麦、玉米、花生、水稻、棉花等试验田，同时搞了不少实验项目，如水土保持、改良土壤、摸水性、肥料对比、引进良种、合理密植、防治病虫、工具改革等，均取得了显著成效，有力地推动了科学种田，促进了粮油高产丰收。尤其值得一提的是厉家寨探索的大沟麦套种等先进生产技术，提高了土地的复种指数，在全省乃至全国得到推广。

―――――――――――――

〔1〕 山东省莒南县地方史志编纂委员会编：《莒南县志》，齐鲁书社 1998 年版，第 187 页。

〔2〕 "三化"园田（1960 年秋至 1978 年）是将原来"三合一"梯田的活土层剥开，把熟土翻到一边，根据测好的等高线，把活土层下面的硬底整平，再将熟土还原。这样，使地块上下两平，从根本上解决了地下径流对地堰的破坏。地堰培育后，栽植棉槐或红草，使原来的"三合一"梯田变成了高产稳产的"三化"园田：一化是指水平化，上下两平土深翻；二化是绿化，采用果、桑、条、草保护地堰；三化是水利化，涝能排水旱能灌。"三化"园田的优点是：防止冲刷；改良土壤，提高地力；耐涝抗旱，能排能灌；减轻病虫害；保证高产稳定。

〔3〕 临沂市政协文史和学习委员会编：《光辉的历程——临沂改造山河五十年纪实 1949-1999》，齐鲁书社 1999 年版，第 187 页。

厉家寨人战天斗地改造自然的先进事迹多次在全国展出。1975 年春，在中国广州春季出口商品交易会上展出了莒南县"发扬愚公精神，改造莒南河山"的事迹展览。1975 年又随周恩来出国展出。

（3）继往开来（1978 年以后）。

继往开来部分重点展出改革开放以来，厉家寨人民积极做好新形势下的党建工作，促进经济发展，全面推进农村三个文明建设的成果及各级领导对厉家寨的关怀。

1982 年，厉家寨实行以"大包干"为主要形式的家庭联产承包责任制，由过去的计划经济转向商品经济。他们打开山门，走出大山，在商品经济的大潮中经历风雨，学习外地的经验，开始了新的创业历程。1984 年，厉家寨设立了厉家寨乡，辖 17 个行政村，总面积为 53.4 平方公里。

1993 年 6 月，厉家寨铁路专线通车，大山石料厂开业。《大众日报》以《火车开进厉家寨》为题作了报道。9 月 30 日，《大众日报》刊登了《厉家寨再争当好例》的文章。作者李世恩通过实地采访，写出了厉家寨人在市场经济大潮中再争当好例的决心和信心。1994 年 10 月 15 日至 21 日，《人民日报》《经济日报》、山东省广播电视台等新闻媒体多名记者到厉家寨进行采访。

2009 年 4 月 18 日，全国人大代表、大寨村党总支书记郭凤莲带领山西省昔阳县考察团来厉家寨参观考察，与厉家寨干部群众共同栽下了象征友谊长青的公孙树，并希望发挥"两寨"优势，联起手来共同打造"厉家寨"和"大寨"品牌经济效益，把"两寨"发展好。

2001 年 1 月，厉家寨撤乡并入坪上镇，属于坪上的一个行政村。

2001 年，全村鼓励村民种植良种樱桃，拥有多个樱桃专业户。厉家寨一带形成了百里樱桃带，成为远近闻名的樱桃之乡，产品远销许多大中城市。

2010 年 10 月，临沂设置临港经济开发区，隶属于坪上镇的厉家寨也归属临港经济开发区。2011 年 12 月 2 日，临沂临港经济开发区管委会搬迁到原厉家寨中学，厉家寨成了临港经济开发区的中心。此后，加强环境保护，打造休闲、景观与生态为一体的综合水系工程成了厉家寨的新目标，厉家寨人再次掀起了新时期建设的热潮。

2013 年 1 月，厉家寨村被山东省旅游局评为"山东省旅游特色村"。

2014 年 12 月，厉家寨樱桃园被山东省旅游局评为"山东省精品采摘园"。

2015 年 6 月 26 日，中央电视台财经频道以厉家寨樱桃为专题播出了《樱桃红了》。8 月 16 日，中央电视台农业频道《美丽乡村快乐行》走进临沂临港区，再次让厉家寨享誉大江南北。

2015 年 9 月，临沂临港区樱桃协会的"厉家寨樱桃"商标通过原国家工商行政管理总局商标局核准，被认定为地理标志证明商标，成为临港区首个获批此项认定的商标。

厉家寨樱桃节成为临港区文化旅游的一张名片。2016 年 5 月，厉家寨村被中国果品流通协会授予"中国樱桃第一村"的荣誉称号。

2. 启示

厉家寨地处三山、五岭、两河之间，解放前这里沟壑纵横、水土流失十分严重，人民生活极为贫困。穷苦的厉家寨人民为了改善这种状况，积极探索各种新方法新技术进行土地深翻整治，同时大规模修建农田水利工程。正是凭借这种坚韧不拔、战天斗地的愚公移山精神，厉家寨山坡变平原、沟底变良田，土地增强了地力并获得了粮食的大丰收。1958 年，也就是毛泽东批示学习厉家寨精神的第二年，山西省大寨村党支部书记陈永贵带队到厉家寨学习。1964 年，毛泽东作出"农业学大寨"的批示，陈永贵当时提到"厉家寨治山治水整地是我的老师"〔1〕，并于 1965 年再次来到厉家寨。在"农业学大寨"的批示之后，山西大寨日益发展壮大。

改革开放以来，厉家寨人不甘落后，为了重新振兴厉家寨实现经济发展的新突破，于 2009 年提出了"两寨联合"的思路，搭建起一个平台带动厉家寨的发展。目前，厉家寨人在大力发展农业的基础之上，又开发了观光生态旅游农业，依靠当地丰富的自然资源建成了石雕石刻、石料建材加工等主导产业，并且还建成了园林式石雕石刻城——孙镗纪念馆以及厉家寨展览馆，开发种植樱桃果树形成万亩樱桃园红色观光旅游线路。

厉家寨是一本厚重的书，它记载着辉煌的历史，也描绘着美好的明天。20 世纪 50 年代厉家寨的精神主要是指愚公移山、整山治水的精神，保证农业增产丰收，在新的发展形势下厉家寨人继续艰苦创业、敢为人先、团结实干、无私奉献，他们从贫穷到温饱，从温饱到富裕，从富裕到落后，从落后到再

---

〔1〕　高峰岗、徐兴东："不朽的沂蒙精神——厉家寨是一个好例"，载《春秋》2011 年第 1 期，第 16 页。

次崛起。厉家寨历经沧桑，百折不挠，永远保持傲立潮头的精神风貌。在跨入新的历史时期的今天，厉家寨将再次书写战天斗地、永不服输的新篇章。

二、九间棚

（一）九间棚展览馆基本概况

九间棚现在是一个著名风景区，行政隶属山东省临沂市平邑县九间棚村，坐落在平邑县天宝山风景区内，因为有着久远的红色文化历史和艰苦创业、无私奉献的九间棚精神享有很高的知名度，可以说，现在的九间棚村闻名全国。相传在清乾隆六年（1741年），一户刘姓夫妇逃荒躲难，来到了龙顶山上，发现有个天然石棚可以栖身，便住了下来。从此石棚当屋，石板当床，刀耕火种，繁衍生息。后来，人口逐渐增多，便用石块将石棚隔成九间房屋，于是取名"九间棚"。从此，祖祖辈辈在这里一住就是200多年，直到1963年才全部迁出石棚。该村旧址为天然形成的奇特巨大的石棚，长30米、深10米、高3米，棚内原有石龙、石虎、石牛等自然景观。九间棚村四面悬崖，山高涧陡，自然环境十分恶劣，村民生活十分贫苦。原初的九间棚就是简陋的石头制作的简易岩棚，随着条件的改变而逐步提高，从一代岩棚到二代茅草棚，再到三代砖瓦房，再到四代楼房，可以清楚展现出九间棚村民的奋斗历程，九间棚村奋斗的历史中始终传承着艰苦创业的奋斗激情。山东省原副省长、司法部原部长高昌礼于1989年在九间棚过春节时，为九间棚题写"九间棚旧址"。目前，九间棚旅游风景区属于全国AAA级旅游景区、全国农业旅游示范点、中国县域旅游品牌景区200强、临沂市红色旅游景区、沂蒙精神教育基地。当地位于闻名遐迩的沂蒙山区天宝梨乡，不仅自然风光优美，而且人文古迹众多。如今，这里5万亩果园连成一片，春华秋实，四季宜人，尤其是阳春三月，梨花盛开，漫山遍野，铺雪堆玉，间以桃红、柳绿、松青，把天宝山区装扮得更加绚丽多姿，置身其间，如在画中，被中外游人誉为"中国最大的天然花园"。

该景区的主要景点有红色文化景观：以艰苦创业闻名全国的"沂蒙明珠"九间棚村、保存完好的原始民居九间棚旧址、中国人民银行前身之一的北海银行鲁南印钞厂旧址朝阳洞、抗日战争时期罗荣桓、陈光等指挥的天宝山战斗遗址、人定胜天的引水工程龙顶山天池等人文景观。另外，还有独树一帜的自然景观：挂心橛、双乳峰、母子山、张郎背姜婆山峰、枫林、水杉林、云雾洞等，处处鬼斧神工，相映成趣，特别是千年藤萝树，被称作藤萝之王；长达两公里的大峡谷，悬崖绝壁，林木丛生，令人神往！

该景区一方面具有独特的天然景色和乡村风情，景区内山势雄奇，沟谷深邃，山泉清澈，森林茂密，花果芬芳，民风淳朴，令人流连忘返。另一方面，在这片土地上几代九间棚人顽强拼搏、艰苦创业的奉献精神在全国产生了巨大影响，具有极强的感染力和号召力。因此，九间棚景区堪称自然景观与人文景观紧密结合的经典之作。多年来，全国各地来九间棚参观游览、考察学习、接受传统教育的各界人士、游人宾客络绎不绝，自 20 世纪 80 年代以来，先后有 9 位党和国家领导人、160 多位省部级干部、56 所大学的师生和 8 个国家的外国朋友，曾来九间棚视察指导、考察调研、观光旅游。[1]春有百花秋有果、夏有绿荫冬有雪，九间棚风景区游春赏花、观光采摘、修心健体、休闲度假，体验乡村风情，享受美好人生。

（二）九间棚村的发展演

1. 背景

九间棚是一个名不见经传的小村，同时更是一个物质方面十分贫困的山村。20 世纪 80 年代，这里还是有名的贫困落后村，不少村民们甚至连温饱问题都不能解决。1984 年秋天，刚刚 30 岁的刘嘉坤走马上任担任村党支部书记，面对九间棚村所处的窘境，刘嘉坤迎难而上，确立了以改变恶劣生产条件促进发展的思路，自 1984 年，以刘嘉坤为首的党支部开始了架电、修路、整地、栽树的五年规划。经过六年的奋斗，实现了高山水利化奇迹般创造出新时期的典范。进入 20 世纪 90 年代，九间棚人抓住机遇迅速发展，到 1998 年全村工农业总产值 2200 万元实现利税 240 万元。上海电影制片厂摄制的以九间棚为原型的电影《沂蒙山》在全国上映，使九间棚成为全国人民心目中的一面旗帜。村党支部连续被中央、省、市、县评为"先进党支部""两个文明建设先进集体""省级农业先进集体"等。2005 年，九间棚村被命名为全国精神文明先进单位，以九间棚村为主体的风景区被命名为国家级农业观光示范景区，当地人均收入 6800 元，党支部书记刘嘉坤受到邓小平、江泽民、李鹏等中央领导的接见，并被授予"省级优秀共产党员"和"全国劳动模范"的称号，当选全国十四大党代表和第九届、第十届人大代表。九间棚已

---

〔1〕 山东年鉴编辑部：《山东年鉴》（2017 年），山东年鉴社 2017 年版，第 463 页。

成为著名的旅游胜地，这里森林茂盛，梨果漫山遍野，逐渐吸引游客到访，人定胜天的真实写照——"龙顶山天池"更是作为一大景观成为景区亮点，这里宾馆饭店齐全、交通便利、通信快捷，旅游业已成为重要产业。习近平总书记说过，九间棚虽然地处偏远，但风景这边独好！亲切的关怀、巨大的鼓舞，激励着九间棚人把家乡建设得更加美丽。除此之外，九间棚村的党员干部在不断的奋斗过程中体现出的愚公移山的拼搏意志以及所展示出的沂蒙精神更是成为中国共产党精神谱系的重要内容。

2. 过程

在1990年8月5日全国村级组织建设工作座谈会上，中共中央政治局常委、中组部时任部长宋平，听取了刘嘉坤关于九间棚人战天斗地、脱贫致富的汇报后称赞道："社会主义是干出来的，共产党的威信也是干出来的。"并号召全国学习九间棚。由此，"团结奋斗、顽强拼搏、坚韧不拔、艰苦创业"的九间棚精神，传遍神州大地。

新华社记者李锦是九间棚事迹和精神挖掘并报道的主要见证人之一，据李锦介绍，1989年10月中旬，他与临沂市交通局宣教科长李敬堂住在村中，一边调查，一边起草《九间棚精神》的电视解说词，当时，围绕九间棚精神，他们起初归纳了四句话，即"奋发进取、艰苦奋斗、无私奉献、坚韧不拔"，通过对九间棚村奋斗案例的挖掘，提炼出坚韧不拔的精神，并提出"九柱擎天"的口号，这与后来归纳的沂蒙精神中的"爱党爱军、立场坚定"相互关联。基于当时的社会背景和红色文化基因，既强调艰苦奋斗，又注重文化传承，逐渐形成一种文化现象并得到社会广泛认可。

（1）第一阶段：红色革命时期。

九间棚村所在的天宝山区，是沂蒙革命老区的重要组成部分。抗日战争时期，这里是八路军第115师开辟的敌后根据地，罗荣桓、肖华等老一辈革命家，都在这里战斗、工作过。此地至今还保留着"天宝山战斗遗址""北海银行鲁南印钞厂旧址"等场所遗迹。当时，那些淮海战役中背着煎饼包袱、推着独轮车的支前大军就是从这里出发的，最终推出了这场战役的胜利，推出了新中国的胜利。

著名的鲁南北海银行和九间棚关系密切，这里有北海银行鲁南印钞厂旧址——朝阳洞，有抗日战争时期八路军第115师天宝山战斗遗址，革命战争年代有十余名九间棚的村民积极参与支前和抢救伤员活动。

　　鲁南北海银行（1944年8月至1946年3月）介绍。北海银行在朝阳洞创建北海银行鲁南印钞厂，印发北海币纸币，当年搭棚立柱所凿的石窟，至今完好无损。鲁南区在1942年秋开始设办事处，耿荆山（山东金乡人）为办事处主任，不久办事处改为支行归滨海分行领导。1944年7月，成立鲁南分行，耿荆山任分行行长。1946年1月，任志明（陕西米脂人）调任分行行长，鲁南区初期不印制钞票，所发行的钞票是从滨海分行调来的。1944年冬在平邑县的天宝山区建立了鲁南印钞厂，开始印制发行加盖"鲁南"的北海银行币，抗战胜利后鲁南分行由农村迁至滕县县城，鲁南印钞厂印制钞票不到一年即与鲁中印钞厂合并，所有加盖"鲁南"的北海银行币均较珍罕。

　　（2）第二阶段：艰苦创业时期。

　　九间棚村坐落在海拔640米高的龙顶山上，全村有112亩山地，而且因为怪石林立被分割成3000多块，分布在23条山梁上。缺水干旱，收多收少几乎全凭老天爷赏赐。年景好混上个六七成饱，碰上旱年，基本上只能逃荒要饭。因为穷，姑娘大了都往山下跑，小伙子娶不上媳妇。为了改变贫穷落后的面貌，村民也曾做过多次努力，但都变化不大。到1984年，人均收入不足180元，人均口粮不足150公斤。[1]干旱缺水，饮水问题尤为严峻，1986年春，全村人赖以生存的一条小山泉快要干了。为了保障大家喝上保命水，村里决定泉水由专人管理，按人口用木瓢分给各家各户，任何人不得私自到泉内取水，违者处以重罚。吃饭喝水的生存问题摆在新上任的支部书记刘家坤面前，面对如此困境，唯一的办法就是通过自身努力改变现状。党组织先后召开党员会、村民会统一思想，经过讨论达成共识。群众发动起来了，党员、干部率先垂范，家家户户把能拿出的钱都凑起来。听到修路的消息，全村沸腾了，村民都下定了决心。没有资金，他们不等不靠、共同集资。老书记刘德敬带头拿出了准备建新房的钱，刘嘉坤拿出了家里的全部积蓄，村里的党员和村民们有的下山卖猪、卖羊、卖鸡蛋，有的拿出了为闺女准备嫁妆的钱。经过三年苦干，在卧龙山的绝壁上，建起102米扬程的卧龙泉扬水站，扬水到马家岭。在马家岭又建起扬程100米的三级扬水站，送水到平顶山。

---

　　〔1〕　中共临沂市委党史委、临沂市扶贫开发办公室：《光辉的业绩——临沂市十年扶贫开发纪实》，山东文艺出版社1998年版，第71页。

从马家岭水池，修水渠 3.5 公里，送水到龙顶山天池，沿途修建水池 38 座。[1]在饮水池上埋设管道，将清凉甘甜的水送到各家各户。在治水上，实现高山水利化。有水后，九间棚人治理了 21 亩荒山，整治 450 亩耕地；[2]栽植水土保持林 8 万亩，人均果树 120 余棵。[3]九间棚人从最贫困的起点起步，勒紧腰带搞工程，没有向国家要一分钱，先后投资 23 万元，投工 10 万个，每年每个劳力出工 310 天！村里不通电，自筹资金架设电线，1800 多斤重的水泥电线杆硬是被九间棚人用 20 天时间抬到山上，筑路平常用 5 年的时间，九间棚人只用 5 个月就干完了。1984 年，以刘嘉坤为首的党支部开始了架电、修路、整地、栽树的五年规划。经过六年的奋斗，实现了高山水利化奇迹般创造出新时期的典范。刘嘉坤和村民们通过艰苦奋斗、团结一致实现了水、电、路的"上山工程"。实现高山水利化后，生产条件显著改善，九间棚人致富的门路也一天天多了起来。水被扬上了山顶，水池满山布，灌田园、浇果树，自来水送到家家户户。灌溉的便利，使山顶松柏戴帽，山间刺槐缠腰苹果，山植抱山脚。高压电线架上了山顶，宽阔的盘山公路通到山外，带来了人的观念转变和商品生产的活跃，村里办起了石料厂、果品加工厂等。

进入 20 世纪 90 年代，九间棚人抓住机遇迅速发展，到 1998 年全村工农业总产值 2200 万元实现利税 240 万元。[4]随着以九间棚为原型的电影《沂蒙山》在全国上映，九间棚成为全国人民心目中的一面旗帜。1991 年，九间棚人下山进城办企业，在县城建起了花岗石厂、工程机械配件厂、塑料厂等企业。1999 年，刘嘉坤在北京大学学习两年归来，带领九间棚人创办了九间棚农业科技园。

山东九间棚药业有限公司成立于 2004 年 9 月，由全国劳动模范、中共十四大代表、全国人大代表刘嘉坤创办并任公司董事长，这是平邑县第一家在省工商总局注册的制药企业，具有国家食品药品监督管理部门批准核发的《药品生产许可证》和《药品 GMP 证书》，系中国中药协会中药饮片专业委

〔1〕方祥德、李洪廷：《平邑县国土资源志》，中国大地出版社 2007 年版，第 169 页。
〔2〕临沂市政协文史和学习委员会编：《光辉的历程——临沂改造山河五十年纪实 1949-1999》，齐鲁书社 1999 年版，第 218 页。
〔3〕孟连崑、杨建生主编：《为党旗增辉——党的十四大代表中的先进模范人物》，四川辞书出版社 1992 年版，第 12 页。
〔4〕于冲主编：《山东红色之旅》，山东友谊出版社 2008 年版，第 40 页。

员会会员单位。公司生产厂区位于被誉为"中国金银花之乡"的平邑县，被认定为山东省高新技术企业和临沂市农业产业化重点龙头企业，居国内金银花行业的龙头地位。

平邑县是闻名中外的"中国金银花之乡"，金银花年产量占全国总产量的60%以上，享誉全国。在九间棚农业科技园有限公司董事长刘嘉坤的带领下，研究人员潜心研发13年，"九丰一号"金银花横空出世。"九丰一号"金银花，是山东省平邑县九间棚农业科技园有限公司与中国科学院植物研究所合作的产物。从1990年开始，以平邑县传统主栽品种"大毛花"为亲本，采用秋水仙素处理植物多倍体育种技术，历时13年选育成功一个四倍体金银花新品种，经专家鉴定已达金银花育种研究的国际领先水平，被科技部列为国家级星火计划项目。2019年12月25日，九间棚被评为国家森林乡村和AAAA级景区。

（3）第三阶段：改革创新时期。

今朝的九间棚有了新的变化，平邑县九间棚农业科技园有限公司先后获得高新技术企业、临沂市十佳高新技术企业、临沂市重点龙头企业、文明诚信民营企业、临沂市科教兴市先进集体、青年文明号、临沂市观光采摘果园、2008年山东十佳旅游特色村等荣誉。公司设立博士后流动工作站，聘请中国科学院植物研究所的国内知名专家学者为高级顾问，引领了国内金银花领域的先进科技水平。2019年9月，九间棚村入选山东省第二批美丽村居建设省级试点名单。

（4）第四阶段：精准扶贫时期。

为彻底"脱贫衣，摘穷帽"，作为带头人的刘嘉坤深入农户，做思想工作，用近些年的金银花发展的经济效益说话，支持引导当地人种植金银花，扩大种植规模，占领市场。目前，当地有90%的人都从事金银花的种植工作。2016年，九间棚在县城开办了金银花加工厂房，响应中央"精准扶贫"号召，带动当地人口就业，再次走上致富路。1990年，村民们先后下山来到县城，开创花岗石厂、工程机械配件厂、塑料厂等企业，但始终效益不佳，为此，刘嘉坤经过不断摸索逐步认识到要结合当地实情，不能盲目，应当立足当地资源，实现就地脱贫，推行精准脱贫，因地制宜地发展九间棚。当时全国有很多地方种植金银花，但都是供把玩欣赏的。基于有"中国金银花之乡"之称的平邑县的种植优势，金银花的科技改造和产业发展逐步进入刘嘉坤的视野并且成为今后发展的方向。

2003 年，九间棚和中国科学院植物研究所合作，开发研究新型金银花，取名"九丰一号"，它的亩产量是普通品种的 1.5 倍至 2 倍，采摘工效提高 1 倍至 2 倍。后来又研制出新一代金银花品种"北花一号"，延缓了花蕾期，能持续 10 天至 15 天不开花（传统的 2 天至 3 天），丰产期亩产可达 100 公斤至 120 公斤，人均每天可采摘 40 斤（传统品种 10 斤至 15 斤）。现在，整个村的村民几乎都从事金银花种植，农活换了新貌，人们有了干劲，收入自然提高不少。研究出新品种后，就得在精准施策上出实招"教他们种"，共研究出好几种增产增收且有别于传统金银花的种植模式：立杆辅助式、立架吊蔓型、主干树型。在精准推进上下实功"帮他们销"，让金银花走出九间棚村，走向市场。2015 年，初步形成了"良种选育—推广种植—干花购销—药品食品研发生产"的金银花全产业链，目的也是"兜"住农户们的经营风险，防止因自然等不可抗力返贫。1997 年，九间棚村已经基本脱贫。他们是凭借什么精准脱贫的呢？其实依靠的就是金银花。平邑县是金银花的原产地，金银花是经济作物也是中药材。九间棚村民利用当地的种植条件，潜心研究开发金银花的价值，把金银花种植变成一个重要的扶贫载体。如今的九间棚集团已发展成为中国最大的金银花全产业链企业，成为中国企业助农扶贫的典范。未来，九间棚集团还想让中国的金银花走向世界，让金银花走出国门，把金银花推广到"一带一路"沿线国家。九间棚集团探索出的金银花规模化种植和产业化发展的路子，将会吸引更多投资人和国际市场的关注。九间棚依托"互联网+"，开发出"金银花+"，让金银花的芬芳播撒出去，会帮助更多的贫困地区脱贫。

3. 启示

奋发进取是龙头，是一种思想意识，一种主导精神，物质条件是客观的，往往不以人的意志为转移，然而，在客观环境面前，如何选择将决定着未来的发展。九间棚的历史和发展就说明，唯有奋斗才能改变自己的一切。艰苦奋斗不怕吃苦是九间棚人的特殊品格，而这种品格得以成功同样归结于一个好的组织和好的领导，无疑，以刘嘉坤为代表的共产党员的无私奉献和带头作用发挥着重要的作用，这是共产党人世界观的具体体现。面对恶劣环境，同样需要坚韧不拔的意志品质，需要一种奉献和执着，九间棚精神的灵魂深处同样也包含着信仰坚定、方向明确、追求执着、迎难而上的政治本色。而这一切，似乎都和九间棚村人身上长期积淀的中华优秀传统文化和沂蒙精神有着密切关系，正因如此，我们要使沂蒙精神能够在社会发展的各个历史阶段都能发挥作用，就要挖掘沂蒙精神丰富内涵的时代价值，在新的时代条件下不断丰富、深化沂蒙精神。

启示一：建设社会主义新农村必须有一个无私奉献的好的带头人，一个齐心合力的坚强的领导班子。

农村要致富必须建好党支部。村党支部是党在农村的最基层的组织，是村级各级组织和各项工作的领导核心，是党的路线方针政策的具体执行者。九间棚的发展就是因为组建了一个好的党支部，选准了一个好的带头人。九间棚村党支部书记刘嘉坤能够坚持马克思主义理想信念，坚持求真务实，勇于改革创新，模范贯彻执行党的农村路线方针政策，坚持全心全意为人民服务的宗旨，时刻想着群众、一心为了群众、全心相信群众、依靠群众，树立起了党的优秀基层干部的良好形象。在刘嘉坤的带领下，村两委班子坚持立党为公、执政为民，不断增强党在农民群众中的向心力、感召力和凝聚力，使党群关系、干群关系在共同理想的基础上团结拼搏，迸发出了改天换地的强大物质力量和精神力量。这验证了九间棚村广大群众的心声："村看村，户看户，群众看干部，哪里有公而忘私的党员和干部，哪里就有不甘落后的群众！"

启示二：建设社会主义新农村必须贯彻落实科学发展观，坚持立足本地、综合开发，大力发展农村经济。

九间棚村的发展实践证明：在新农村的建设过程中，必须坚持以人为本，坚持运用科学的理论，依靠干部群众的智慧和力量，紧紧抓住并不断解决发展生产力面临的困难和问题，主动顺应时势调整和完善生产关系。不能好高骛远，应当立足实际，九间棚人根据自己的自然条件、资源优势、经济状况、群众基础，科学地制定了自己的短中长期开发计划和奋斗目标，不断解放思想，更新观念，取人之长补己之短，办起了工副业项目使一、二、三产业同步发展，走出了一条新农村建设的道路，这就是实事求是的表现。

启示三：建设社会主义新农村必须敢于创新敢于实践，并且重视对人才的引进。

九间棚的历史和发展以及九间棚在社会上的知名度，无疑都属于一笔无形资产。如何探求继续发展的动力之源，如何进一步寻找未来竞争的优势，需要一种敢于创新的胆量和果敢能力，毕竟仅靠本村 200 多人是不够的。为了把九间棚品牌做大做好，建立一个具有更大竞争力的产业化组织，需要充分发挥协作和协同的功能，组成一个充分依靠现代人才的经济组织联合体，让各种经济组织互相促进，比如农业科技园、旅游公司、生态经济等。在引进人才方面，一是和高等院校、科研院所签订合同，建立合作和研发机制，瞄准国内外的前沿领域，力争达到国际领先水平；二是要从党政事业单位招聘人才任职，提高各项管理水平。以九间棚农业科技园为主要发起单位成立全国性的金银花专业委员会，这些工作有力地保证了各项事业的快速发展。实践证明，只有坚持立足本地、综合开发、大力发展农村经济才能不断壮大集体经济，才能为群众办好事、办实事，才能解决人民群众所关心的种种热点和难点问题，切实让广大人民群众享受到物质文明发展的成果，逐步把农村建设成为"生产发展、生活宽裕、乡风文明、村容整洁、管理民主"的社会主义新农村。

三、共性研究

围绕沂河两岸齐鲁红色文化发展中具有共性的两个案例，厉家寨和九间棚是各自具有时代特征的两个典型。在它们身上都承载着中华优秀传统文化和红色文化的优秀基因。提炼二者的共性并做出跨越时空的比较性研究将是一个新的课题，比较的标准以及比较的方法，都需要不断摸索。就九间棚和厉家寨来说，若问二者之间究竟有什么联系，时代的痕迹以及个人的魅力无疑是一个横跨在它们之间不可或缺的衔接点和共同点。

九间棚和厉家寨本无联系，但同属沂蒙，同为山区，位居沂河东西两岸之间，同属战天斗地、艰苦奋斗的典型，同属沂河两岸，都是沂蒙精神的创设典范。九间棚在沂河西，直线距离沂河80公里；厉家寨在沂河东，直线距离沂河80公里，两者相距160公里。厉家寨精神与九间棚精神的诞生及发展也有着相似的背景条件：其一，厉家寨和九间棚都位于自然条件恶劣、生产条件极差的山区；其二，村寨人民都能吃苦耐劳、用几代人的努力开展对家乡的改造和建设；其三，村寨的发展都经历了从贫穷到富裕、从落后到再次崛起的历程。在这个发展历程中，还有一个更为重要的相似因素，那就是厉家寨和九间棚都有一支肯干实干、敢于创新的基层党员干部队伍。

故此，以《同为山，两代愚公在移山》为题寻找其内在的联系，试图挖掘它们之间的关联，以期为今后的高校思政课教学，为红色文化传播和红色基因传承提供一些素材。

（一）面对山，困难留下愚公

九间棚的党总支书记名叫刘嘉坤，厉家寨的党总支书记名叫厉月坤，把二人的名字放在一起，突然让笔者想到了《易经》中的乾坤两卦，《易经》第二卦就是坤卦，坤：卦名，象征地，坤为地。地载万物，也可使万物归隐，所以坤有归与藏的意思。坤卦属于"至柔""至静"之卦，体现大地之美、阴柔之美。坤为大地，承载万物，顺应天时，化育万物，大地具有宽厚、包容、正直、宏大、安静的胸怀。《象》曰："地势坤，君子以厚德载物。"大地没有上天那么居高临下，却让人感觉真实、亲近。坤卦其实涉及了人们在大地上所从事的衣、食、住、行等全部的生活要素，不禁让我们想到前人凭直感体验到的贴近大地胸膛的那种亲近而柔弱的惦记，是大地自身所寓意出的吉祥和顺利。刘嘉坤和厉月坤各自都有一个坤字，坤字的出现既是对大地母亲的一种尊重，又是通过对大地的改造而提高生活在这片土地上的人们生活条件改善的一种期待。同样一个坤字，并不必然反映这是他们成功并且成名的内在因素，但是，至少与他们的情怀有着密切的关系，与他们的价值观和人生追求有着直接的关联。

厉家寨历任党支部书记都是艰苦奋斗的楷模。在中华人民共和国建立之初，国家的经济基础还比较薄弱，工农业生产发展较为缓慢，广大农村人口的温饱问题难以解决。在当时的历史条件之下，这些党员干部审时度势，认清解决土地产量问题和解决农民的温饱问题是当务之急。在那样艰苦恶劣的生产条件下，凭借简陋的农业生产工具，靠着自己的双手和生产队员们一起，不畏艰难困苦地整治改造山区的土地，提高土壤的产粮能力，想尽各种办法建设配套的农田水利工程。经过几代人的共同努力，最终使山区改变了样貌，农业生产基础设施条件大大改善，粮食产量逐年上升，人民过上了富足的生活。厉家寨的发展和党员干部的发展息息相关，在厉家寨的发展历程中，这些党员的身影和事迹不断映入我们的眼帘：厉月举（1904—1987年）1948年加入中国共产党，曾任厉家寨大山农业社主任、厉家寨村党总支副书记，是全国首届劳模、山东省第三届人民代表大会代表。正是他带领村民在丘陵薄地上进行深翻地试验并获得成功，破除了大家对于"丘陵薄地不能深翻"的固有认识，还在整治土地过程中摸索出了"两生夹一熟"的深翻整地的方法。厉永谦（1912年至1988年）1947年加入中国共产党，先后任厉家寨村农业社副社长、大队党支部委员，他也是厉家寨的元老、省人大代表。1952 年，厉永谦带头办起互助组，1953 年又带头成立农业生产合作社。1954 年冬天，厉永谦带领 25 名社员在厉家寨西北山下程子沟开展丘陵土地整治活动，又在地里打出第一眼浇田水井，为厉家寨大规模农田水利基本建设闯出了新路子，厉永谦生产队被誉为"钢六队"。[1]

厉月坤（1923 年至 1976 年）是厉家寨村第一任党总支书记，1944 年加入中国共产党，先后任厉家寨乡党总支书记、大山区土山人民公社社长、中共埠上公社党委书记、厉家寨管理区党总支书记等职务。任职期间，他积极组织社员建立互助组，成立农业社，总结推广深翻地等土地整治增产经验以及农业耕作技术，带领群众开展农田水利设施建设。厉月坤是厉家寨重要的创业者、组织者、决策者。

刘嘉坤，1985 年任山东平邑县地方镇九间棚村党总支书记，现今又加上了九间棚农业科技园有限公司董事长的头衔，是铁铮铮的沂蒙汉子。刘嘉坤的成长同样也和九间棚村的老一代党员干部的发展有关。1984 年冬，村两委换届，老书记刘德敬和村主任廉茂增多年培养的刘嘉坤被选为村党支部书记，当时他在村里任民兵连长、团支部书记。刘嘉坤依靠"不怕吃苦、吃亏、吃气"的奉献精神，以切实的行动实践着党的宗旨，带领全村群众艰苦创业共同致富，把一个贫穷落后的小山村，变成了闻名遐迩的小康示范村。刘嘉坤最为得意的头衔是：中国经济林协会金银花专业委员会理事长。只有初中文化的他，能够被推选为这一委员会的一把手，的确不容易。刘嘉坤先后被评为"全省优秀共产党员""全国农业劳动模范""全国劳动模范"，当选党的十四大代表和第九届、第十届全国人大代表。

客观不以人们的意志为转移这是一种基本的观点和逻辑，任何人都不得违背。辩证唯物主义认为物质世界的存在及其运动规律是客观的，必然的客观性根源于物质世界的客观性。所谓必然的客观性，是指必然的存在和作用的发挥是不以人们的意志为转移的客观存在，而自由作为人们对必然的认识和对客观世界的改造活动具有主观性。主观性根源于人们认识和改造物质世界的活动具有主观目的性。必然性可以看作是自然规律、外部自然界的规律、自然界的必然性，自然界的必然性是第一性，而人的意志和意识是第二性。

---

〔1〕 山东省莒南县地方史志编纂委员会编：《莒南县志》，齐鲁书社 1998 年版，第 187 页。

因此，自由和必然的关系就是主观和客观的关系，也就是人的主观能动性与客观规律性的关系。客观规律性和人的主观能动性之间的关系告诉我们，一个人面对的客观环境是客观的，不以人们的意志为转移。恩格斯有一段经典的论述："自由不在于幻想中摆脱自然规律而独立，而在于认识这些规律，从而能够有计划地使自然规律为一定的目的服务。"[1]不难看出，恩格斯和列宁都把对必然的认识和驾驭的自由建立在尊重必然、服从必然的基础上，即把自由根植于必然的发展之上。既然这种自由以尊重必然、服从必然为前提，以必然为内容和根据，那么这种自由就实现了与必然的符合和一致，即实现了与必然的直接同一。这种实现了自由和必然直接同一的自由一身兼二任具有两重性。一方面，这种自由的实现既是自由的又是必然的；另一方面，这种自由又丝毫没有摆脱必然的制约和决定。旧唯物主义者否认人们可以认识必然驾驭必然，获得自由；认为人在必然规律面前无能为力，只能做屈从必然的奴隶，不能做认识和驾驭必然的主人，从而陷入宿命论。唯心主义者、形而上学者在自由和必然的关系上之所以陷入"唯意志论"和"宿命论"两个极端，是因为"唯意志论"和"宿命论"在现象上几乎相差甚远，而本质上同出一源，二者都不懂得唯物地辩证地理解自由和必然的对立统一关系。人类社会和自然界是统一的物质世界的组成部分。因此，同自然界规律具有客观性一样，社会规律也具有客观性。

历史唯物论承认社会规律的客观性，认为人们对社会规律的认识自由和改造社会的行动自由，必须以尊重和服从社会规律为基础，必须受社会客观规律的制约和决定。规律是指事物内在本质的必然联系，这种联系不断重复出现，在一定条件下经常起作用，并且决定着事物必然向着某种趋向发展。其特点主要有三个：其一，客观性。这是规律最基本的规定，是指不以人的意志为转移，具有内在的客观必然性。其二，重复性。这是规律最基本的属性，人们正是通过对现象的多次重复进行探索，抓住其内在的本质联系的。其三，稳定性。这是规律的又一大特点，它表明凡是规律都有一定的相对稳定性，人能够通过实践认识、利用规律，但不可任意改变、创造或消灭规律。

在理论上，充分尊重社会历史的客观规律性和发挥历史主体的自觉能动性似乎已经不是一个难以理解的问题了，但是，经验证明，在实践过程中却

----

[1]《马克思恩格斯选集》（第3卷），人民出版社1995年版，第455~456页。

是一个很难把握的问题，即使是在当代也不例外。问题的关键是如何把握好尊重客观规律性与发挥主观能动性的度，在处理二者关系上稍有偏差，就会给社会发展带来麻烦，甚至带来灾难性的后果，比如，过分强调社会规律的客观性，就容易使人们在大胆推进改革、促进社会发展方面变得唯唯诺诺，迈不开步子。过分强调发挥人的自觉能动性，就容易使人为片面追求发展目标而为所欲为。所以，在处理尊重客观规律性与发挥主观能动性关系时，还必须特别强调其实际应用意义。

山的存在是客观的，除非特定的条件加以改变，否则人们只能面对这种客观现实。九间棚和厉家寨都是如此，客观环境创造了它们的生存和生活空间。

20世纪80年代末，刘嘉坤曾经实地考察了当时全国著名的新老典型村莒南的厉家寨村、龙口的下丁家村、河北的沙石峪村等，并深刻认识到：九间棚村，靠山山不多，靠地地瘠薄，要想让九间棚人真正富裕起来，只靠艰苦奋斗和"挖山不止"的劲头是不够的，要借鉴外地农业与工业相结合的经验。1984年，刘嘉坤接任了九间棚党支部书记，同样面对的是影响村民发展的那座山，他决定修条上山路，进一步改变山村落后面貌。虽然从山脚修路到山顶，需搬动土石2万多立方米、投工1.5万多个，全村40多个劳力，别的不干，光修路就得五年。然而，就是凭着艰辛努力，为改造九间棚的建设创造了有利条件。

路虽然不同，但是，本质都是一样的，你的眼前不能没有山，面对山，怎么办？是成为智叟还是成为愚公？厉家寨的厉月坤和九间棚的刘嘉坤都是准备成为愚公的人。因为山成为愚公，山为愚公的诞生创造了生成的客观条件。

（二）改造山，情怀成就愚公

马克思主义认为人和动物根本的区别在于人具有自觉能动性，也可以叫作主观能动性。主观能动性是一个人改造自然的特有能力，这种能动性最突出的表现在于人仍然需要具有一定的愚公情怀。人在实践活动中表现出来的认识世界和改造世界的能力就是主观能动性。主观能动性是意识的本质属性，可以从三个方面来理解。首先是自觉性，在现实生活中，人有意识地把自己和周围世界区分开来，这就是自觉性。而动物把它生活的全部作为自然界的一部分，是没有意识的本能活动。在实践活动中，为了满足自己的需要，人可以通过主观能动性的发挥有意识地、自觉地选择合适的目的及手段。其次是目的性。人的实践活动是在人的大脑思考之后，在人的意识支配之下的一种活动。因此，实践的过程除了体现自觉性，还有人类根据自己的需要和想象进行活动的目的性。最后是创造性。动物只是消极地适应环境，人可以改造环境并创造出适合主体需要的环境，对劳动工具的创造就是这种创造性的突出表现。

厉家寨位于莒南县东北部的大山脚下，三山五岭两河之间，自然条件十分恶劣。解放前，厉家寨全村人多地少，这些土地被山岭沟壑分割得很零碎，既怕旱又怕涝，十年九不收，村里人缺衣少食，常年过着饥寒交迫的生活。那时候，全村不少人家常年靠讨饭为生。1942年，厉家寨一带解放，许多人观念中还是一直存在着"农业生产要靠天吃饭"的想法。

九间棚村地处山东省平邑县海拔640多米高的龙顶山上，全村54户人家，200多口人。[1]九间棚村四面悬崖，山高涧陡，自然环境恶劣，村民生活同样十分艰苦。

面对同样的自然环境，人主观能动性的发挥需要一定的主观动因。大山的存在为愚公的存在创造了条件，然而能否最终成为愚公，却需要能够成为愚公的一种情怀和素养。

这里有必要分析一下愚公移山的故事。《愚公移山》作为中共七大的闭幕词，主要任务是总结大会所取得的成果，号召全党为宣传和贯彻好大会的路线而奋斗。正如毛泽东在文中所强调的："大会闭幕以后，很多同志将要回到自己的工作岗位上去，将要分赴各个战场。同志们到各地去，要宣传大会的路线，并经过全党同志向人民作广泛的解释。"那么，毛泽东为什么要把宣传和解释好中共七大的路线突出地提出来呢？他的回答很明确："我们宣传大会的路线，就是要使全党和全国人民建立起一个信心，即革命一定要胜利。"这对我们做好今天的工作和将来的工作，都有很大的启迪意义。因为，信心问题最终和实践中的活动目的相联系，贯穿于实践的全过程。信心充足是保证社会实践最终取得成功的根本条件，反之，则会产生可以预料的或难以预料的消极后果。因此，我们事业的得失成败和前途命运，在很大程度上就取决

---

〔1〕　国家教委中学思想政治课教材编写组：《思想政治》（第2册），人民教育出版社1996年版，第297页。

于全党同志的信心问题是否确立或者说信心是否坚定。

愚公移山故事的流传，得益于毛泽东在 1945 年中共七大闭幕会上题为《愚公移山》的讲话。这则寓言的本意，是告诉人们，无论什么困难的事情，只要有恒心有毅力地做下去，就有可能办到，它同中国古代的女娲补天、精卫填海等神话有着相似的悲壮和崇高，在目标与奋斗、现实与未来、愚昧与智慧、一人与众人等问题上，给后人留下不乏哲学意味的启发。《愚公移山》以思想浪漫、语言生动而脍炙人口，从思想内涵上看，它探讨了事物的相对性规律，树立了对立统一的意识，包含着古代先民们朴素的哲学思想。人在自然面前，是被动地适应自然，还是发挥人的主观能动性去有目的地改造自然，这是古代思想家争论的焦点之一。《愚公移山》的故事表达了人与自然的关系，即人可以改变环境、人可以改造自然、人可以变不利条件为有利条件，体现了"人定胜天"的朴素唯物主义思想，也正是有了这种思想，愚公移山才更加显示出它强大的生命力。如此看来，《愚公移山》不是一般性的寓言，而是古人的哲学观点和政治论述，寓言故事本身揭示的哲学思想具有重要的思想价值和非凡的现实意义。

1944 年入党的厉月坤是厉家寨第一任党支部书记，1947 年，他带领支前民工队上了前线。三年后通过改选，支前回来的厉月坤重新当选了村支部书记。几年下来，厉家寨已经是全区的先进村和区委基点村了。基点村，在那个时候就是区委驻地村，实际上就是树立的典型或者榜样。因此，一般上级最先布置下来的任务都会在厉家寨搞试点，取得经验后才在全区推广。比如推广七寸步犁，七寸步犁是不是比老式的犁耕得深、耕得好，各村来看就知道了。优良品种推广也是如此，例如"金皇后（玉米）、438（小麦）、胜利百号大地瓜"，这是上级要求推广的几个新品种，刚开始群众并不愿意接受，为了打消大伙的顾虑，厉家寨先种，用事实说话，逐渐地厉家寨就成为所在区的一块试验田、先行村。围绕着土地的开垦和种植，厉家寨确实发挥了一个当代愚公应有的典范作用。

同样，刘嘉坤作为沂河对岸的九间棚村的支部书记，面对的也是一个土地贫瘠的荒山秃岭，刘嘉坤自 1984 年担任山东平邑县九间棚村党支部书记以来，带领全村九名共产党员和广大群众，凭借"不怕吃苦、吃亏、吃气"的奉献精神，自力更生，架电、修路、引水、植树，实现了高山水利化，山涧变通途，彻底改变了此地贫困恶劣的生产、生活条件，逐步奔上了小康路，不仅如此，而且铸造了闻名全国的"九间棚精神"，成为全国农业战线上艰苦创业的新典型。进入新时代，九间棚村人均收入不断增长，比当地农民人均收入高出 3000 多元。[1]

（三）总有山，你我都是愚公

毛泽东《愚公移山》的文章赋予了《愚公移山》寓言故事马克思主义的内涵和时代精神，完成了愚公移山从寓言到民族精神的发展历程，愚公移山也成为中华民族的宝贵精神财富。中华人民共和国成立以后，人民当家做了主人，全国上下掀起建设社会主义新高潮。1957 年 10 月 9 日，毛主席在《山东省莒南县厉家寨大山农业社千方百计争取丰收再丰收》报告中，挥笔写下了"愚公移山，改造中国，厉家寨是一个好例"的批语，我们今天看到的毛泽东手书"愚公移山，改造中国"八个字，就是从当年毛泽东的批语中摘取的，与此同时，在这一时期所涌现出来的大庆精神、大寨精神、红旗渠精神和焦裕禄精神无不展现出愚公移山精神的当代风采。改革开放以来，愚公移山精神依然闪烁着时代光芒，在中共中央《关于建国以来党的若干历史问题的决议》中，根据对历史经验的总结，党中央再次申明《愚公移山》这一名著"至今仍有重要意义"，并号召全党、全军、全国各族人民"继续发扬愚公移山的精神"，为建成社会主义现代化强国而努力奋斗。

习近平总书记 2013 年 11 月在山东临沂考察时指出："沂蒙精神与延安精神、井冈山精神、西柏坡精神一样，是党和国家的宝贵精神财富，要不断结合新的时代条件发扬光大。"[2]九间棚体现出的沂蒙精神是九间棚村的党员干部艰苦奋斗的具体体现，是新时代愚公移山精神的新诠释。厉家寨精神和九间棚精神是沂蒙精神的重要组成部分，也是民族精神的浓缩和体现。在五千多年的历史发展进程中，中华民族形成了以爱国主义为核心的团结统一、勤劳勇敢、自强不息的伟大民族精神，这种精神使得中华民族得以生息和繁衍，并不断发展壮大。进入新时代，特别是中国目前正处于前所未有的百年未有的大变局中，个人和国家前进道路上所面临的困难仍然很多，需要我们发扬愚公移山的革命精神，勇敢地去做一个敢于面对困难的愚公。

---

〔1〕　兰传海：《"扶贫攻坚"实践与地方经验》，中国金融出版社 2019 年版，第 87 页。

〔2〕　"习近平在山东考察时强调：认真贯彻党的十八届三中全会精神 汇聚起全面深化改革的强大正能量"，载 https://news. 12371. cn/2013/11/29/ARTI1385671239444190. shtml，2023 年 4 月 3 日访问。

第四章
齐鲁英模

第一节　不向命运低头的齐鲁硬汉

一、孙建博

每个人的成功都是建立在不断地实践和能动性发挥基础之上的，孙建博作为淄博原山林场复兴的领路人，带领着原山人民辛勤奋斗几十载，把原山林场打造成了集党性培训、旅游开发、商业发展等多位一体的综合性林场。不仅改变了林场破败的旧貌，营造了青山绿水围绕林场的安逸静谧的环境，同时激发了原山人民的劳动积极性，解决了就业、创业以及农产品外销的一系列问题。

（一）个人经历及场馆概况

孙建博，男，汉族，1959 年 1 月生，中共党员，研究生学历，高级工程师，中国肢残人协会副主席、山东省残联副主席、山东省肢残人协会主席、山东省淄博市原林业局调研员、淄博市原山林场党委书记、第十三届全国人大代表。1996 年担任原山林场场长，由于当时经济环境不景气，林场职工已经将近半年没有发工资了，在这种艰难的情况下，孙建博挺身而出，带领大家改造林场，经过十多年的艰苦奋斗，把原山林场打造成了园林式自然景观和党性培训基地，孙建博不畏艰难、勇于奉献的精神深深地影响着原山人民，为中国特色社会主义发展事业作出了贡献，付出了努力。

1991 年孙建博加入共产党。

1992 年被山东省政府授予"劳动模范"称号。

1994 年被山东省共青团授予"十大杰出青年"荣誉称号。

1996 年召开全国陶瓷批发展销会，担任林场场长。

1997 年荣获国家人事部、残联授予的"全国自强模范"。

2006 年获"全国五一劳动奖章"。

2007 年获"山东省敬业奉献模范"称号。

2011 年获"全国敬业奉献模范"提名奖。

2012 年获"全国国土绿化突出贡献人物"称号。

2013 年获"中国十佳绿色新闻人物"。

2016 年获"最美生态公益人物特别奖"。

2018 年国家授予"林业英雄"称号。

山东原山艰苦创业教育基地位于山东省淄博市，坐落于原山林场石炭坞营林区，规划占地面积 7500 余平方米，同时配套有现场艰苦创业教学点，配备可容纳 1000 名学员集食宿一体化的教学资源，原山教育基地以"艰苦创业""生态文明"为主题，吸纳了教学、研究、学习等不同维度的教育目标，彰显了原山人民 60 余载的艰苦奋斗史和生生不息的精神。原山林场于 1957 年建场，当时是由五家事业单位整合而成，由于当时的经济形势，林场一直以来并没有很好地发挥其优势。1996 年，孙建博接手原山林场并担任林场干部，带领原山人民经过几十年的奋斗，历经沧桑，把满目疮痍的原山打造成了山清水秀的世外桃源，在此基础之上又创建了艰苦创业教育基地，扩展、宣传了原山人民的奋斗精神。

（二）原山创业奋斗历程

孙建博作为一名残疾人，能够不畏艰难险阻勇于带领人民创业、发展，彰显了他那无私奉献的精神，在创业过程中经历了各种磨难，依然奋进，体现了我党的红色精神，为造福一方、实现现代化作出了贡献。

1. 艰辛探索，石缝扎根

新时代中国特色社会主义的发展历程是在不断探索和总结历史经验过程中形成的，这体现了全国人民思想的坚韧性和凝聚性，改革开放以来，中华民族所取得的巨大成就是任何一个国家都无法超越的。40 多年来所取得的成就比其他国家近百年所取得的成就都要多都要大，正是艰辛探索的精神和意志，才使得我们的民族实现了从"站起来"到"富起来"再到"强起来"的发展逻辑。国家的发展历程和探索精神深深地影响着原山人民，他们就像孩子一样一直吸收着母亲的营养，从祖国母亲那里继承了艰苦奋斗和不断探索的精神。

60 年岁月征程，原山人民怀着对美好生活的向往，在齐文化浸染的这块土地上攻坚克难、砥砺奋进、艰苦创业。把全国林业战线的一面旗帜牢牢地竖立在了原山之巅。为全国艰苦创业奋斗在一线的劳动人民树立了榜样，在新时代中国特色社会主义实现全面复兴的征程上作出了贡献。在习近平总书记的思想引领下，原山人民努力践行"绿水青山就是金山银山"的复兴理念，彰显了原山人民的思想觉悟和理论与实践相结合的践行能力，构筑了一片引领全国人民努力奋进的思想领地。

中华人民共和国成立初期，原山林场群山裸露、满目荒芜，狼獾相伴破屋之侧，狐兔奔走蓬蒿之间。面对"百把镐头百张锨，一辆马车屋漏天"的窘境，原山人民白手起家，在石坡上凿坑种树，从悬崖上取水滴灌，靠几代人持之以恒的心血和汗水绿化了座座荒山，为原山发展多种产业、全面崛起打下了坚实根基。1963 年，原山村民冒雨植树，由于常年干旱缺水树木很难存活，因此为了保证树木的存活概率，村民们等来雨水便冒雨种树，不幸的是，由于雨越下越大，引发了泥石流，年仅 18 岁的原山村民史秀芬被瞬间冲走，为原山建设牺牲了自己年轻的生命，史秀芬用生命表明了原山人民的奋斗精神，彰显了勇于牺牲的工作态度和对美好生活的向往。

原山开荒初期，人们的生活条件极其恶劣，吃不饱、穿不暖，即使在这种情况下，村民仍然积极地投入植树造林的劳动中，彰显了他们的坚韧意志和对美好生活的向往。他们凭借着自身的坚持和理想信念抓住了改革开放的机遇，植树造林、开荒拓土，实现了推陈出新的发展理念，制定了"四定四包一奖"的劳动政策，为原山人民的美好生活愿景注入了活力和动力，用前瞻性眼光和与时俱进的思想觉悟延展了更多的产业领域规划。只有把握住改革的浪潮不断与时俱进、推陈出新、合理利用和改变自身资源才能带领人民走向致富之路，为国家和民族的发展贡献出力量。在政府的支持下，原山进行了土地、工资、经营等六项改革，并取得了成效，实现了通过绿水青山来积累金山银山的环境治理和造福后代的政策方针。孙建博在工作中经常说，森林是我场的立场之本、发展之本，也是我们的生存之本，保护好这片森林，是我们对淄博人民做的保证，也是面对苍天所立下的誓言。

2. 困境重重，迎风成林

在改革开放的浪潮推动下，原山人民经过几十年的不懈努力和奋斗，最终实现了绿水青山就是金山银山的理想愿景，在孙建博等人的带领下，他们排除万难，把原来的荒山变成了绿水青山，把祖祖辈辈由于地理条件限制而贫穷和荒凉的原山林场打造成了森林氧吧，正是他们的艰苦创业精神和以马克思主义思想为指导而形成的民族凝聚力，使他们成为每个人都应该学习的榜样和标兵。原山人民在建设、恢复原山林场环境的同时，双管齐下共同发展工副业和旅游业，利用原山资源创办了自己的产业，建设了原山森林乐园，把自己的产品推向全国的同时还吸引了全国各地游客来进行参观学习。

20 世纪 90 年代，经济环境发生巨大变化，但原山林场的发展困难重重、举步维艰，导致负债几千万元，此时孙建博临危受命出任原山林场场长，实施股份制改造，在艰难中继续创业，在困境中求生。经过十几年的挥汗如雨、忘我工作，逐渐建立起了先进的生产经营管理体制，打造出了艰苦创业、改革奋进的原山文化精神样板。2003 年前后，国家、省政府对其甘于奉献和艰苦创业的精神给予极大肯定和赞扬，国家领导题词、省领导考察慰问，给原山人民和孙建博的正能量精神加油鼓劲。这不仅仅是原山人民的荣耀，还是中华民族团结合作、凝聚奋斗的结晶，彰显了中华民族伟大复兴过程中的凝聚力和艰苦奋斗的精神。

在原山百业兴旺、蒸蒸日上之时，以孙建博为代表的原山人居安思危、乘势而上。在国家批示和省里大力支持下，着眼更高的目标，进一步优化林场产业结构，推进发展方式转变，围绕实现两个"五年规划"，掀起了"二次创业"的高潮。特别是党的十八大以来，深入践行习近平总书记的思想方针，继续弘扬艰苦创业精神，着力推进生态文明建设，通过科技化引领、集团化经营、市场化运作，各项事业突飞猛进，发展变化日新月异。

艰苦创业基地成立后他们并没有停滞不前，为了更好地把原山艰苦创业基地建设成政治、经济、文化相互统一的现代党性教育基地，孙建博带领党员干部、职工、人民等不同层次的人进行了新一轮的创业，主张"党员干部为事业干，职工为自己干，大家一起为国家干"的家国情怀，努力实现人民美好生活的目标。

被群山环绕的艰苦创业基地有着得天独厚的环境资源，原山人民用自己敏锐的眼光，进行产业升级，进一步加强旅游项目，他们在原来景观基础之上，扩展、开发了更多的项目，并且与全国各地的旅游公司签约合作，既促进了经济发展，又维护了生态环境。

山东作为齐鲁文化发源地有着闻名全国的儒家文化和齐文化底蕴，原山人民是齐文化的继承和发扬者，他们在发展旅游业的同时，进一步增强了文化交流，实现了原山文化与其他不同文化之间的交融与勾连。孙建博以其敏锐的眼光发现了原山地区周围的花园式景观和良好的水域，并发散思维与科研院所合作研究制作原山原浆和花卉，实现了企业在绿色中发展的经营模式。与几千年的传统文化相结合打造生态文化研究基地，举办生态文化节，培养孩子对生态文化的认知，展现出了我党的文化自信功能。

在孙建博的领导下，经过几十年的开荒和绿化治理，原山林场从之前的千疮百孔逐渐成了原山人民的骄傲，如今的原山林场群山环绕、鸟语花香，它不仅仅彰显了绿水青山就是金山银山的国家战略理念，更是人民艰苦奋斗、自强不息的精神结晶，在孙建博的带领下，原山林场从一个"孩子"变成了"大人"，从原来的"破衫褴褛"变得"衣着靓丽"，这是孙建博的功劳，是原山人民的愿景。他给原山人民带来了美好生活，为党员干部深入学习艰苦奋斗精神提供了精神食粮，影响了更多的林业英雄，是人民的楷模、民族的骄傲。

在众多敢于奉献自己甚至牺牲自己生命的林场人的努力下原山林场逐渐成长，是众多的林场英雄给原山人民带来了美好生活，没有他们的默默付出原山走不到今天。他们是原山的英雄，是民族的英雄。原山林场从无到有、从小到大、从弱到强的 60 年发展历程既是"特别能吃苦、特别能忍耐、特别能战斗、特别能奉献"的原山人的艰苦创业史，是一脉相承、弥足珍贵的原山精神的形成发展史，也是原山发展壮大的不朽灵魂和不竭动力。

回首过去，建场之初"爱原山无私奉献，建原山勇挑重担"的豪迈誓言仍然响彻耳边；展望未来"一家人一起吃苦、一起干活、一起过日子、一起奔小康"的原山梦想继续灿烂绽放。在党的培育和领导下，孙建博带领原山人民走向了小康，拥有了绿水青山下的金山银山，他们不仅发展经济和环境，同时还不断用党的指导方针和思想武装自己。在党的培养下成长，始终坚信党的领导是实现美好生活的必然条件。满墙的证书、奖项证明了原山人的努力，肯定了孙建博等众多林场英雄坚贞不渝、勇于奉献、敢于牺牲的原山精神，他们共同努力、艰苦创业，实现了自身价值和意义，彰显了中华民族的凝聚力。

孙建博带领原山人民建成的艰苦创业教育基地于 2010 年建成，2011 年 5月 12 日正式对外开放使用；2014 年 12 月 2 日，省委常委、组织部调研要求成立党员干部艰苦创业培训基地；2015 年 2 月至 12 月，省市各单位领导相继参观学习，肯定了原山党员培训基地的建设意义；2016年在省委协助下原山教育基地扩大建设规模，并被各高校和省级部门确定为党员学习基地。

"忧劳兴国，逸豫亡身""生于忧患，死于安乐"，艰苦奋斗没有休止符，艰苦创业永远在路上。艰苦创业不仅是原山林场60年发展壮大的根本动力和坚强支撑，更是中华民族、中国共产党人在长期实践中用鲜血和汗水凝结成的制胜法宝和永恒财富。无论在任何时候，艰苦创业都是我们的传家宝。它将引领广大干部群众更加紧密地团结在党中央周围，戒骄戒躁、艰苦奋斗，坚韧不拔、锐意进取，为夺取全面建成小康社会、加快推进社会主义现代化的新胜利，为实现"两个一百年"奋斗目标、实现中华民族伟大复兴的中国梦而不懈奋斗！

二、朱彦夫

同样在淄博，同样在齐鲁大地，还有另一位甘愿牺牲自己来换取同村人民幸福生活的英雄楷模，他的名字叫朱彦夫。1933年7月出生在淄博市沂源县张家泉村的朱彦夫，曾经参加过上百次战斗，三次立功、十次负伤。后来人们把这位动过47次手术的英雄称为中国的"保尔·柯察金"，他是一位退役的钢铁战士，身体上退伍意志上却一直秉承着坚贞、坚强的精神。和孙建博一样，朱彦夫也受到了人民的认可，被国家授予各种荣誉，曾经荣获"时代楷模""全国模范伤残军人""山东省优秀共产党员"等称号。2015年获消除贫困感动奖，同年获"全国敬业奉献模范"称号；2019年国家主席习近平签署主席令，授予朱彦夫"人民楷模"国家荣誉称号，同年获"最美奋斗者"称号。

（一）朱彦夫党性教育基地详情介绍

为再现朱彦夫的英雄感人事迹，学习他"对党忠诚、一心为民、勇于担当、自强不息"的精神，朱彦夫党性教育基地于2014年2月在淄博市沂源县西里镇张家泉村建设成立，后于2017年改造提升，2018年6月29日正式对外开放。自开放以来，该基地持续接待各地培训团队，其教育影响力持续扩大。

基地是国家AAA级旅游景区，占地2.5平方公里，主要包括朱彦夫事迹展馆和实地教学点两大部分。朱彦夫事迹展馆面积700平方米，布展面积415平方米。展馆共分六个展区，分别是：序厅（前言）、第一部分（保家卫国 身残志坚）、第二部分（不忘初心 勇于担当）、第三部分（中国保尔 极限人生)、第四部分（时代楷模 光耀千秋）、尾厅（结束语）。展馆内不仅展品内容翔实，展出图片 2200 余幅、实物 860 件，还采用声、光、电等现代化的表现手法，利用雕塑、微缩景观、场景还原、动漫视频、同期视频、电子翻页书屏、触摸屏等展现形式将展品内容完美呈现。内容和形式相契合的组合体像一位位亲历者向人们生动诉说和再现朱彦夫在解放战争和抗美援朝战场上英勇杀敌；回村后带领群众战天斗地、脱贫致富；为教育激励后人，用嘴衔笔、残肢抱笔，顽强创作的一个个动人场景。另外，展馆内还有一多功能报告厅，面积 220 平方米，可容纳 120 人。现阶段，诸如主题演讲等多彩活动在报告厅轮番上演，像播种机一样将朱彦夫精神播撒在越来越广袤的土地上，使它的正能量远远传播，久久影响和激励着我们每一个人。

实地教学点由夜校、旧居、棚沟造地、友谊机灌站、红山梯田、大寨田等组成。通过实地的"触摸"，朱彦夫不忘为民初心、勇于担当奉献的时代精神和攻坚克难、带领群众脱贫攻坚、提升村治理水平的先进事迹跃然"心"上，强烈的震撼感触动心弦，使参观者深受教育，思想境界得以升华。

近年来，基地一手抓提质改造升级，实施基础配套设施、教学点承载等"五大提升工程"，一手抓基地政治功能和教育辐射带动作用发挥，大力挖掘朱彦夫精神的新时代内涵，凸显"人民楷模"的典型引领作用。目前基地正在建设一处占地面积 3500 平方米、建筑面积 1000 平方米、容纳 400 余人的接待中心，建设科技农业示范区、劳动体验区，同时着眼发展红色乡村游，打造独具特色的"红色+旅游"发展之路，努力建设功能完备的新时代思想政治教育阵地、就业创业实训基地。

（二）极限人生的事迹

朱彦夫，1933 年 7 月出生于淄博市沂源县西里镇张家泉村，1947 年 9 月入伍，是抗美援朝战场上的一位老兵。获"全国模范伤残军人""全国自强模范""全国优秀共产党员""时代楷模""全国道德模范"等称号，获中国消除贫困奖感动奖，被誉为"永远的战士""中国当代的'保尔·柯察金'""最美奋斗者"。

有人说，他的一生与天斗、与地斗、与命斗，虽然饱经磨难却从不认输。他参加过淮海、渡江等上百次战斗，在抗美援朝战场 10 次负伤、3 次立功，却失去四肢和左眼；1956 年，主动放弃荣军休养所特护待遇回乡，时隔一年担任村党支部书记，一干就是 25 年，拖着伤残之躯带领群众治山治水，使群众过上了温饱殷实的好日子；1982 年，为弘扬革命传统，他以超常毅力，克服常人难以想象的困难，历时 7 年，创作完成两部自传体长篇小说《极限人生》和《男儿无悔》。

1. 少年从军，抗美援朝保家卫国

1947 年沂源解放后，年仅 14 岁的朱彦夫，怀着对党的无限忠诚，毅然报名参加了解放军。他 14 岁入伍，16 岁就入党，先后参加淮海战役、渡江战役、抗美援朝等上百次战斗，负伤 10 多处，舍生忘死，3 次荣立战功。1950 年 12 月，在异常惨烈的长津湖战役中，朱彦夫所在的连打退敌人多次进攻后，在争夺 250 高地的战斗中，与装备精良的敌人激战三天三夜，全连伤亡殆尽，仅剩下一个弹伤遍体的朱彦夫。他虽一息尚存却也在生死线上垂死挣扎，历经 47 次手术、93 天昏迷后，朱彦夫终于醒了过来，但膝盖以下、肘部以下和左眼珠全没了。

长津湖战役成为中美两国军人一直都无法遗忘的惨烈记忆，曾任中央军委副主席兼国防部部长的迟浩田上将就经历过这场冰封长津的苦战，他说道："已经 60 年了，已经过去那么长时间，但是长津湖战役对我来说是刻骨铭心的……"长津湖战役之所以让老将军一直难以忘怀缘于它的特殊重要性——整个朝鲜战场的拐点。当时，九兵团司令宋时轮制定了将美军装进预设伏击圈再一举歼灭的作战计划。各师团以最快速度到达长津湖一带潜伏，并占据有利地形。就在这个关键时刻，一场几十年未见的大雪不期而至，整个朝鲜东部地区气温急剧下降，一下子打乱了九兵团的作战计划。为将敌人包围在口袋形的伏击圈里，中国人民志愿军第九兵团的将士悄无声息地在朝鲜东部的崇山峻岭中迂回包抄，但行军的速度却没有预想的那么快。因为这些大部分是来自江南水乡的官兵，有的甚至还是第一次见到雪。在零下 30 多度的气温下，他们完全没有一点御寒的经验。九兵团因严寒天气遭遇大规模非战斗减员，大量志愿军指战员被冻伤、冻死。而更让人揪心的是，除了要面对如此严峻的环境，等待战士们的还有"武装到牙齿"的美军。就是在这样的境遇下，朱彦夫倒下了。后来，他回忆说："当时我觉得战友们不可能都牺牲了，我搜索了一遍，找到了三个手榴弹，刚抓起来往敌人那边扔，炮弹就炸了。我这个左眼就一热，完全没有知觉了。"不知过了多久，昏厥的朱彦夫渐渐醒来，由于零下 40 多度的严寒，他并未感觉到疼痛，只是口渴得很，迷迷糊糊中他感觉一坨黏黏糊糊的东西从左脸滑下来，他想都没想就张开了嘴巴吞了下去，后来，他才知道他吞掉的正是自己的左眼……朱彦夫最终被兄弟部队从雪堆里扒了出来，经过 47 次手术、93 天昏迷，失去了小腿和两只前臂、左眼的他顽强地活了下来。

2. 身残志坚，带领乡亲建设家园

"这样的命我不要！没手没脚，活着又有什么用……"历经万苦从死亡边缘被拉回的铁血男儿发现自己没有了双手双脚，一只眼睛也没有了。再乐观的人也有撑不住的时候，他绝望了，想要放弃。可悲的是，他发现自己连自杀的能力都没有，他就这样无力地、绝望地躺在病床上。

转机源于一次报告会。那是 1952 年清明节，朱彦夫受邀跟学生分享自己的战斗经历，现场热烈的掌声和孩子崇拜的目光，让朱彦夫看到了生的希望，他明白了，一个战士，一个重度伤残的人，仍然可以发挥巨大的价值。"这么多人理解我们的壮举，并把深深的爱和尊敬给予我，我有什么理由不好好活着？"

(1) 第一所农民夜校的建立。

为了减轻国家负担，他自愿放弃在休养所的治疗，回到家乡。离开了他人的照顾，便要重拾自理能力，而其中的艰辛又一次超出了常人的想象。朱彦夫躲开众人将自己封闭在一间破旧的小屋一次次独自练习。他一次次全身心投入喝水、吃饭的锻炼中，每"吃"一次饭、"喝"一次水，他都大汗淋漓，在回家 8 个月，砸碎饭碗 141 个、菜碟盘子 23 个、茶碗 7 个，泼掉饭菜上百次后，他终于再次成了胜者。用同样的毅力他实现了装卸假肢，从生到熟，他站了起来。

实现了自理的朱彦夫又开始"不安分"了。"一个大活人，学会了吃喝拉撒，有什么可以炫耀和骄傲的！我要做一些更有意义的事情！"看到村民们连自己的名字都不会写，朱彦夫拿出自己的残疾金，办起了第一所农民夜校。在老村长和村民的支持帮助下，夜校初具模样，但在离开学还有五天的时候，朱彦夫突然意识到一个严峻问题——怎样在黑板上写字。前臂抱着粉笔、将粉笔绑在竹筷上、把粉笔装在青霉素药瓶里……他尝试各种方法都不满意，直到将粉笔插入子弹壳内，不松不紧，正好装上。夜校就这样红红火火地办了起来，使村民受益颇多。个体户老张说："俺现在生意兴隆，多亏了老朱那时候教俺学的文化。"村会计也说："我现在的知识，都是当年跟着老朱学的。"

（2）八名党员的举荐。

火车跑得快，全靠车头带。但张泉村的"车头"软弱无力，领导班子换了又换，都没有带领村民消除贫困，遇到棘手的问题，不用指责他们，他们就自动"伸腿"不干了。1957年新年刚过，几个小伙子乘着酒劲来找书记的"麻烦"，一气之下，书记又"伸腿"了。谁来当这个"车头"，谁有能力当好这个"车头"？在讨论中，有人提议让朱彦夫来挑这个重担。一时间大家都推举朱彦夫。最后主持选举的刘书记来了一个一锤定音，让大家举手表决。党员们齐刷刷地举起了手。就这样，朱彦夫成了村党支部书记，这一干就是25年。其间他带领群众完成了"三大战役"，使全村群众逐步摆脱贫穷落后的状态，过上了温饱殷实的好日子。

第一"战役"：整山造地。要吃饭，先造地。张家泉过去的山坡上横卧着三条很深的大沟，把全村的土地分割得七零八散。受赵州桥结构的启发，朱彦夫响亮地提出棚沟造地，用锄头和独轮车，向荒山和沟壑要土地！他带领乡亲填平三条大沟，平整出近200亩旱涝保收的小平原，年增产粮食数万公斤。[1]

第二"战役"：打井引水。张家泉，原名张家庄，是个有名的缺水村，别说灌溉，就连吃水都是难题。为了挑水吃，村民得跑几里山地，去晚了只能舀点泥汤。张家泉村西南方向，从前有个龙王庙，庙旁有个泉眼，但存不住水。朱彦夫决定在这里向龙王要水！他带领群众在石山中打出三眼深水井和三个大口井，修建引水渠，彻底解决了祖祖辈辈吃水难问题。

第三"战役"：高山架电。20世纪70年代，张家泉村几乎没人见过电灯。架电，需要从10公里外的公社驻地扯电，当时架电材料奇缺，供电部门也爱莫能助，只能自己想办法。他先后79次外出，行程7万多里，历尽千辛万苦，终于备齐了价值20多万元的架电材料。1978年12月，全长10万多公里的高压线路跨过一道道山梁、一道道沟壑，终于接到了村里。通电当天，张家泉村村民都守在电灯下，守了整整一夜。

（3）第一次报销。

由于朱彦夫个人情况的特殊性，他的家变成了办公场所。这样给朱彦夫工作带来便利的同时，也给他和家庭带来了负担。有时候办公办到饭点了，

---

〔1〕 朱彦夫：《朱彦夫日记》，新华出版社2021年版，第263页。

朱彦夫便招呼公务人员在家吃饭。在招待来人一事上，朱彦夫和妻子陈希永配合得很默契。每到饭点，陈希永就会回到房间来，需要安排饭菜招待时，朱彦夫就点点头，她便去厨房操办。当然，也有一次，他们配合得不那么默契。家里来人了需要安排招待，看到朱彦夫点头后，陈希永却没有出去操办，而是摊开了双手，示意朱彦夫家里已无饭菜，朱彦夫却装作看不到，陈希永只得赊来肉菜，招待客人。

朱彦夫担任村支书25年，只报销过一次。那年村民买不到化肥，朱彦夫在外出作报告时，联系了几车化肥。出于对朱彦夫的尊敬厂家便派人将化肥送到了村里。朱彦夫自然是接待了送化肥的工作人员。但是来人较多，招待费用自然就多了，在村干部和村民的"督促"下，朱彦夫让村里给报销了50元钱招待费。

朱彦夫不仅不报销费用，还从不贪一分便宜。朱彦夫的四女儿朱向欣回忆：有一次，正在地里干活的大婶掰给她四个青玉米，玉米还没煮熟，朱彦夫拄着拐杖进了家门。"谁给的玉米？集体的东西为啥给咱？"朱彦夫的语气很严肃，"我家有特等残废，但不允许出特等公民。如果我家出了特等公民，我哪里还有脸管别人？"最后，硬是从锅里捞出四个湿漉漉的玉米，还给了公家。

3. 残肢抱笔，书写无悔人生

1982年，身患多种疾病的朱彦夫辞去村支书一职，乡亲们以为他要颐养天年了，不料他又开辟了另一个战场：传播我党我军光荣传统。14年间，他到军营、企业、学校，作报告1000多场，听众超过百万人。其间，没有上过一天学的朱彦夫，翻烂了四本字典，阅读大量经典名著，用嘴含笔、用残臂夹笔，撰写出版了33万字的自传体小说《极限人生》。1996年，他作传统报告时突发脑梗，从此半身瘫痪。出院后，他又口述了24万字的传记文学《男儿无悔》。

时任中央政治局委员、中央军委副主席、国防部部长迟浩田亲笔题字："铁骨扬正气，热血写春秋。"朱彦夫用坚定的信念、坚强的意志，书写了一部感人至深、催人奋进的"极限人生"。

三、共性研究

(一) 他们都是中国挺立起来的"脊梁"

孙建博与朱彦夫命运相似，同是身体伤残但从未向命运屈服的人。孙建博青年时期曾卖过酒瓶子，收过破烂，干过临时工。1986 年调入原山林场，1996 年被任命为淄博市原山林场场长。当时，原山林场亏损严重，负债 4009 万元，职工 13 个月不开工资。他大胆改革，勇于开拓，发扬"身残志坚、自强不息"的精神，带领原山林场千名职工，经过 10 年的艰苦奋斗，使原山林场逐步走上了一条林业产业化道路，一举甩掉了"要饭林场"的帽子，发展成为拥有固定资产 4.6 亿元，年收入过亿元，集林业、副业、旅游业、房地产开发等多产业并举的企业集团。朱彦夫和孙建博两人同样是身体伤残但不屈不挠、坚定信念、心系群众、甘于奉献、艰苦奋斗，带领群众摆脱贫困过上了好日子，他们是中国挺立起来的"脊梁"。

朱彦夫是一位老兵，却退役不退志，坚守信念，带领家乡百姓打败"贫困"这一最大敌人，过上温饱殷实的好日子；他重度伤残，却生命不息，冲锋不止，挑战生命极限，书写无悔人生，被称为中国的"保尔·柯察金"。2014 年 3 月 31 日，他被中宣部授予"时代楷模"荣誉称号，2019 年 9 月 17 日，又被授予"人民楷模"荣誉称号。同时，他获得了习近平总书记的高度评价："朱彦夫精神，就是我们民族的精神、时代的精神！"

（二）他们是艰苦奋斗精神的表征

长久以来，艰苦奋斗一直是我们中华民族的传统美德，同时也是中国共产党人的优良传统和作风。朱彦夫和孙建博同样都是在极其艰难困苦的条件下通过艰苦奋斗带领群众摆脱贫困过上好日子的，其中蕴含了艰辛和酸楚的历程。他们不屈不挠，通过自身努力、自强不息、艰苦奋斗，实现了一次又一次的发展。

孙建博和朱彦夫作为新时代的楷模，通过自己的行动和坚强的意志彰显了中华民族艰苦奋斗、勇于担当的牺牲精神，他们心系群众，把群众的幸福生活放在首要位置，为实现原山和张家泉村民的美好生活付出了自己的青春和力量，他们不怕苦不怕累，拖着病痛和残疾的身躯为村里人民寻找幸福的道路。几十年如一日，两位楷模和英雄用自己的实际行动为祖国人民树立了榜样。

（三）他们都是坚定理想信念的守护者

理想信念，是一个国家、一个民族的精神支柱，是中国共产党人的灵魂和特质，是中国共产党人的精气神。崇高而坚定的理想信念是战胜一切困难的力量源泉，正是因为有了坚定的理想信念，朱彦夫和孙建博才经受住了命运的万般考验，才取得了一次又一次的胜利，他们都是坚定理想信念的守护者。

（四）他们是引领人们走向富裕的领路人

众所周知，中国共产党取得革命和建设胜利的非常重要的原因是得到了老百姓的支持。而能够得到老百姓支持的前提是心系群众，切切实实为群众着想。朱彦夫和孙建博一心为民，甘于奉献，一切为了群众，是群众路线的践行者。

两位楷模的家乡都处于群山环绕的山区，由于地理环境的限制，村民们一年下来并没有多少实质性收入，每家每户都过着贫困的生活，即使这样孙建博和朱彦夫并没有放弃探索和追求，而是带领村民们积极地开荒植林。孙建博和朱彦夫每次都是拖着残疾的身体亲自干活，功夫不负有心人，两位英雄根据自己家乡的地理环境因地制宜，把自己的家乡打造成了美丽宜人的森林氧吧，同时还扩展了旅游、文化、教育等不同领域，带领父老乡亲攻坚克难，摆脱了几十年来的贫困生活。

第二节　人民的红色公仆

一、焦裕禄

（一）博山焦裕禄纪念馆

从山东省省会济南出发，沿胶济铁路东行约 110 公里，就到了淄博市。从淄博火车站南行 50 公里，就到了淄博市博山区。焦裕禄纪念馆就坐落在博山区源泉镇北崮山村。北崮山村是焦裕禄同志的故乡。

1964 年焦裕禄同志牺牲以后，被追认为革命烈士。1966 年 2 月 7 日，《人民日报》发表社论《向毛泽东同志的好学生——焦裕禄同志学习》，同时发表了《县委书记的榜样——焦裕禄》的长篇通讯。焦裕禄同志的感人事迹很快传遍大江南北，全国上下掀起了学习焦裕禄同志的热潮。中共淄博市委作出决定：在焦裕禄的故乡修建焦裕禄事迹展览馆。展览馆于 1966 年开工建设，1967 年建成开放，是全国最早的焦裕禄纪念馆。1989 年 5 月，展览馆经修复后重新开馆，并更名为博山焦裕禄纪念馆。纪念馆于 1994 年和 1999 年进行过两次扩建和整修，现占地面积 4000 多平方米，建筑面积 500 多平方米，是党员、干部、在校学生以及广大群众参观学习，进行爱国主义、集体主义教育的重要基地。

走进博山焦裕禄纪念馆的院落，首先映入眼帘的是一尊汉白玉的焦裕禄半身像，雕塑着焦裕禄同志瘦削坚毅的脸庞。沿绿树掩映的石板路前行，就是纪念馆。纪念馆上方"焦裕禄纪念馆"的馆名是江泽民亲笔题写的。纪念馆有三层楼，设三个展室，通过文字、照片、书法、绘画、音像、群雕、实物等形式真实而生动地再现了焦裕禄同志成长、革命、工作、牺牲，全心全意为人民服务的一生。第一展室主要介绍焦裕禄同志的生平事迹——《青少年时代》《在工业战线上》《县委书记的榜样》，全面介绍了焦裕禄同志从苦难的旧社会到走上革命道路、投身工业建设、带领兰考人民同灾害作斗争鞠躬尽瘁的事迹。第二展室主要展览了兰考人民在焦裕禄精神鼓舞下与自然灾害的斗争以及兰考县发生的巨大变化。第三展室有党和国家领导人的题词，社会各界歌颂和学习焦裕禄精神的书法、绘画作品，在这里还有影像厅，向来到这里的参观者播放焦裕禄事迹的纪录片。

（二）党的好干部焦裕禄

1922 年 8 月 16 日，焦裕禄出生在山东省淄博市博山区北崮山村一个贫苦农民家庭。20 世纪 20 年代的中国，军阀们争权夺利互相混战，灾荒、捐税、兵祸，沉重地压在老百姓的身上，生活苦不堪言。

> 官也征，军也捐，巧加名目记不全；
> 盖着锅，不冒烟，不纳捐税用绳栓；
> 又抓丁，又要钱，南军北军一样残；
> 暗是匪，明是官，兵灾匪患紧相连。

这首当时流传的歌谣是当地百姓生活的真实写照。焦裕禄就是在这样的苦难生活中成长起来，饱尝了人世的艰辛。由于家庭贫困，焦裕禄 11 岁即被迫辍学。从此他开始种地、卖菜，推着独轮车运煤卖煤，给地主家扛活，分担家庭生活的重担。

在焦裕禄 19 岁时，父亲因债务所逼悬梁自尽。20 岁那年，他被日本兵抓夫押到抚顺的煤窑做苦力。白天在昏暗的煤窑里挖煤，夜里被关进狭窄的工棚，过着非人的生活。焦裕禄在工友的帮助下逃出煤矿，历尽艰难回到老家。但因家乡遭灾难以糊口，他带着妻子逃荒，流落到江苏省宿迁县（今宿迁市）胡家庄，靠给地主扛长工谋生，一直到1945年抗日战争胜利后才返回家乡。

回到博山老家，在共产党员的教育帮助下，焦裕禄当上了民兵，1946年加入了中国共产党。由于工作出色，斗争勇敢，焦裕禄被党组织调到崮山区武装部任干事，与盘踞在当地的国民党军队、便衣队、还乡团斗争，配合解放军主力部队作战。

1947年7月，中国人民解放军由战略防御转为战略进攻，三路大军挺进中原，开辟中原新解放区。焦裕禄参加南下干部大队随军南下，配合解放军的战略反攻，支援新解放区建设。1948年冬，南下部队到达豫皖苏解放区，焦裕禄被分派到尉氏县领导土改运动，发动群众建立根据地。淮海战役打响后，焦裕禄组织带领担架队，胜利完成淮海战役的支前任务。

中华人民共和国成立后，焦裕禄先后担任尉氏县大营区区委副书记兼区长、共青团尉氏县委副书记、陈留团地委宣传部部长、青年团郑州地委第二书记等职务，领导人民进行了剿匪反霸、土地改革等工作。

1952年，国家开始转入大规模经济建设。为支援工业建设，大批干部被抽调到工业战线。1953年，焦裕禄被派到了洛阳矿山机器厂。工厂还在建设中，他被任命为基建科副科长，面对着修路、架桥、盖厂房等大量陌生的新工作。焦裕禄却信心满怀地说：在万恶的旧社会，我们没有权利建设我们自己的祖国。今天，我们要用自己的双手来建设我们美丽的河山。在领导完成工厂的筑路任务后，焦裕禄被派往哈尔滨工业大学学习，到大连起重机厂机械加工车间进修。学习进修让他增长了工业知识、工业管理业务和车间技术。等他1956年回到洛阳矿山机器厂的时候，已经成为一名优秀的管理人才和技术骨干。从模范车间主任到生产调度科长，和新中国的工业一样，焦裕禄在洛矿走出了艰苦奋斗的创业之路。

1962年，焦裕禄受党的委派到兰考县担任县委书记。兰考县地处河南省的黄河故道上。历史上400多年间，黄河在兰考地区决口多次。泛滥的黄河水淹没了农田、村庄，也留下了大片的沙荒地、盐碱地和内涝灾害。1962年，国家还处在困难时期，兰考县再次遭受风沙、内涝灾害，全县粮食产量大幅下降，群众生活极为困难。面对这一艰巨任务，焦裕禄坚定地表示："当兰考处在这样困难时刻的关头，党组织把这个重担交给我，这是对我的信任"，

"感谢党把我派到最困难的地方，越是困难的地方，越能锻炼人。请组织上放心，不改变兰考的面貌，我决不离开这里"。1962年冬天，焦裕禄带着党的委托，带着改变兰考落后面貌的决心来到了兰考。

在兰考的日子里，焦裕禄带领兰考人民战风沙、斗盐碱、治洪水。大雪封门的日子，他带领党员干部走村串户，把救济棉衣和救济粮款亲自送到百姓的手上。面对卧病的贫苦老农，他把自己当作儿子；抱着病重的孩子，他又送钱，又联系医院，是孩子再生的父母。大雨倾盆的时候，他蹚着齐腰的水考察水势；大风起来，黄沙漫天，他迎着风沙爬到沙丘上找风口。在兰考的400多个日子里，全县149个大队，焦裕禄跑遍了120多个。靠一辆破旧的自行车和一双腿，跋涉了方圆5000多里。他和群众一起劳动，挖河道、种泡桐、翻淤压沙、翻淤压碱。兰考人民从焦裕禄身上获得了战胜困难的信心，在焦裕禄的带领下投入战胜灾害的斗争。

焦裕禄忘我工作，积劳成疾。1964年5月14日，焦裕禄同志因肝病医治无效，不幸逝世，年仅42岁。临终前，焦裕禄对组织唯一的要求是，"把我运回兰考，埋在沙堆上，活着我没有治好沙丘，死了也要看着你们把沙丘治好"。

焦裕禄同志牺牲以后，被河南省政府追认为革命烈士，中共河南省委号召全省干部学习焦裕禄同志忠心耿耿地为党为人民工作的革命精神。1965年，新华社记者穆青、周原等到豫东地区采访，了解当地农民在三年困难时期如何摆脱贫困，从当地干部那里知道了焦裕禄的事迹，无不感动得泪流满面。经过一个多月的采写，1966年2月7日，长篇通讯《县委书记的榜样——焦裕禄》在《人民日报》头版头条刊发，全面介绍了焦裕禄的感人事迹，同时刊登了《向毛泽东同志的好学生——焦裕禄同志学习》的社论。同日，中央人民广播电台播放了由著名播音员齐越录制的这篇通讯。焦裕禄的事迹迅速传遍全国上下，一时间，山河动容，全国掀起了学习弘扬焦裕禄精神的热潮。

1990年，针对党员干部中出现的不良作风，有感于人民对焦裕禄的怀念，穆青、周原、冯建又撰写了《人民呼唤焦裕禄》一文，在1990年7月9日的《人民日报》头版发表。中共福州市时任市委书记习近平读完文章后有感而发，写下了一首词：

念奴娇·追思焦裕禄

习近平　1990 年 7 月

魂飞万里，盼归来，此水此山此地。
百姓谁不爱好官？把泪焦桐成雨。

生也沙丘，死也沙丘，父老生死系。
暮雪朝霜，毋改英雄意气！
依然月明如昔，思君夜夜，肝胆长如洗。

路漫漫其修远兮，两袖清风来去。
为官一任，造福一方，遂了平生意。
绿我涓滴，会它千顷澄碧。

诗词表达了对焦裕禄深深的崇敬之情，并以诗言志，表达执政为民、造福百姓的宏愿。2009 年和 2014 年，习近平两次来到兰考县，号召学习焦裕禄精神，做焦裕禄式的好党员、好干部，并把焦裕禄精神概括为"亲民爱民、艰苦奋斗、科学求实、迎难而上、无私奉献"的精神。

二、孔繁森

（一）孔繁森同志纪念馆

孔繁森同志纪念馆坐落在聊城市碧波荡漾、风光秀丽的东昌湖畔，占地面积 10 350 平方米，建筑面积 1400 平方米，馆高 15 米，为双重檐四周环廊式结构。纪念馆正门上镶嵌着江泽民于 1995 年 7 月 28 日亲笔题写的"孔繁森同志纪念馆"八个鎏金大字。孔繁森同志纪念馆于 1995 年 7 月 4 日经中央宣传部正式批准建馆，1995 年 9 月 10 日开馆。

纪念馆内设一个纪念厅和三个展览厅。纪念厅内安放着孔繁森同志大型汉白玉半身塑像，塑像后红色屏风上镌刻着江泽民的题词"向孔繁森同志学习"。展览共分六个部分，展出图片 270 余幅，陈列实物千余件，并配以专题录像片。第一部分"齐鲁赤子"，展示了孔繁森在山东的生活、工作，从一个普通农民的儿子成长为一名党的领导干部的光辉历程；第二部分"汗洒雪域",展示了孔繁森两次赴藏工作 10 年间,为西藏的建设和繁荣,恪尽职守、忘我拼搏、开拓进取、求真务实的精神风貌;第三部分"情系高原",展示了孔繁森热爱人民、服务人民、为民解难、无私奉献的满腔热忱;第四部分"廉洁清正",展示了孔繁森艰苦朴素、廉洁自律、一身正气、克己奉公的高贵品质;第五部分"深切怀念",展示了孔繁森不幸殉职后,山东、西藏及全国各地群众深切悼念孔繁森的感人情景;第六部分"光耀神州",展示了党中央对孔繁森的高度评价,以及在党中央号召下,全国各地广泛开展学习、宣传孔繁森活动的情况。

1995 年 9 月至 2004 年 11 月,孔繁森同志纪念馆先后被中组部、中宣部、团中央、国家民委等单位命名为"全国党员干部教育基地""全国爱国主义教育示范基地""全国青少年教育基地""全国民族团结进步教育基地""国家大学生文化素质教育基地"。2005 年被中共山东省委宣传部、山东省社科联命名为"山东省科学普及教育基地"。2011 年 3 月 23 日,孔繁森同志纪念馆"全国廉政教育基地"揭牌,此前,孔繁森同志纪念馆被原中央纪委监察部命名为第一批"全国廉政教育基地"。

孔繁森同志纪念馆自开馆以来,始终把宣传孔繁森事迹、展示孔繁森同志的优秀品德和崇高精神,作为对广大干部、群众进行爱国主义、集体主义和社会主义思想教育的重要内容,为全党和全国人民广泛、深入、持久地开展向孔繁森同志学习,加强爱国主义教育,促进廉政建设和民族团结提供了一个生动实践的课堂,充分发挥了教育基地的作用。据不完全统计,孔繁森同志纪念馆目前已接待来自全国 20 多个省市自治区的观众 200 余万人次,其中省部级干部 700 余人、厅级干部 1 万余人、县级干部 10 万余人。全国巡展历时近两年,观众近千万人。

(二)情系雪域人民的孔繁森

孔繁森之所以成为优秀党员的楷模和全国各界学习的对象就是因为他身上体现了中国共产党党员所体现的一种高尚的精神。这个精神恰恰是当时时代的反映和回音。20 世纪 80 年代末 90 年代初,随着东欧剧变、苏联解体,国际共产主义运动处于低潮。面对社会主义在国际上遇到的挫折,西方有人预言,20 世纪兴起的社会主义,将在 20 世纪内灭亡;国内和党内也有一些人产生了疑惑。马克思主义还灵不灵?社会主义还行不行?共产主义精神还要不要发扬?孔繁森身上所体现的就是当时的党和人民对马克思主义理想信念的呼唤和期待，就是中国共产党人对马克思主义理想信念的执着追求。从当时国内的情况来看，党的十四大正式确定我国的社会主义经济运行体制是社会主义市场经济。我国开始由社会主义计划经济向社会主义市场经济转轨。市场经济的市场原则、交换原则和利益最大化原则对国家经济生活乃至整个社会生活都带来了深远的影响。社会主义是市场经济的价值定位，是驾驭和宏观调控的市场经济，这在理论逻辑上要求我们必须弘扬马克思主义的理想信念、弘扬社会主义核心价值观、坚定中国特色社会主义道路。孔繁森身上彰显的就是这种思想境界和精神状态。从党内来看，改革开放和社会主义市场经济在经济生活、社会生活的方方面面必然辐射到党内。中国共产党时刻面临着执政考验、改革开放考验、市场经济考验、外部环境考验四大考验；时刻面临着精神懈怠的危险、能力不足的危险、脱离群众的危险、消极腐败的危险四大危险。应该说，中国共产党能够而且必须经得起每一个考验，警惕每一个危险。孔繁森就是中国共产党不忘初心、牢记使命的先进典型。

1994 年 9 月，孔繁森被国务院授予"全国民族团结进步先进个人"称号；1994 年 11 月 29 日，他在带领工作组赴新疆塔城地区考察时，不幸以身殉职。为纪念孔繁森、发扬孔繁森无私奉献的精神，中共聊城地委、聊城地区行署、中共西藏自治区党委、中共山东省委、山东省人民政府，先后作出向孔繁森同志学习的决定。《人民日报》发表《向孔繁森同志学习》的社论。江泽民、李鹏、乔石先后为孔繁森题词，对孔繁森同志给予了极高的评价。中共中央组织部追授孔繁森"模范共产党员""优秀领导干部"的称号。孔繁森之所以能成为优秀共产党员、先进典型和全国各界学习的榜样，这和他个人成长发展的经历密不可分。

第一阶段，从孩提时期到少年时代，这是孔繁森人生道路的启蒙阶段。出身贫苦、心地善良且乐于助人的孔繁森父母，经常向儿女们念叨共产党的好处，讲做人的道理，这些在孔繁森幼小的心灵上打上了深深的烙印。从小学、初中，一直到 14 岁考入聊城技工学校期间，老师的言传身教，使他成为一名热爱党、热爱集体的品学兼优的好学生。在这段时间里，少年孔繁森深深地受到了党的优良传统的熏陶，这为他以后的成长打下了良好的思想道德基础和感情基础。

第二阶段，从接受解放军这所学校的培养，一直到成为党的一名干部，这是孔繁森初步形成正确世界观、人生观的关键时期。1961 年到 1968 年，孔繁森在解放军这所学校七年的时间里，部队严格的组织纪律要求、令行禁止和雷厉风行的作风，以及"一不怕苦、二不怕死"的革命精神，锤炼了他的革命意志。特别是经历了向雷锋同志学习和向焦裕禄同志学习这两个轰轰烈烈的活动，雷锋同志"爱憎分明的阶级立场，言行一致的革命精神，公而忘私的共产主义风格，奋不顾身的无产阶级斗志"和焦裕禄同志鞠躬尽瘁、死而后已，对党的事业无限忠诚的事迹教育了他，感染了他。他努力以英雄模范人物为榜样，当好战士，当好班长，并光荣地加入了中国共产党。1968年他从部队复员到聊城技校当工人，由于工作出色，1971年被调到聊城地委机关，担任了聊城团地委常委。在这段时间里，孔繁森少年时期所具有的良好道德情操和对党对社会主义的朴素感情，已经上升到忠于党、忠于人民、为共产主义事业奋斗终身比较自觉的程度。

第三阶段，从走上领导岗位一直到担任聊城地区行署副专员，这是孔繁森成长为一名优秀领导干部的重要时期。在这十几年的时间里，孔繁森在党组织及老同志的严格教育下，如饥似渴地阅读了大量马列著作和毛泽东选集，虚心学习老领导和周围同志良好的思想品质、工作作风和工作方法，在与人民群众的广泛接触中，汲取政治营养。孔繁森经过党校系统的理论学习、多个岗位的锻炼以及西藏艰苦环境的磨炼，具备了较扎实的马克思主义理论功底，对中国的国情、民情有了深层次的理解。他观察、分析问题的方法明显地科学了，组织协调能力提高了，驾驭经济建设的本领增强了，改革开放意识、公仆意识也在他的头脑里深深扎根。

第四阶段，从任拉萨市副市长到以身殉职，是他成长为优秀领导干部的成熟时期。1988年，已是聊城地区行署副专员的孔繁森，又一次听从组织召唤进藏工作。他一身正气，两袖清风；哪里最艰苦、最危险，群众最需要，就出现在哪里；他走遍阿里县乡，深入调查，确定了发展畜牧、边贸、旅游、开发资源的发展战略；他搞改革、搞开放，到北京得到中央有关部委的支持，到新疆打开阿里对外贸易的通道，等等。这个时期他具有了顾全大局、无私奉献的坚强党性；热爱人民、服务人民的公仆情怀；清正廉洁、克己奉公的高尚品德；艰苦奋斗、知难而进的拼搏精神；开拓进取、求真务实的优良作风。总之，他已经成为一名人民公认、党组织信任的新时期的优秀领导干部。

孔繁森坚定的理想信念值得我们尊敬。理想、信仰、信念是一个人的精神支柱，是人生的灵魂，它对人的思想乃至整个人生价值追求，具有统帅和指导的重要作用。孔繁森同志一生无私奉献，为党和人民的事业无怨无悔地贡献了自己的全部力量，模范地实践了共产党人崇高的理想信念和马克思主义信仰。我们都知道，个人生命不可能延续到永远，但人的精神却可以永世长存。孔繁森在日记中写道："参加工作30年来，我对共产主义的信念从没有动摇过、改变过，不管是工作顺利的时候，还是我们党处于困难时期，自己都能坚信党的领导，坚信共产主义。"孔繁森同志以一名普通共产党员的身份，听从组织安排，两次入藏，以崇高的事业心和责任感为藏族群众的生活奔忙。为了摸清实际情况，他亲自深入高原地区的部队、村寨、学校、牧民家中调查研究，解决困难，寻找带领群众脱贫致富的路子。孔繁森用生命回答了共产党人为什么活着、怎样活着更有价值这两个人生最根本的问题，生动地诠释了共产党人最崇高、最朴素的理想信念和人生价值追求。

孔繁森勇于担当责任值得我们学习。共产党人崇高的理想和坚定的信念体现在对党的事业的忠诚、对党的工作的责任担当。这个责任担当客观上要求我们每个党员要对自己的党员身份珍惜，要对党的形象维护，要对党性忠诚，要对自身严格要求。孔繁森用自己短暂的一生彰显了一名共产党员的责任担当。孔繁森说："我认为一个人最大的幸福，一是组织信任，同志们谅解；二是领导分配的任务能胜任；三是读书、学习、写文章。"在孔繁森的葬礼上，悬挂着一副挽联，形象地概括了他的一生，也道出了藏族人民对他的怀念：一尘不染，两袖清风，视名利安危淡似狮泉河水；两离桑梓，独恋雪域，置民族团结重如冈底斯山。孔繁森以咱是党的人，咱是公家人来告诫和约束自己。孔繁森说："自古忠孝难以两全，不得为忠，安得为孝？国家有急事，党有号召，高原在呼唤，我怎能袖手事外？"人们在料理孔繁森的后事时，看到两件遗物：一是他仅有的8元6角钱，二是他去世前四天写的关于发展阿里经济的建议，这就是孔繁森留下的遗产。

孔繁森积极践行党的宗旨值得我们继承。中国共产党的根本宗旨就是全心全意为人民服务。对于共产党员来说，我们要在工作实践中把全心全意为人民服务的宗旨落到实处。孔繁森说："我要用实际行动证明党的干部是真正为人民服务的，我要给西藏人民留下一个深深的脚印。"孔繁森把全心全意为人民服务的宗旨内化为个人的信念，作为自己的座右铭和最基本的道德准则，作为理想人格的化身和体现至美品德的典范，在他看来，领导干部正确行使权力的过程就应该等同于自觉地为人民服务的过程。孔繁森以自己的行动回答了"为谁服务、怎样服务"这一最根本的问题。在实际工作中，他积极为最广大人民群众谋利益，而不是为了个人或小集团谋利益。孔繁森有一句名言："一个人爱的最高境界是爱别人，一个共产党员爱的最高境界是爱人民。"孔繁森团结和带领当地干部群众，为改变艰苦面貌而拼搏奋斗，赢得了藏族同胞的爱戴与尊敬。孔繁森用自己的行动诠释并践行了党的全心全意为人民服务的根本宗旨。

孔繁森乐于奉献的精神值得我们敬仰。乐于奉献是人的一种精神境界，更是共产党人一种高尚的道德情操，是中国共产党人始终如一的人格价值取向。共产党员的理想价值不是虚幻的，也不是空洞的，而是要把为人民服务、为人民利益而献身作为一切言论和行为的出发点和最终目的，强调广大人民群众的利益、国家的利益和党的利益高于个人的利益。孔繁森两度赴藏工作，历时十余载，以个人的至诚奉献，把党的温暖送到了雪域高原的广大藏族同胞之间。他从不因困难而不做，从不因善小而不为。在藏族同胞心目中，他就是党的化身。孔繁森说："藏族的老人就是我的老人，藏族的孩子就是我的孩子，西藏的土地就是我的家乡，我一定要把我的情、我的爱，奉献给他们。"同时，孔繁森在为藏族同胞奉献的过程中，也从藏族同胞身上汲取了坚忍不拔的生活毅力和艰苦奋斗的工作精神，不断净化自己的心灵，提升自己的道德境界，提高一名共产党人的党性修养，从而实现作为一名共产党员的人生价值。

三、共性研究

习近平总书记指出，在高原上工作，最稀缺的是氧气，最宝贵的是精神。长期以来，一代又一代共产党员舍弃常人所拥有的、放弃常人所享受的，扎根雪域高原，矢志艰苦奋斗。孔繁森身上所体现出的高远的理想信念、高尚的道德情操、高大的人格形象是雷锋精神、焦裕禄精神、"老西藏精神"在新时期的丰富和发展，是民族精神和革命精神在新的历史条件下的继承和升华。

共产党人要不断地继承、弘扬和发展红色精神。孔繁森精神就是在学习焦裕禄精神的基础上形成的。孔繁森世界观、人生观和价值观形成的关键时期恰恰就是全党和全社会广泛开展弘扬学习雷锋精神特别是焦裕禄先进事迹的重要时期。山东籍的焦裕禄 1962 年被调到河南省兰考县担任县委书记。1962 年 12 月至 1964 年间，时值该县遭受严重的内涝、风沙、盐碱三害。焦裕禄坚持实事求是、群众路线的领导工作方法，同全县干部和群众一起，与深重的自然灾害进行顽强斗争，努力改变兰考面貌。他身患重疾依旧忍着剧痛坚持工作，用自己的实际行动，铸就了焦裕禄精神。1964 年 5 月 14 日，焦裕禄因病逝于郑州。他临终前对组织上唯一的要求，就是"把我运回兰考，埋在沙堆上。活着我没有治好沙丘，死了也要看着你们把沙丘治好"。1966 年 2 月 1 日，河南省政府追认焦裕禄同志为革命烈士。1966 年 2 月 7 日，《人民日报》发表社论《向毛泽东同志的好学生——焦裕禄同志学习》，同时发表了《县委书记的榜样——焦裕禄》的长篇通讯。此后，焦裕禄的事迹很快传遍大江南北、长城内外。中华大地迅速掀起了向焦裕禄同志学习的热潮。2014 年 3 月，习近平总书记在河南兰考考察时表示，自己我心中一直有焦裕禄同志的形象，见贤思齐，总是把他当作榜样对照自己。而 1961 年到 1968 年，孔繁森正好在部队生活，部队严格的组织纪律、令行禁止和雷厉风行的作风以及"一不怕苦、二不怕死"的革命精神锤炼了孔繁森的革命意志。而焦裕禄鞠躬尽瘁、死而后已，对党的事业无限忠诚的事迹更是深深教育了他，感染了他。我们可以非常清晰地看到，孔繁森的工作实践凝结体现了焦裕禄所彰显的共产党人的优秀品格。同时，焦裕禄是 1922 年出生，而孔繁森是 1944 年出生，这两位党的优秀干部大约相差一代人，孔繁森一方面继承并弘扬了焦裕禄的精神，另一方面又让焦裕禄精神在新的历史时期得到进一步发展与提升，形成了改革开放和社会主义现代化建设新时期的孔繁森精神。

共产党人要矢志不渝地坚定党的理想信念。坚定的理想信念是每一个共产党员应有的精神状态。20 世纪 50、60 年代，整个世界的国际共产主义运动处于发展相对平稳期。对共产党执政的一系列社会主义国家来说，社会主义建设与发展蒸蒸日上，广大党员干部形成良好的党性修养、理想信念、工作精神等。焦裕禄说："有党的领导，有毛主席著作，有几十万人民，只要干，一定能在困难当中闯出一条路来，一定会改变兰考的面貌。"焦裕禄精神就是当时中国共产党人整体精神面貌的集中体现。历史走到 20 世纪 80 年代后期到 90 年代初，随着东欧剧变、苏联解体，整个国际共产主义运动处于低潮，加上西方国家政治上的和平演变和思想意识上的渗透，国际国内都有很多人对马克思主义的信仰、社会主义的前途、共产党的执政持有怀疑的态度：马克思主义还灵不灵？社会主义还行不行？中国共产党还能不能长期执政？在这种情形下，中国共产党顶住内外部压力，坚定马克思主义理想信念，坚定不移地继续推进改革开放和社会主义现代化建设，不断地把中国特色社会主义伟大事业推向前进。2019年3月，习近平总书记出席中央党校（国家行政学院）中青年干部培训班开班式时明确指出，衡量干部是否有理想信念，关键看是否对党忠诚；忠诚和信仰是具体的、实践的。"咱是党的人"，这是孔繁森同志最爱说的一句话。这句朴朴实实的话，透露出孔繁森同志对党极其深厚的感情，显示了他把自己的一切都献给党的赤子情怀，表明了他听党的话、要为实现党所提出的宏伟目标而奋斗的耿耿忠心。孔繁森用自己在党的工作中的实际行动生动地诠释了一名共产党员对马克思主义的信仰、对共产主义的信念、对党事业的忠诚和信任以及全心全意为人民服务的根本宗旨。对新时期党的领导干部来说，我们要时刻对标孔繁森的先进事迹，时刻铭记共产党人的理想信念，时刻保持对党的忠诚和无私奉献的精神状态。

共产党人牢牢地坚守党性修养。党性修养是共产党人最根本的修养，是始终保持中国共产党党性的根本所在。20世纪50、60年代，我国全面进入社会主义建设时期。我国的社会主义建设是在经济文化水平极低的状况下进行的。在这种情况下，中国共产党领导人民发扬自力更生、艰苦奋斗、吃苦耐劳、迎难而上、勇于奉献的精神，全面推进社会主义建设。而以"亲民爱民、艰苦奋斗、科学求实、迎难而上、无私奉献"为主题的焦裕禄精神就是当时中国共产党广大领导干部精神面貌的集中体现。20世纪80年代到90年代，随着我国改革开放和社会主义现代化建设的推进，随着社会主义商品经济的发展，我国经济体制转轨问题成为我国经济发展的关键问题。邓小平南方谈话以及随后党的十四大正式确定了社会主义市场经济体制模式。对于党的建设来说，社会主义市场经济在为党的建设注入了强大的活力和生机的同时也带来了很强的负面效应，但由于市场经济的固有原则和特性而产生的消极因素也会给党的建设和党员的党性带来不可避免的消极影响，如利益最大化、等价交换、投机主义、拜金主义、个人主义、享乐主义等。在社会主义市场经济面前，广大党员干部该如何坚定自己的理想信念、如何加强自身的党性修养、如何践行党的根本宗旨这本身就是一种考验。2013年8月，习近平在全国宣传思想工作会议上列举了一些党员干部出现的信仰缺失现象时指出，有的心为物役，信奉金钱至上、名利至上、享乐至上，心里没有任何敬畏，行为没有任何底线。孔繁森的工资不高，但他却经常慷慨解囊，救济贫困藏民和有困难的干部。孔繁森因公殉职后，只找到两件遗物：一是他去世前四天在颠簸的吉普车上写的关于发展阿里经济的 12 条建议；二是他身上仅有的 8 元 6 角钱。而孔繁森身上体现出来的对党的忠诚、对事业的奉献、对权力的责任、对人民的热爱、对家人的严格要求、对个人利益的超越，无疑是对社会主义市场经济考验最好的回答。任何时候，我们共产党人都必须牢记马克思主义是党的立党之本，实现共产主义是党的最高理想，全心全意为人民服务是党的根本宗旨。

共产党人把践行党的全心全意为人民服务的宗旨落到实处。全心全意为人民服务是党的立党之本，是党的根本宗旨和一切工作的出发点和落脚点。20 世纪 60 年代，焦裕禄把党的全心全意为人民服务的宗旨落实到带领兰考人民除"三害"的斗争中。对于孔繁森来说，两次赴藏带领藏族同胞发展经济、改善藏族群众的生活水平是落实党的全心全意为人民服务根本宗旨的最好答案。孔繁森常说："一个人爱的最高境界是爱别人，一个共产党员爱的最高境界是爱人民"，"藏族的老人就是我的老人，藏族的孩子就是我的孩子，西藏的土地就是我的家乡，我一定要把我的情、我的爱，奉献给他们"。1979 年，孔繁森第一次入藏后任岗巴县委副书记。三年时间，他跑遍了全县的乡村、牧区，访贫问苦，和当地群众一起收割、打场、干农活、修水利。1988 年，孔繁森第二次入藏。他为了发展当地教育事业，跑遍了全市八个区县所有公办学校和一半以上的乡、村办小学，拉萨的适龄儿童入学率从 45% 提高到 80%；全市 56 个敬老院和养老院，他走访过 48 个，给孤寡老人送去了党和政府的温暖。[1]1993 年，孔繁森进藏工作期满后继续留在西藏担任了阿里地委书记。阿里是西藏最偏僻和平均海拔最高的地区。为了摸清实际情况，他深入调查研究，求计问策，寻找带领群众脱贫致富的路子。不到两年的时间，他跑遍了全地区 106 个乡中的 98 个。[2]在孔繁森的努力下，阿里经济有了较快的发展。1994 年，全地区国民生产总值超过 1.8 亿元，比上年增长 37.5%；国民收入超过 1.1 亿元，比上年增长 6.7%。[3]为人民服务是共产党人的天职。共产党人要履行好这一神圣天职，就必须把全心全意为人民服务、尽心

〔1〕 徐东升、孙海英、叶桉：《中国共产党革命精神研究》，山东人民出版社 2017 年版，第 187 页。

〔2〕 李丽、周慧、李泽昊：《中国改革开放始建红色文化纪念馆研究》，江苏人民出版社 2021 年版，第 76 页。

〔3〕 李丽、周慧、李泽昊：《中国改革开放始建红色文化纪念馆研究》，江苏人民出版社 2021 年版，第 76 页。

竭力为人民奉献，体现到日常生活里、落实到本职工作中。孔繁森以大爱无我之心，把自己的一切甚至自己的生命无私地奉献给藏族同胞，奉献给藏族地区的发展，生动地实践了党的全心全意为人民服务的根本宗旨。孔繁森以他的先进事迹诠释了一名共产党人的高尚情怀与责任担当，给新时代的我们树立了一座永不磨灭的历史丰碑。

第三节　心系家国的奋斗者

一、郭永怀

（一）郭永怀事迹陈列馆场馆介绍

荣成市地处山东半岛最东端，三面环海，位于胶济铁路延长线上。2019年7月，青荣青连联络线的建成将胶济铁路、青荣城际、济青高铁与青盐铁路枢纽正式拉通连为一体，将山东沿海的铁路通道彻底打通，为荣成交通提供了极大便利。"两弹一星"功勋科学家郭永怀的事迹陈列馆便坐落于这座城市的博物馆一层。

该馆在荣成市委、市政府的支持下投资1000万元建成，于我国原子弹爆炸成功52周年之际的2016年10月16日正式开馆。陈列馆占地5.6万平方米，整体布局为中轴对称式，"郭永怀事迹陈列馆"馆名由全国政协原副主席、两院院士宋健题写。陈列馆东南侧建有郭永怀纪念广场，矗立着高达8米的郭永怀全身铜像，馆内展览面积达2000平方米。

走进展厅，有关郭永怀先生的信息便以一种简洁而又有代表性的方式向观众展示出来。白玉半身雕塑向我们展示着先生的形象，而下方的简介让大家一目了然地知晓先生的一生事迹。头像上方的浩瀚星空图像以一种沉浸式的感受提醒着我们先生投身航空航天事业，以自身学识为国家相关学科奠基铺路，为今日中国的航天强国梦艰苦奋斗。大厅两侧的立柱上各有国防部原部长张爱萍将军书写的"永萦江山堪称民族脊梁""怀志九霄不愧中华英魂"的对联，表达着对先生一生的褒奖和感佩。先生半身像后方则以浮雕的形式刻画了先生的人生轨迹。

陈列馆共设有九个展厅，除先生半身像所在的"序厅"，还有"荣成之子　潜心求学""扬名海外　毅然归国""两弹一星　功勋卓越""家国情

怀　大师风范""以身许国　壮烈牺牲""怀瑾佩玉　爱在天际""高山仰止永远怀念""李佩先生展"八个板块，按照时间、事迹为线索，搭配着悉心收集到的 500 多张图片、200 多件珍贵文物资料以及复原场景等生动地展现着科学家郭永怀怀揣赤诚爱国之心，科研奋斗直至不幸牺牲的光辉一生。

郭永怀事迹陈列馆自开馆之初便成为党性教育的重要场所。先后被授予全国军工文化教育基地、全国少年儿童"双有"主题教育活动基地、山东省国防教育基地、山东省爱国主义教育基地、山东省青年文明号、威海市科普教育基地等。而且，当前已有中国科学院力学研究所、清华大学、北京大学、山东大学、中国海洋大学、中国航空学会、中国核学会等多个学校和单位在此建立了党员教育基地、学生社会实践基地等。由于先生求学于多处，工作涉及"两弹一星"三个领域，因此陈列馆还积极与青海原子城纪念馆、中国工程物理研究院科技馆、钱学森图书馆、西南联大博物馆、中国两弹城、浙江绿郡安吉龙山源"两弹一星"主题文化园结为友好合作馆，互为交流，共同宣扬先生的科研爱国精神。

据了解，自 2016 年开馆以来，截至 2019 年底，陈列馆数次接待来自全国各地的人民群众、大中小学生、党员干部、学者专家等。陈列馆不仅精心布置展区内容，让参观者在馆中感受郭永怀先生的爱国情怀，而且还成立了郭永怀事迹宣讲团，通过走进机关单位、高校、基层等的宣讲，进一步宣传了先生的爱国情、报国志，由此被中宣部授予"全国基层理论宣讲先进集体"荣誉称号。此外，随着郭永怀先生事迹的宣传，不少企业也感怀于先生一生功勋，出资设立了"永怀教育奖""永怀乡村教师奖"等奖励，用实际行动奖励在教育上作出贡献的教师，将永怀精神继承发扬。2020 年 10 月 16 日，郭永怀故居的正式开放和永怀教育学院的揭牌，与郭永怀事迹陈列馆形成一馆、一故居、一学院的三维互促之势，将进一步丰富先生的功勋一生，更为立体化、全面化、深刻化地让大家感受先生的高尚人格与科学贡献。

（二）郭永怀其人其事

1. 背景

1909 年是清朝也是中国历史上最后一个年号"宣统"的起始年。此时，清王朝统治下的中国已是国困民贫、危机重重。

这一年的 4 月 4 日，山东省荣成市滕家镇西滩郭家村的一个普通农户郭文吉夫妇家迎来了一个新的生命，父亲郭文吉为孩子起名郭永怀。在当时的时代背景下，接受教育仍属奢侈，一般家庭少有人能够将孩子送进学堂。但郭永怀 10 岁时，不算富裕的郭家仍将儿子送进了叔叔所办的学堂读书，为郭永怀打开了知识世界的一扇窗。1922 年春，郭永怀来到石岛镇的明德小学读高小，开始接受比较系统和正规的新式教育。在这一阶段，郭永怀的好学和聪慧开始展现出来，最终以优异的成绩考入了青岛大学附属中学。这对于郭永怀的家庭而言是一件值得夸赞的大事，毕竟他的家乡在那个时代极少有人能够考入公费的中学。1929 年，郭永怀又以优异的成绩考入了学制两年的南开大学预科理工班。虽然从学制而言这个理工班相当于高中，但实际上学生的授课教师多为大学教授，而且讲授内容也大多是来自国外较为成熟的英文教材，因此郭永怀所读的预科班授课水平在某种程度上已经等同于大学。预科班的同学来自天南海北，不同地域、性格的同学汇聚一起，为彼此提供了更多交流的机会。郭永怀在预科班期间便与几位志同道合的同学发起了名为"微社"的读书会。他们通过每周一次的讨论，切磋学习、畅谈心得。这样的社团活动开阔了郭永怀的心境，活跃了他的思维，让他开始在科研上有所思考，促成了其良好的科研交流习惯的养成。

1931 年，日本久经预谋，不断挑起争端，试图侵略中国，但蒋介石还在"不遗余力"地发动对中央苏区的第三次"围剿"。此后，日军悍然制造了九一八事变，不到半年时间，东三省 100 万平方公里的土地为日军侵占，抗日救亡成为每个爱国者的必然选择，全国各界要求救国图存的声音此起彼伏。就在这一年，郭永怀顺利从预科转入南开大学，但这也预示着他们这一代人的求学和人生之路不可能像当代青年一般平坦、随性。郭永怀因数学成绩优异并在预科期间对光学具有浓厚的兴趣而选择了入读物理学专业。入读两年后，南开大学因经费问题，鼓励学生转入其他学校。郭永怀因此参加了北京大学的考试并顺利转学之（至）北大物理系，跟随三年级的课程继续学习，[1]特别是在此期间他曾跟随北京大学光学专家饶敏泰学习，使得他在光学、物理学等领域都有所精进，并得到留校助教的工作。但是七七事变后，日本全面侵华，郭永怀虽然还算平稳地度过了大学生活，但已无法再继续安静科研，北京大学、清华大学等学校都相继停课。郭永怀于是回到家乡在威海中学任教，但随着日军侵占威海，威海中学的师生也被迫撤离。此后，郭

---

〔1〕 北京大学民国二十四年（1935 年）6 月各系毕业生清册，北京大学档案馆档案。

永怀辗转来到西南联合大学。偌大的华北在日本侵略下已无法安放一张书桌，西南联合大学虽还勉强能够读书，但郭永怀的心中已无法全然仅仅作为一个热爱科研的青年学子来生活，而是更多地开始思考如何运用所学知识为抗日救国作贡献。

作为从农家走出的普通学子，如何抗日？如何爱国？是拿起武器走向战场，还是拿起笔杆唤醒世人，抑或走上政治道路披荆斩棘？年轻的郭永怀想必思考诸多。最终，他选择他最擅长却也并非坦途的一条救国道路——科学救国。

科学救国是在近代中国特殊的时代背景下，先进知识分子所开创的一条探索救亡图存的思考之路，从鸦片战争起便逐渐萌芽发展。特别是在任鸿隽、杨铨等一批20世纪初期便出国留学的人的助推下，越来越多的知识分子意识到"科学在现今世界的重要，与我国科学的不发达"[1]，是造成当前中国落后的一个重要原因。郭永怀便也在同样的氛围中，越发意识到中国掌握先进科学的重要性。而对于如何科学救国，郭永怀根据当时的中日力量对比，认为应当率先发展军事科学技术。特别是他在从威海去往昆明的道路上，看到日寇的飞机肆意对无辜的中国人狂轰滥炸时，更是在心底萌发出要学与航空有关的学科，以增强国家的领空控制力。因此，1938年夏，当中美庚子赔款基金会留学委员会举办第七届留学生招生考试时，郭永怀毅然决然选择了报考力学专业，以力学的理论基础地位支撑他的航空救国梦。力学专业在当年的招生计划中只有一个名额，但却有3000多名应试者。考试结果公布后，郭永怀与钱伟长、林家翘三人并列第一。最终争取之下，三人同时获得奔赴加拿大留学的机会。踌躇满志的三人从上海登船，心怀科学救国之愿准备启程。但上船后，他们发现，奔赴加拿大的护照却是由日本政府所签发。他们出国本就是源于抗日救国的拳拳爱国心，决不能忍受侵略者颁发的签证。因此，他们宁愿牺牲得来不易的留学机会，也不接受侵略者的"恩惠"，选择了下船。两年后的1940年，郭永怀才又获得了去加拿大留学的机会。自此，他的科学救国梦开启了新的征程。

2. 过程

郭永怀先生的科学天赋在留学初期便展现出来。1940年9月，郭永怀刚

---

〔1〕 任鸿隽：《科学救国之梦：任鸿隽文存》，上海科技教育出版社2002年版，第391页。

到达加拿大多伦多大学，一般人或许都还在适应异域生活带来的种种不便或处于对异国他乡的新鲜感中，但郭永怀却在入学后半年多的时间便完成了以《可压缩粘性流体在直管中的流动》为题的硕士学位论文，并得到他导师的高度评价。为了进一步解决可压缩粘性流体跨声速流动的不连续问题，郭永怀于 1941 年 5 月来到了美国加州理工学院，在当代航空大师冯·卡门教授门下攻读博士学位。当时国外的航空水平虽已较高，但也面临着一个"卡脖子"的难题，即当飞机飞行速度达到每小时 700 公里后，如果试图继续提升飞机的飞行速度，特别是当飞机试图以接近声音在空气中的传播速度——约每小时 1200 公里时，飞机就会发生剧烈震动，很容易机毁人亡。当时这一问题被称为"声障"，这意味着如果在这一问题上有所突破，整个航空业的水平也将迎来新的突破。郭永怀"明知山有虎，偏向虎山行"，选择尽力克服这一难题。冯·卡门十分欣赏郭永怀的勇敢和执着，也因此经常对别人说"郭永怀正在做一个最难的课题，没什么重要的事就别去打扰他"，尽量为郭永怀的研究提供便利。郭永怀为完成这一课题，放弃了任何娱乐活动，用四年时间做了一个被他的好友钱学森称之为"谁也不想、谁也不敢沾边的题目"（钱学森语），完成了有关跨声速流动不连续的论文，顺利获得了博士学位，并因其成果获得学界认可。1948 年，科学家能够突破"声障"，使得飞机的飞行速度超越了声速，郭永怀博士期间的研究成果便为此作出了突出贡献。郭永怀毕业后受聘于美国的康奈尔大学，继续探讨跨声速气体动力学的问题，三年后便初步解决了学界存在多年的又一难题，以其跨声速和应用数学两方面的成就震惊世界，成为科学界冉冉升起的明星。

作为科学明星的郭永怀，经济和科研条件都不断好转，但这些都没能让他产生扎根美国的想法，他心中始终还记着那个让他远渡重洋的"初心"，始终牵挂着那个虽贫弱但绝不愿舍弃的祖国。在新中国成立之前，郭永怀就经常畅想中国的未来，当他通过国内朋友的通信和报刊得知中国共产党建立了新中国后，他更是恨不得立即插上翅膀回去报效祖国。但在当时的时局下，郭永怀等中国科学家不可能被放回中国。郭永怀、钱学森等一众留学生也只好继续将报国的热情化为科研的动力。1955 年 7 月，郭永怀被聘为康奈尔大学终身教授。在当时，这一身份能够为郭永怀带来每月 800 美元的收入，还不包括稿酬、科研酬劳等收入，这些收入能让他的家庭衣食无忧、生活富裕，但在签订受聘合同时，郭永怀就明确表示"我来贵校是暂时的，将来在适当的时候就要离开",并在校方提供的"如果发生战争,是否愿意为美国服兵役"一栏中,果断填写了"NO",这意味着郭永怀将被美国情报局所重点关注。但这些从未让他动摇。

1954年,日内瓦会议召开,在周恩来的争取下最终与美国达成允许侨民自由回国的协议,这为中国学者的回国带来了希望。1955年,钱学森先行回国,临行前他与郭永怀约定,一年后两人在祖国见面。郭永怀的夫人李佩回忆:"钱学森一归国,老郭就坐不住了,整天盘算着回国的事。那时美国的许多朋友,包括已经加入美籍的华人朋友都劝他,康奈尔大学教授的职位已经很不错了,孩子将来在美国也可以受到更好的教育,为什么总是记挂着那个贫穷的国家呢?"对此,他坚定地说:"家贫国贫,只能说明当儿子的无能!"[1] 1956年,为了能顺利归国,郭永怀当着众人的面烧毁了他所有未发表、已发表的文章、笔记、教研资料等,在11月份终于踏上了归国的邮轮。自此,在外漂泊16年的游子郭永怀一家终于再次踏上了祖国的土地。科学救国的梦想终于在中国的大地上生发为科学报国的实践。

郭永怀回国后,受到周恩来总理的亲切接见,总理特意问郭永怀有何要求,郭永怀的回答则是"想尽快投入工作"。在钱学森的热烈邀请下,郭永怀就职于中国科学院力学研究所任副所长,开始为新中国基础科学的发展夯实根基。

1957年10月4日,苏联发射成功第一颗人造地球卫星,引起全世界震惊。为此,中国科学院等单位组织召开了有关苏联发射人造卫星的座谈会,郭永怀参加会议,并指出"我觉得这件事是在进入原子能(时代)以后的第二件大事情,对整个人类都有影响"。[2]郭永怀与其他科学家一道倡导研制人造卫星。郭永怀本就在空气动力学等航空领域造诣很深,为研制人造卫星,他多次参加研讨会,与来自各领域的专家进行基础理论的推敲、技术问题的讨论等,并以空气动力学、数学、物理学方面的专长提出了非常具有建设性的建议。更为重要的是,郭永怀还从整体学科发展上对航天事业提出了宏观设想,与钱学森等人创建了全国性的空气动力学研究基地,富有远见地布局了飞机、火箭测验的风洞、自由飞弹道靶等基础建设,为气动中心的建立奠

---

〔1〕 金志涛等:"为'两弹一星'殉职的郭永怀",载《炎黄春秋》2001年第3期。
〔2〕 郭永怀在关于苏联发射成功第一颗人造卫星座谈会上的发言,中国科学院,1957年。

定了重要基础，为中国此后航空航天飞行器的研制与突破提供了重要支撑。

核武器是 20 世纪至关重要的战略武器，1957 年，苏联曾在我国核科技事业发展初期允诺提供原子弹研制的帮助，但到了 1959 年的 6 月份，苏联却突然拒绝继续提供援助，并撤走了苏方的所有人员和资料。我国在此情况下决定凭借自己的力量，自力更生完成核武器研制，并为此从全国抽调技术力量到当时被称为"九院"的研究院进行专门的研究工作。郭永怀便是在此背景下于 1960 年调到九院担任该院的副院长，与实验物理学家王淦昌、理论物理学家彭恒武形成了核武器研究初期的核心力量。在原子弹研制过程中，原子弹的引爆方式问题是亟须攻克的关键问题之一。当时有"枪法"和"内爆法"两种，郭永怀通过科学比较，提出了"争取高的，准备低的"的方针，从最终的结果来看这一方针的确定为此后原子弹引爆方式的技术突破提供了正确指导。另外，郭永怀还是原子弹结构设计、强度计算和环境试验的掌舵人，他不仅在研究所进行理论的推演、难题的解决，还经常深入试验现场。核武器的试验现场地处西北腹地，自然环境恶劣，郭永怀在试验现场经常一待就是几个月。为了兼顾北京和西北两地的工作，郭永怀总是选择坐飞机往返两地。于今天来看，显然乘坐飞机确实是一个最为快捷的方式，但在当时，由于国内航线所使用的都是中小型客机，安全性和舒适性都不算太高。周恩来还曾为保障这些科学家的安全，建议要少乘飞机。可郭永怀却为了节省时间总是开玩笑道"我是学航空的，学航空的人都不敢坐飞机，那让谁来坐"。正是在郭永怀等科学家争分夺秒、不畏艰辛的努力下，1964 年 10 月 16 日，我国第一颗原子弹装置核爆炸试验成功，郭永怀目睹了这极为壮观的一幕。原子弹试验成功后，郭永怀又投入"东方红"人造卫星的研制计划中，对"东方红"卫星本体及返回卫星回地研究等组织领导工作。1967 年 6 月 17 日氢弹爆炸试验的成功也离不开郭永怀对氢弹原理的探索。郭永怀先生当之无愧地成为我国核武器发展事业上的重要奠基人，是实至名归的"两弹元勋"！

1968 年 10 月，郭永怀奔赴西北核基地为我国第一颗导弹热核武器发射试验进行实地指导，12 月 5 日，当他要回北京汇报一份十分重要的数据资料时，一向节省时间的他再次选择夜航。飞机快要到达机场降落时突然失去平衡。在飞机即将坠毁的一瞬间，郭永怀与警卫员将装有资料的公文包紧紧夹在两人胸口中间，最终两人被烧成一体，公文包中的资料却完好无损。周恩来得知消息后失声痛哭，良久不语。他的同事、朋友、学生亦是以各种方式表达着对郭永怀的怀念。1968 年 12 月 25 日，当时的中华人民共和国内务部授予郭永怀烈士称号。

3. 意义

邓小平曾指出："如果 60 年代以来中国没有原子弹、氢弹，没有发射卫星，中国就不能叫有重要影响的大国，就没有现在这样的国际地位。"1999年在"两弹一星功勋奖章"获得者的表彰大会上，江泽民亦曾深情讲道："他们的英名和功绩，将永远与'两弹一星'事业的丰功伟绩融为一体，记载在中华民族的光辉史册上。"2011 年，习近平在看望中国科学院院士、航天科技专家孙家栋时同样强调，"两弹一星"精神激励和鼓舞了几代人，是中华民族的宝贵精神财富。郭永怀则是"两弹一星"元勋中唯一一位在核弹、导弹、人造地球卫星三方面均作出突出贡献且以身殉国的科学家。生而无私、死亦无畏，郭永怀用最长情的忠诚与最勇敢的牺牲彰显着共产党人的初心使命！

先生之功不仅在对国家基础与应用科学问题的解决上，还体现在他对人才的培养和高尚人格的引领上。

中华人民共和国成立之初，国内科技人才匮乏。郭永怀回国之初就致力于将培养科技人才当作大事、要事来抓。1956 年，随着我国恢复建立研究生制度，郭永怀就开始亲自给研究生上课、亲自带研究生，并在 1957 年第一届由力学研究所和清华大学合办的工程力学研究班担任班主任，负责全班学生的学习并讲授《流体力学概论》。这些学员在郭永怀、钱伟长等人的悉心指导下，快速成长，成为我国力学事业的中坚力量。郭永怀自回国后很少再署名发表论文，但却总是默默地指导学生论文的写作，对每一篇文章都反复推敲、字斟句酌。他曾对此表示："国外的工作条件比国内优越得多，如果不是为了我国科学事业的发展，我何必从国外回来！说实在话，我从回国之日起，已把个人科研上的得失置之度外。我认为不署名有利于青年人增强独立工作的意识，有利于他们迅速成长。"[1]先生不仅自己甘做铺路石，也教导他的学生要耐得住寂寞，坐得住板凳，告诉他的学生"现在我们的事业处于初创阶段，所以你们也要有铺路的思想准备，为后来者服务，创造好科研工作条件"[2]，

---

〔1〕 李毓昌："高山安可抑，徒此挹清芬——回忆郭永怀先生高尚的道德情操"，载郑哲敏主编：《郭永怀纪念文集》，科学出版社 1990 年版，第 20～22 页。

〔2〕 李家春："在郭先生身边当研究生的日子里"，载李家春主编：《高山仰止　大爱无疆——我们心中的郭永怀和李佩先生》，科学出版社 2013 年版，第 193 页。

为国家科研事业艰苦奋斗，俯首甘为孺子牛。

郭永怀先生一生品德高洁，胸襟坦荡，淡泊名利，坚守真理。1957 年，钱伟长先生被错划为右派，许多人避之不及，但担任《力学学报》主编的郭永怀仍坚持请钱先生担任学报的审稿工作。在审稿工作中，钱先生曾指出一篇教授写就的论文错误较多，不适宜发表，但论文作者却以"左派教授的文章不许让右派教授审查"的由头致信编委会。郭永怀先生义正辞严地表示"我们相信钱伟长的意见是正确的，这和左、右无关"，回绝了这名教授的无理要求，而这在当时是需要极大的政治勇气的。20 世纪 60 年代末，不少人提出要面向生产解决实际问题，放弃基础理论的探索。郭永怀先生也总是反复强调科学研究必须重视探索性工作，强调基础理论与应用的结合，不随波逐流，坚守科学的底线。

钱学森曾在缅怀郭永怀时说道："他把力学理论和火热的改造客观世界的革命运动结合起来。一方面是精深的理论，一方面是火一样的斗争，是冷与热的结合，是理论与实践的结合。这里没有胆小鬼的藏身处，也没有私心重的活动地。这种真才实学和献身精神，郭永怀兼而有之。"2018 年 7 月，国际小行星中心正式将编号为 212796 号的小行星命名为"郭永怀星"。这颗星将恒聚宇宙，照亮人心。先生厥功甚伟，其德永馨！

二、时传祥

(一) 时传祥纪念馆概况

时传祥纪念馆有两座，分别坐落在山东省德州市齐河县县城和北京东城区的龙潭湖公园内。其中，齐河县是时传祥的出生地，而北京是时传祥为环卫事业奉献终身的地方，故纪念馆建在此两处。

地处齐河县的时传祥纪念馆占地面积 2 万平方米，建筑面积 1600 平方米。纪念馆为砖混结构，高 9.9 米、长 28.8 米，建筑面积 1501.6 平方米。建筑以山东民居形式，采用硬山对称，灰瓦白墙，表达时传祥的朴素人生，以八角形平面布局寓意四面八方，表达"宁愿一人脏，换来万家净"的时传祥精神，其基座四面是三层跌落式花池，含义为四季和 12 个月，表达时传祥勇敢正直、淳朴善良、勤劳无私的高尚品格和博大胸怀。纪念馆由中共中央办公厅批准修建，中共中央政治局时任常委、全国政协时任主席李瑞环题写馆名，于 2000 年 9 月 9 日正式开馆。

在北京的时传祥纪念馆占地近 800 平方米，是利用龙潭湖公园腾龙阁院落改造而成，馆内布展采用现代高科技电子技术制作。纪念馆由事迹展示长廊、实物展示、LED 显示屏、幻影呈像展区和影视资料放映厅等六个部分组成。从"苦难的身世　不屈的性格""无私的奉献　圣洁的心灵""亲切的关怀　巨大的鼓舞""榜样的引领　光荣的传承""时代的呼唤　永远的追求"五个方面全面、深刻地介绍展示了时传祥同志勤劳质朴、艰苦奋斗的一生。该馆于 2009 年 10 月 26 日正式落成并对外开放。时传祥纪念馆现为北京市劳模精神教育基地和东城区爱国主义教育基地，体现了良好的社会育人功能，为宣扬劳模精神、弘扬社会主旋律、引领社会新风尚作出了突出贡献。

（二）时传祥生平及其人物价值

1. 生平

时传祥于 1915 年 1 月 1 日出生在山东德州齐河县的一个农民家庭，家境贫寒。14 岁时，他逃荒流落到北京城郊宣武门一家私人粪场，为了生活，当了掏粪工。在旧中国，掏粪工的社会地位非常低，不仅受到社会的歧视，还要受行业内部一些恶势力的压榨和盘剥。尽管如此，时传祥一干就是 20 年。

1949 年中华人民共和国成立后，时传祥进入北京市原崇文区（今属东城区，下同）清洁队，从一名旧社会的"粪花子"，变成了首都环卫战线的一名清洁工人，后来又被工友选为崇文区"粪业工人工会"委员。1952 年，他加入了北京市崇文区清洁队，继续从事城市清洁工作。当掏粪工人，几乎没有休息日，哪里该掏粪，不用人来找，时传祥总是主动去。当时，市政府把过去送粪用的轱辘车换成了汽车。为了提高工作效率，时传祥就把用轱辘车时 7 个人一班的大班，改成了 5 个人一班的小班。这样，全班由过去每人每班背 50 桶增加到了 80 桶，而他自己则每班背 90 桶，最多每班掏粪背粪达 5 吨。他以"搞好环境卫生，美化人民首都"为己任，肩背粪桶，走家串户，利用公休日为居民、机关和学校义务清理粪便，整修厕所。因常年背粪，时传祥的肩膀被磨出一层厚厚的老茧。"俺要一人嫌脏，就会千人受脏；俺一人嫌臭，就会百家闻臭。俺脏脏一人，俺怕脏就得脏一街。"这是时传祥常挂在嘴边的话。

1955 年，时传祥被评为清洁工人先进生产者，1956 年当选为崇文区人民代表，同年 6 月加入中国共产党。1958 年被邀请担任北京市政协委员。1959

年，时传祥作为全国先进生产者参加了在北京召开的全国"群英会"，10月26日，时任国家主席刘少奇在人民大会堂湖南厅握着他的手，说道："你掏大粪是人民勤务员，我当主席也是人民勤务员，这只是革命分工不同。"刘少奇还特意送给他一支钢笔，鼓励他好好学文化。时传祥也表示："我要永远听党的话，当一辈子掏粪工。"同年10月29日，《人民日报》刊登了刘少奇与时传祥的合影，对全国从事清洁工作的劳动者形成了巨大的鼓舞。时传祥说："我已经干了30年的掏粪工，只要党需要，我还要再干它30年、60年！党需要我干到什么时候，我就干到什么时候。"

从此，时传祥成为载誉全国的著名劳动模范。《人民日报》、中央人民广播电台等新闻单位都对他的事迹作了报道，将他常挂在嘴边的那句话提炼成"宁愿一人脏，换来万家净"的时传祥精神。时传祥也更加努力，更加热爱本职工作。1964年，北京环保局分配部分青年学生作掏粪工，时传祥时任崇文区清洁队青工班班长，为转变部分青工怕脏怕丑的思想，年近半百的时传祥总是抢着干最脏最累的活，对青年工人言传身教，以"工作无贵贱，行业无尊卑；宁愿一人脏，换来万家净"的职业道德观，教育和影响青年一代安心本行业工作。他用实际行动和朴实的语言感动了一批又一批的青年，让他们不再抵触自己所从事的工作。

为了干好掏粪工作，时传祥动了不少脑筋，也付出了比常人多的辛劳。老北京平房很多，老四合院里人口密度非常大，茅坑浅，粪便常常溢出来，气味非常难闻。他遇到这种情况，总是不声不响地找来砖头，把茅坑砌得高一些。他干的这行，是没有节假日的，哪里该掏粪，不用人来找，他总是主动去。不管坑外多烂，不管坑底多深，他都想方设法掏干扫净。茅坑里掉进了砖头瓦块，他就弯下腰去，用手一块块地捡出来。

1966年国庆节前，毛泽东请时传祥到中南海去住，并把他当贵宾请上天安门，参加国庆观礼。北京市时任副市长万里，也曾背起粪桶，跟着时传祥学习背粪，给环卫工人鼓气，一时间在北京城内传为佳话。清华大学的一些学生也曾拜时传祥为师，主要是学习他身上那种吃苦耐劳的精神和"宁愿一人脏，换来万家净"的崇高思想境界。时传祥的工作虽然普通，但是事迹却很感人，成了享誉京城的知名人物。一个国家对一名掏粪工人的尊重达到了前所未有的高度。

20世纪60年代末，时传祥惨遭迫害，被诬为"工贼"。1971年被遣送回原籍。1973 年 8 月，毛泽东、周恩来得知此事后，立即指示有关部门将他接回北京，政治上予以平反，恢复名誉，生活上照顾安排。1975 年 5 月 19 日，时传祥在北京病逝。时传祥弥留之际，将四个子女叫到身边说："我掏了一辈子大粪，旧社会被人看不起，但我对掏粪是有感情的。我向主席汇报工作时说，各行各业都需要有人接班，我唯一的愿望是你们接好我的班，这个班不是我个人的班，这是党和国家的班!"〔1〕

2. 主要荣誉

1949 年 10 月被选为北京市前门区粪业工人工会委员；

1954 年被选为前门区掏粪工人先进生产者；

1956 年加入中国共产党；

1958 年当选为北京市政协委员；

1959 年当选为全国劳动模范，出席全国群英会，同时被选为主席团成员，并受到时任国家主席刘少奇的亲切接见；

1964 年当选为全国第三届人大代表；

为弘扬时传祥"宁愿一人脏，换来万家净"、毫不利己、专门利人的精神，经中共中央办公厅"中秘文发〔1999〕84 号文"批准，在山东省齐河县建立"时传祥纪念馆"；

2019 年 9 月 25 日，被评选为"最美奋斗者"。

3. 人物价值

时传祥是在中国新旧社会交替的时代涌现出来的典型人物。受尽苦难与翻身解放的巨大反差使他更加坚定地加入共产党，坚定为人民服务宗旨的正确性。时传祥的可贵之处在于，他认识到为人民服务没有高低贵贱之分，都是光荣的，并发自内心地做好在一些人眼中认为是低贱的工作。党和政府对清洁工人的关心，也是他干好工作的重要动力。他终身坚守在掏粪这一与人民日常生活息息相关的工作岗位上，真正做到了"润物细无声"。

在时传祥所处的时代，社会虽然有所变化，但是人们的许多老旧观念并不是一朝一夕所能改变的。但是时传祥总是能站在为人民服务，而不是行业贵贱的角度去看待工作。刚解放的时候，一些人认为自己当家作主了，再也

---

〔1〕 高吉全："掏粪工人时传祥：一门三代全国劳模的别样人生"，载《雷锋》2019 年第 10 期，第 28~33 页。

不用干低贱伺候人的掏粪工作。时传祥却认为，再脏再累的活也得有人去干，能以一人脏，换来万家净，这是十分光荣的。当年，有些青年人不安心清洁工作，嫌掏粪工丢人，总想转到工厂去。时传祥开导他们："北京城如果一个月没有人去掏粪，粪便就会流得满大街都是。你也愿意上重工业，我也愿意上重工业，不行啊，总得有人清理粪便呀！"时传祥用朴素的语言影响着许多的青年人，让他们对待工作的观念有所改变。

社会学家艾君认为，从时传祥身上以及在他鼓舞感召下的同事们身上所体现出来的全心全意为人民服务的精神，勤劳朴实、自强不息的民族精神，爱岗敬业、吃苦耐劳的奉献精神，正是文明社会赋予的时传祥精神的时代内涵。艾君将时传祥精神归纳为三个方面：一是时传祥精神包含着一种爱的奉献，这是一种把所有的爱都汇织成对事业的不求回报和全身心地为社会、为他人付出上的人生追求。这是时传祥精神的时代性。二是时传祥精神包含着一种"毫不利己、专门利人"的崇高人生境界和思想情操。这是时传祥精神的社会性。三是时传祥精神包含着新中国"劳动者的爱岗敬业的奉献精神"。这是时传祥精神所体现出来的中华传统美德。

爱是人类普世的文明价值，时传祥身上体现的正是这样的一种普世价值观和人生追求。当我们以时空的角度认识解剖时传祥精神时则会发现，倡导与时俱进地学习时传祥精神，对构建和谐社会，树立公民社会的责任心、正义感和奉献精神，倡导公平公正、关爱他人的社会和谐环境有着重要的时代意义。

记者莫艾在 1964 年采访过时传祥，他指出，新中国 60 年的经济发展所取得的成就证明，人民是历史的创造者，工人身上的优秀品质和体现出来的精神财富是一笔千金难买的精神动力，也是一个国家、一个民族壮大发展的力量源泉。发扬"宁可脏一人、服务千万家"的光荣传统，弘扬时传祥精神，让其成为凝聚人民、动员人民、激发人民创造力的精神力量和共同的价值追求，成为实现中华民族伟大复兴的强大精神力量，成为中华民族不断取得进步、成就、荣耀的中国精神价值体系中的重要组成部分，铸就出和谐社会的美好愿景，已成为时代的共识。

在如今现代化的大都市中，掏粪工是个已经消失了的行业，但只要存在着社会分工，行业之间就必然存在着差异，也仍然会存在着苦、累、脏的工作，这些工作同样要有人去从事。因此，时传祥"宁愿一人脏，换来万家净"的精神对于今天来说，也仍然没有过时。时传祥精神已经成为文明社会中的社会普世价值观和道德品质。无论社会如何变革，追求文明发展的社会，时传祥精神永远就会被推崇和弘扬。由此可见，时传祥精神具有时代性，构建和谐社会需要这种精神。时传祥精神所折射出来的人与人之间的相互关爱，人与社会之间的相互融合，人与社会之间的和谐共生，这与建设社会主义和谐社会的实质是相统一的，这也正是时传祥精神的时代内涵所在。

三、共性研究

"一玉口中国，一瓦顶成家，都说国很大，其实一个家。一心装满国，一手撑起家，家是最小国，国是千万家。"歌曲《国家》这首歌之所以能够脍炙人口、广为传唱就在于它简洁而又传神地表达出中华优秀传统文化中流淌的家国情怀。正因如此，无论我们身处哪个时代，无论从事哪份职业，便因数千年来浸润于中华民族血液中的家国情怀而具有可比性。无论是像时传祥这样为平凡的掏粪行业奉献终身的体力劳动者，还是像郭永怀那样为中国核弹、氢弹和卫星试验工作作出巨大贡献的科学家，尽管社会分工不同，但是他们都热爱自己的事业，热爱自己的祖国，始终坚守在自己的岗位上，为国家贡献自己的力量。

二人同是从家国颓危之际迈入新中国，进而建设新中国的山东人，虽然职业迥异，但却都流淌着同样深切、纯粹的家国情怀。这种家国情怀在郭永怀和时传祥上具体表现为以下几个方面。

（一）以国为家的爱国精神

"家国天下，皆吾之身"，在悠久的中华文化历史长河中，我们的祖先常把家、国、天下视为一体，而个人之小我则是将家、国、天下联系起来的纽带。郭永怀和时传祥正是在个体、家庭的成长中逐渐领会到家国的相依共从。郭永怀和时传祥都是山东农村出来的孩子，家庭的窘迫已让他们尝过了生活的艰辛。这种艰辛源自国家的积贫积弱，来自列强的肆虐、军阀的混战。因此，无论是郭永怀第一次登上邮轮却被告知是日本签证时的愤慨，还是时传祥在私人粪厂被任意克扣工资的愤怒，他们想必都深深体会到了个体命运与国家命运之间的紧密关联。因此，当新中国成立后，无论是远在海外的郭永怀还是身处首都的时传祥，他们都感受到了中国"站起来"带来的变化。当他们有机会有能力时，他们便毅然选择了建设新中国。郭永怀回国后立即投入工作中，并服从国家需要先后在原子弹、氢弹和卫星等领域作出了突出贡献。这些贡献的取得不仅源自郭永怀的科学天赋和努力，实际上更来自他视国为家的无私奉献。自他1956年开始投入研制原子弹的工作后，出于保密需要，他不能告诉妻女他要去哪，不能告诉她们他去多久，更不能经常陪伴她们。郭永怀年幼的女儿过生日时向他要礼物，他也只好满怀歉意地指着天上的星星说，以后天上会多一颗星星，那就是爸爸送你的礼物。因为工作的特殊性，郭永怀必须经常奔波于北京和青海之间，这折磨着他的身体却没有磨损他为国奉献的意志。郭永怀的一生始终是以国为家，舍小家顾大家，即便在20世纪60年代末受到不公平待遇也始终不改报国初心，始终践行科学之志。他在坠机前的最后10秒慨然选择与警卫员紧紧抱在一起保护机密文件更是彰显了他以身报国的决心和信念。时传祥虽然只是一名普通的劳动者，虽然可以守在妻儿身边，却同样自觉在自己的工作岗位上奉献着自己的爱国之情。当别人嫌弃掏粪工作又脏又累时，他却将之视为能够建设国家的光荣使命。特别是当时任国家主席刘少奇接见他时说道，"你掏大粪是人民勤务员，我当主席也是人民勤务员，这只是革命分工不同"后，他更是坚定了他为国奉献的信念，利用公休日为机关、学校和居民义务清理粪便，修理厕所。时传祥为普通人的爱国奉献做了标杆、树立了榜样，党和人民也将其视为楷模。时传祥曾被评为劳动模范、多次受到党和国家领导人的接见，并两次登上天安门城楼观礼。在新旧社会的对比下，时传祥激动地表示"我要永远听党的话，当一辈子掏粪工"。而且，在他的激励下，他的四个儿子和孙女也加入了环卫工作服务人民。时传祥去世之前，还特意告诉子女："我掏了一辈子大粪，旧社会被人看不起，但我对掏粪是有感情的。我向主席汇报工作时说，各行各业都需要有人接班，我唯一的愿望是你们接好我的班，这个班不是我个人的班，这是党和国家的班！"[1]无论是郭永怀，还是时传祥，他们能够甘心将自己的一腔热血转化为为国奉献的实践，正在于他们真正将自己的家庭与国家的命运关联在一起，真正将中华优秀传统文化中的家、国、天下的信念融入生命中。

（二）开拓进取的创新精神

作为科学家的郭永怀和作为环卫工人的时传祥，他们都在各自的岗位上

---

〔1〕"时传祥"，载 http://zmfdz.news.cn/554/index.html，2022年6月6日访问。

锐意进取,以开拓创新的精神勇攀高峰。郭永怀早在留学美国期间便已成为科学界的一颗明星,这正得益于他对科学上的不断创新。对于 20 世纪 30、40 年代面临的高速飞行速度的国际难题,他在跨声速流动和奇异摄动理论两个前沿领域的研究中都取得了突破性进展,给出了理论上出现激波的上临界马赫数,开拓了高超声速流动的前沿研究,在应用数学和力学领域中都作出了杰出贡献。回国后,郭永怀服从祖国需要,在多个方向上都作出了开拓性成就。由于苏联的中途毁约,原子弹的研究基本需要我国科研人员从零摸索,作为原子弹早期研究的三大支柱之一,郭永怀除了要在科学规划上进行宏观指导,还对于原子弹、氢弹研制中的细节性的科学问题作出了很多突出贡献。如当第一个原子弹装置试验成功爆炸后,核武器转向高威力方向发展,氢弹的研究提上日程。在其中,氢弹的体积和重量都大大增加,就涉及飞机投下氢弹后如何在一定时间内躲过冲击波和光辐射,避免机毁人亡。对于这一问题,郭永怀创新性地提出了利用降落伞增加阻力减缓核弹降落速度以为飞机分离提供时间的方案,针对这一问题,科研人员在郭永怀指导下首次展开伞弹系统在空中的运动方程研究。通过理论和实地的一系列试验、纠偏,最终找出了有效方法。时传祥作为掏粪工人,在多年的工作经验中不断总结经验,带领他的工友们进行技术革新。北京市人民政府为了减轻清洁工人的劳动量,不仅在工资待遇上特意有所提高,还将他们传统的必须肩扛手提的粪篓、轱辘车换成了汽车。劳动工具的变革也启发着时传祥劳动方式的革新。他通过科学计算工时,创新性地将过去 7 个人一班的大班体制转变为 5 人一班的小班制。通过合理的分工,使得小班制的工人从每班背 50 桶提高到 80 桶,配合着汽车的运输增加了粪污的清洁量。正是时传祥在工作中时刻总结经验,才带领着他的工人团队高效地奋斗在"搞好环境卫生,美化人民首都"的第一线。

(三)甘为人梯的奉献精神

郭永怀作为曾在美国一流大学任教的归国教授,深知科技人才的培养对于一个国家的重要程度,因此他回国任职后从来都是尽力培养后备力量、托举青年人才。出于培养人才的需要,回国不久的郭永怀便与周培源、钱学森、钱伟长诸先生合力规划了全国高等学院力学专业的学科设置,并担任了中国科学院力学研究所与清华大学合办的首届力学研究班的班主任。在此期间,他不仅要授课、编写教材,还要亲自指导研究生学习。在原子弹试验中,他对所有自身参与的课题事无巨细地予以筹划和组织落实，在危险的爆破试验中，他亲自带领科研人员反复试验，甚至不顾危险身先士卒，亲自搅拌炸药。但在科研人员、他所指导的学生拿出他们共同的科研成果发表时，他却总是选择将自己的名字划掉，为青年人才"让路"。而且郭永怀经常教导他的研究生要有做好为国培育人才的准备，不要计较个人科研成果之得失。正是在郭永怀的言传身教下，他的学生如李家春、戴世强、俞鸿儒、陈允明、张涵信等都甘做"铺路石"和甘为"孺子牛"，不仅成为新中国科技发展的中坚力量，更为国家培养了大批的优秀科技人才。时传祥同是如此，在中华人民共和国成立初期条件尚不太好的北京胡同，茅厕一般都设计得非常浅，而四合院居住人口又非常多，导致粪便经常溢出，不仅气味难闻，也容易滋生病菌。时传祥在掏粪过程中碰到这种情况总会默默找来砖头，对茅厕进行改造。他的工作从来没有休假的时候，工作之余从来都是四处义务劳动，走街串巷地帮人清理厕所，甚至用手将掉落于茅厕的碎石头、瓦块捡起来。在他看来"俺要一人嫌脏，就会千人受脏；俺一人嫌臭，就会百家闻臭。俺脏脏一人，俺怕脏就得脏一街"。他用一个人的脏和累换来众人生活的便利和清洁。时传祥不仅甘愿守在最脏最累的掏粪一线，还身体力行帮助青年人转变思想。中华人民共和国成立初期，一批初高中毕业生被分到时传祥所在的清洁队，面对不少青年思想上的抵触情绪，时传祥通过担任这个"青年班"的班长，通过传帮带和精神的感召力帮助青年人树立了"工作无贵贱、行业无尊卑"的为人民服务的思想，促使青年班的新人也能够无私奉献、不怕脏累。在时传祥奉献精神的号召下，20世纪80、90年代接连涌现出诸如任华亭、关阔山这样甘为人梯、无私奉献的清洁工人，为首都北京的卫生清洁作出了重要贡献。

"冀以尘雾之微补益山海，荧烛末光增辉日月。"我们今天能够山河无恙、国泰民安，正是由于郭永怀、时传祥这样具有家国情怀的优秀共产党员们毫不吝啬地奉献自己，将小我融入大我之中，促就了今日中国之繁荣安定。2021年是中国共产党建党100周年。2月10日，党史学习教育动员大会在北京召开，习近平总书记在会议上指出，历史充分证明了江山就是人民，人民就是江山，强调中国共产党的百年历史亦是一部党与人民心连心、同呼吸、共命运的历史。我们在新的时代征程下，面对百年未有之大变局，更要继承发扬家国情怀，赓续共产党人的精神血脉，鼓起迈进新征程、奋进新时代的精气神，把14亿中国人民凝聚成推动中华民族伟大复兴的磅礴力量。

第五章

精神的力量

——红色文化资源思政育人教学案例

案例一："建党精神"教案

基本教学说明

教学时间：90 分钟

授课人数：50 人—100 人

课型：理论课

授课班级：各专业大学一二年级学生

【教学目标】

辩证唯物主义坚持物质决定意识并且意识具有能动性的立场。建党精神是中国共产党人在百年革命、建设和发展中所形成的一种有着"能动性"之意识。通过对这一精神的学习，深刻理解物质与意识的辩证关系原理。并且在情感和实践上，将 32 字精神，内化于心，外见于行，进一步坚定新时代大学生的理想与信念。

【教学重点及难点】

建党精神的内涵是教学的难点和重点。理解八个短语和 32 个字的含义，掌握其中贯穿的逻辑是向学生讲好伟大建党精神的关键。

【教学准备】

1. 学生准备：阅读中央党史研究室编写的《中国共产党历史》第一卷上册《中国共产党的创立（1921 年 7 月—1923 年 6 月）》部分，或者《中国共产党简史》第一章《中国共产党的创建和投身大革命洪流》部分，对中国共产党成立前后的历史活动有初步了解。

2. 教师准备：首先厘定"精神之源"授课主题和相关内容，根据主题和内容选择历史老照片，剪辑相关音频、视频资源，做好 PPT。设置好互动环节，以便在课堂上激发学生学习的积极性。

【问题导入】

观看"南陈北李，相约建党"短视频，提问：

"南陈北李"为什么不在书斋里写锦绣文章来"解释世界"，而偏偏走出书斋，去呐喊、去鼓动民众"相约建党"，去改造旧中国？

【课程讲授】

一、建党精神的提出和形成

在习近平总书记庆祝中国共产党成立 100 周年大会上发表的重要讲话中，精辟概括了我们党所蕴含的伟大建党精神。建党精神被首次提出，即：坚持真理、坚守理想，践行初心、担当使命，不怕牺牲、英勇斗争，对党忠诚、不负人民。

以 32 字概括的建党精神，思想精辟、内涵丰富，意义重大、意境深远，深刻揭示了中国共产党的特质，是我们全面认识和准确把握中国共产党为什么能的一把金钥匙。

（一）伟大建党精神来自马克思主义

近代以来，受西方文明冲击，中国人在儒学式微的大背景下先后向西方借来基督教神学主义（太平天国运动）、社会进化论和改良主义（戊戌变法）、资产阶级民主主义（辛亥革命）以求国家自强和民族自救，结果无不以失败告终。旧中国面临国家蒙辱、人民蒙难、文明蒙尘的严峻挑战，迫切需要新理论的指引，迫切需要一个有使命感的新型政治组织把一盘散沙的民众组织起来。

十月革命一声炮响，给中国送来了马克思列宁主义。五四运动前后，中国的先进分子意识到帝国主义列强联合压迫中国人民的实质，而俄国十月革命的成功、俄国新生政权以平等待我之态度，进一步增强了马克思主义对中国先进分子的吸引力。

（二）伟大建党精神来自五千多年的中华文明

1938 年 10 月，毛泽东在党的扩大的六届六中全会上所作的政治报告中指出："我们是马克思主义的历史主义者，我们不应当割断历史。从孔夫子到孙中山，我们应当给以总结，承继这一份珍贵的遗产。"

中国有五千多年的文明史，是世界上各种古老文明形态中唯一没有中断的文明，为人类文明进步作出了不可磨灭的贡献。中华文明的天人合一理念、大同思想、民本传统等代代相传、生生不息。在中华文明土壤中诞生的中国共产党人，必然会汲取优秀传统文化的营养，与时俱进地弘扬"朝闻道，夕死可矣"的求真精神、"天下大同"的理想情结、"制天命而用之"的奋进意志、"以民为本"的民本理念等，为伟大建党精神提供滋养。

（三）伟大建党精神来自实现民族复兴的伟大梦想

习近平总书记指出："中华民族是世界上伟大的民族，有着 5000 多年源远流长的文明历史，为人类文明进步作出了不可磨灭的贡献。1840 年鸦片战争以后，中国逐步成为半殖民地半封建社会，国家蒙辱、人民蒙难、文明蒙尘，中华民族遭受了前所未有的劫难。从那时起，实现中华民族伟大复兴，就成为中国人民和中华民族最伟大的梦想。"[1]

（四）伟大建党精神来自党自我革命的鲜明品格

共产党是人类文明史上的新型政党，与旧式政党具有本质区别。马克思、恩格斯在《德意志意识形态》一书中强调："推翻统治阶级的那个阶级，只有在革命中才能抛掉自己身上的一切陈旧的肮脏东西，才能胜任重建社会的工作。"

中国共产党从 1921 年成立时仅有 50 多名党员，到 1949 年中华人民共和国成立时拥有 448.8 万名党员，截至 2021 年 6 月 5 日党员总数达到 9514.8 万。[2] 历经百年奋斗，党的组织力、凝聚力、战斗力不断增强，始终保持旺盛的生机活力。中国共产党人面对各种考验和危险，之所以能够永葆先进性和纯洁性，得到人民衷心拥护，是因为有勇于自我革命的鲜明品格。

二、建党精神的内涵

中国共产党是近代中国历史发展的必然产物。中国共产党成立伊始，就

---

〔1〕 习近平："在庆祝中国共产党成立 100 周年大会上的讲话"，载 https://www. 12371. cn/2021/07/01/ARTI1625122624003841. shtml，2023 年 4 月 3 日访问。

〔2〕 洪向华主编：《见证：数说建党 100 年》，党建读物出版社 2021 年版，第 37 页。

坚持以马克思列宁主义为行动指南，以全心全意为人民服务为根本宗旨，把为中国人民谋幸福、为中华民族谋复兴作为初心和使命，把实现共产主义作为最高理想和最终目标。100 年来，我们党就是按照这样的性质宗旨、初心使命、最高理想和最终目标来建设党的。因此，伟大建党精神是中国共产党的精神之源，是中国共产党特质的生动写照。

（一）坚持真理、坚守理想是伟大建党精神的灵魂

在这四个方面精神中，坚持真理、坚守理想居首。我们党的创建以及百年伟大的革命、改革和发展历程本身就是坚持真理、坚守理想的结晶和写照。坚持真理、坚守理想，映照了共产党人的思想灵魂。其所体现的是我们党思想先进、信仰坚定的特质，展现的是党的强大思想优势。

坚持真理就是坚持马克思主义真理。马克思主义科学地揭示了人类社会发展的一般规律，为世界社会主义运动和人类解放事业提供了科学的理论纲领和正确的思想指引。坚守理想就是坚守共产主义理想。马克思主义认为，人类社会是一个由低级到高级发展的过程，共产主义社会是人类社会的终极形态。马克思主义政党的最高纲领和奋斗目标就是实现共产主义。中国共产党自创立之日起，就把马克思主义鲜明地写在了自己的旗帜上，把实现共产主义确立为最高理想。

近代以来，无数仁人志士坚守救亡图存的理想，抛头颅洒热血，但一条条探索之路都成了走不通的道路。从师夷长技以制夷到兴办洋务，从戊戌变法到辛亥革命，都难以改变旧中国积贫积弱的面貌。俄国十月革命一声炮响，给中国送来了马列主义真理。这一真理才使近代仁人志士救亡图存的理想变成了现实。历史一再证明，只有社会主义才能救中国。

我们传统文化里就有天下为公的大同理想，欧洲也有空想社会主义的乌托邦。我们党所要实现的社会主义是马克思主义这一真理指导下的科学社会主义。科学社会主义诞生的标志，就是 1848 年《共产党宣言》的发表。《共产党宣言》是一部第一次全面阐述科学社会主义原理的光辉著作，矗立起一座马克思主义精神丰碑。1920 年 8 月，由陈望道翻译的首个中文全译本《共产党宣言》在上海出版，为引导大批有志之士学习了解马克思主义、树立共产主义理想、投身民族解放事业发挥了重要作用。《共产党宣言》一经传播到中国，就让当时的仁人志士品尝到了不同于康有为《大同书》、孙中山"天下为公"的三民主义等不一样的味道，这个味道是"真理"味道。

对于"真理"味道,翻译者陈望道觉得很甜。习近平总书记多次在不同场合讲述了陈望道在翻译《共产党宣言》时"蘸着墨汁吃粽子,还说味道很甜"的故事。为了让更多中国人民品尝马克思主义真理的甘甜,无数中国共产党人,以自己的生命去擦亮真理的光芒。坚守"试看将来的环球,必是赤旗的世界"理想,38 岁的我党创始人李大钊坦然走向了反动军阀的绞刑架。坚守"主义"的夏明翰面对死神时,吟唱着那首"砍头不要紧"的诗歌。

习近平总书记指出:"对马克思主义的信仰,对社会主义和共产主义的信念,是共产党人的政治灵魂,是共产党人经受住任何考验的精神支柱。"[1]100 年来,中国共产党领导中国人民攻坚克难、取得举世瞩目的成就,靠的就是无数共产党人对马克思主义的信仰和对社会主义、共产主义理想信念的忠贞不渝。

百年党史,反复证明:马克思主义真理味道是甘甜,中国共产党人品尝着这种甘甜,从站起来、富起来,走向强起来! 共产主义理想信念有力量,中国共产党人靠着这个力量,不怕艰难,不怕牺牲!

(二) 践行初心、担当使命是伟大建党精神的动力

践行初心、担当使命体现的是我们党初衷不改、本色依旧的特质,展现的是党的强大政治优势。马克思主义与其他理论相比,其根本特点就在于实践性,行胜于言。马克思主义不仅要解释世界,更重要的是要改变世界。中国共产党人不仅是马克思主义科学精神的坚定信仰者,还是忠诚实践者。

中国共产党人的初心和使命,就是为中国人民谋幸福,为中华民族谋复兴。这个初心和使命是激励中国共产党人不断前进的根本动力。践行初心、担当使命就是努力把马克思主义真理运用于改造中国与世界的伟大实践中,践行为中国人民谋幸福、为中华民族谋复兴,乃至为世界人民谋大同的初心和使命。

近代中国历史表明,只有中国共产党才能肩负起为中国人民谋幸福、为中华民族谋复兴的历史重任。1840 年以来,为了拯救民族危亡,中国人民进行了殊死抗争和艰难探索。从太平天国起义、洋务运动到戊戌变法、辛亥革命,均以失败告终。这说明,没有科学革命理论指导,没有先进政党引领,

---

〔1〕 习近平:"坚定理想信念 补足精神之钙",载 https://www.12371.cn/2021/10/31/ARTI1635664776302220.shtml,2023 年 4 月 3 日访问。

中国人民难以翻身得解放，中华民族难以改变被欺辱、宰割的命运。实现国家独立、人民幸福、民族复兴的重任落在中国共产党身上。

中国共产党先驱们的建党初衷就是为中国人民谋幸福、为中华民族谋复兴。李大钊在《狱中自述》中曾写道，"钊自束发受书，即矢志努力于民族解放之事业"，并说明为何青年时期便开始深研政理："钊感于国势之危迫，急思深研政理，求得挽救民族、振奋国群之良策。"他与陈独秀相约建党，目的就是希望新成立的中国共产党能够把中国引向光明，让中国人都能过上好日子。

习近平总书记指出："回顾党的历史，为什么我们党在那么弱小的情况下能够逐步发展壮大起来，在腥风血雨中能够一次次绝境重生，在攻坚克难中能够不断从胜利走向胜利，根本原因就在于不管是处于顺境还是逆境，我们党始终坚守为中国人民谋幸福、为中华民族谋复兴这个初心和使命，义无反顾向着这个目标前进，从而赢得了人民衷心拥护和坚定支持。"[1]

（三）不怕牺牲、英勇斗争是伟大建党精神的特质

不怕牺牲、英勇斗争，就是为了实现伟大目标、理想所具有的无比坚强的革命意志，体现为勇往直前、艰苦奋斗、百折不挠、奋勇拼搏、不怕牺牲等精神。英勇斗争是共产党人与生俱来的政治品格。消灭私有制、实现共产主义是共产党人追求的最终目标和历史使命，要实现这一目标，不可能一帆风顺，必须依靠一代代共产党人的英勇斗争才能实现。共产党员作为无产阶级的先进分子，必须始终站在无产阶级革命斗争的最前沿。马克思、恩格斯在《共产党宣言》中指出，共产党人的先进性在实践上表现为始终是最坚决的、起推动作用的先锋。中国共产党人正是这样，在行动上始终走在革命队伍的前头，冲锋陷阵、勇往直前，成为带领中国人民不断前进的先锋战士。

不怕牺牲、英勇斗争体现的是我们党意志顽强、作风优良的特质，展现的是党的强大精神优势。中国共产党是为民族、为人民谋利益的无产阶级政党，它本身绝无私利可图，党组织要求每一个共产党员为共产主义奋斗终身，随时准备为党和人民牺牲一切，包括自己的生命。

不怕牺牲、英勇斗争是中国共产党人鲜明的精神符号和特质。面对武装到牙齿的强大敌人，面对艰巨而繁重的革命任务，面对各种艰难险阻，中国

---

〔1〕习近平："牢记初心使命，推进自我革命"，载 https://www.12371.cn/2019/07/31/ARTI156 4557205724455.shtml，2023 年 4 月 3 日访问。

共产党人不仅需要科学理论的指导，更需要有坚定的理想信念、钢铁般的革命意志和不怕牺牲、英勇斗争的精神。唯有这样，才能用血肉之躯筑起钢铁长城、挺起民族的脊梁，完成一个个看似不可能完成的任务，创造一个个人间奇迹。

据不完全统计，从 1921 年至 1949 年，全国牺牲的有名可查的革命烈士就有数百万人。在脱贫攻坚斗争中，1800 多名同志将生命定格在了脱贫攻坚征程上。[1]100 多年来，我们党团结带领人民以"为有牺牲多壮志，敢教日月换新天"的大无畏气概，不怕牺牲、英勇斗争，才取得抗日战争、解放战争、抗美援朝战争等一系列胜利，抵御和打破了以美国为首的西方国家对我国进行的政治孤立、经济封锁、军事威胁，我们才在应对政治的、经济的、军事的、科技的、意识形态的、文化的、社会的、自然界的、国内的、国外的各种风险挑战中赢得了优势、赢得了主动、赢得了未来。

（四）对党忠诚、不负人民是伟大建党精神的底色

对党忠诚、不负人民体现了共产党人的政治担当和精神本色。这是由党的性质、宗旨和使命决定的。其体现了我们党品德高尚、情系人民的特质，展现的是党的强大道德优势。

对党忠诚就是对党的信仰忠诚，对党的事业忠诚，对党的组织忠诚，对党的理论路线方针政策忠诚，在大是大非问题上始终同党中央保持高度一致。对党忠诚，是中国共产党重要的制胜法宝。习近平总书记指出："我们党一路走来，经历了无数艰险和磨难，但任何困难都没有压垮我们，任何敌人都没能打倒我们，靠的就是千千万万党员的忠诚。"[2]

不负人民就是不辜负人民的期望，不辜负人民的重托，竭尽全力为人民谋幸福。人民性是中国共产党最鲜明的底色，人民立场是中国共产党的根本政治立场，是马克思主义政党区别于其他政党的显著标志。中国共产党来自人民，为人民而生，因人民而兴。江山就是人民，人民就是江山，打江山、守江山，守的是人民的心。而要守住人民的心，就要践行党的全心全意为人民服务的宗旨，站稳人民立场，坚守人民情怀，做到不负人民。只有这样，

---

〔1〕 中国科学技术协会组编：《见证百年的科学经典》，中国科学技术出版社 2021 年版，第 233 页。

〔2〕 求是网评论员："永远把伟大建党精神继承下去、发扬光大"，载 https://www.12371.cn/2021/07/03/ARTI1625277475117480.shtml，2023 年 4 月 3 日访问。

才能赢得人民的信任，得到人民的拥护和支持，才能铸就党的千秋伟业。

三、建党精神与其他精神关系

我们党的百年历史就是一部精神构筑史。100 多年来，我们党铸就了一系列伟大精神，构建起中国共产党人的精神谱系。建党精神是中国共产党人精神谱系的源和本。我们党在不同历史时期围绕完成不同历史任务，形成了一系列像"井冈山""两弹一星"等伟大精神。这些精神，都是伟大建党精神在各个历史时期的突出表现和具体体现。

伟大建党精神也是中国共产党人精神谱系的根和魂。我们党在不同历史时期产生的伟大精神，尽管内涵不尽相同，但其本质内容和精神实质是相通的。伟大建党精神成为贯穿中国共产党人精神谱系的一条红线，是党的各种精神的高度概括和凝练。

总之，中国共产党人作为实现中华民族从站起来、富起来到强起来的主体，伟大建党精神就是其主体能动性的体现。这一具有能动性的精神不是在理论家书斋里构造出来的，而是在中国共产党人寻求救国救民真理的不懈探索中生根发芽，在马克思列宁主义同中国工人运动相结合的历史进程中茁壮成长，在中国共产党领导中国人民进行革命、建设、改革的伟大实践中发展成熟，在中国特色社会主义进入新时代的伟大进程中焕发时代光芒。

这一精神的能动性在不同历史时期能够得以正确和充分发挥，也成就了中国共产党人各种"能"。它是中国共产党团结带领中国人民进行一切奋斗、一切创造的精神动力，是中国共产党立党、兴党、强党的精神原点和思想基点。

【复习与反思】

通过学习建党精神的提出和内涵，思考为什么建党精神是中国共产党百年发展的精神之源？

【参考文献】

[1] 习近平："在庆祝中国共产党成立 100 周年大会上的讲话"，载《求是》2021 年第 14 期。

［2］本报评论员："永远把伟大建党精神继承下去发扬光大"，载《人民日报》2021年7月4日。

［3］曲青山："弘扬伟大建党精神"，载《山东经济战略研究》2021年第8期。

案例二："井冈山精神"教案

基本教学说明

教学时间：90分钟

授课人数：50人—100人

课型：理论课

授课班级：各专业大学一年级学生

【教学目标】

在梳理井冈山精神历史形成的基础上，深挖井冈山精神形成的深刻内涵、当代价值等重要意义，助力学生将坚定信念、艰苦奋斗，实事求是、敢闯新路，依靠群众、勇于胜利的井冈山精神铭记于心、落实于行。

【教学重点及难点】

1. 井冈山精神的形成、内涵。

2. 井冈山精神的历史地位。

3. 当代青年大学生对井冈山精神的继承与践行。

【教学准备】

1. 学生准备：阅读《中国共产党历史》（中共党史出版社2011年版），针对井冈山时期中国共产党的历史活动有初步了解。

2. 教师准备：授课课件、视频资源，运用多形式教学手段激发学生学习积极性，深化教学内容。

【问题导入】

向学生播放与井冈山相关的歌曲《映山红》和《红星照我去战斗》等，带领学生在悠扬的歌声中对井冈山有初步的感性认识。进而，通过向学生提问"对井冈山、井冈山精神有何了解"，在问题中将本节课所要讲的教学主题引入。

【课程讲授】

2021 年 2 月 20 日，习近平总书记在党史学习教育动员大会上指出，在100 年的非凡奋斗历程中，一代又一代中国共产党人顽强拼搏、不懈奋斗，涌现了一大批视死如归的革命烈士、一大批顽强奋斗的英雄人物、一大批忘我奉献的先进模范，形成了一系列伟大精神，构筑起了中国共产党人的精神谱系，为我们立党兴党强党提供了丰厚滋养。要教育引导全党大力发扬红色传统、传承红色基因，赓续共产党人精神血脉，始终保持革命者的大无畏奋斗精神，鼓起迈进新征程、奋进新时代的精气神。2021 年 7 月 1 日，在庆祝中国共产党成立 100 周年大会上，习近平总书记精辟概括了以"坚持真理、坚守理想，践行初心、担当使命，不怕牺牲、英勇斗争，对党忠诚、不负人民"为内涵的伟大建党精神，鲜明指出"这是中国共产党的精神之源"。其中，井冈山精神正是伟大建党精神的重要组成。

那么，井冈山精神是怎样形成的？其当代价值又表现在哪些地方？本专题在历史与现实的穿梭中带领同学们共同理解与掌握。

一、井冈山精神的历史形成

（一）对中国革命道路的探索

1927 年，蒋介石背叛革命，残酷屠杀共产党员和革命群众，导致轰轰烈烈的大革命不得已走向失败。大革命失败的现实，促使中国共产党人重新思考并探索革命前进的道路。

1927 年 8 月 1 日，中国共产党领导的人民武装在南昌起义中打响了反对国民党反动派的第一枪，此后又在八七会议中确定了土地革命和武装反抗国民党反动派的总方针，但在具体反抗斗争中，他们主要以攻打大城市为目标，虽然共产党人英勇奋战，但由于脱离了中国现实国情，各种起义先后失败。

新的革命道路仍在实践中面临新的探索。

八七会议后,毛泽东领导了湘赣边界的秋收起义,但与其他起义不同的是,当毛泽东发现反动军队的力量远比起义军强大,夺取长沙、建立中心城市的革命目标无法实现时,依据实际情况,改变了原有部署,通过激烈辩论,最终放弃了"取浏阳直攻长沙"的主张,决定在敌人控制比较薄弱的山区保存革命力量,以待后进。

(二) 井冈山根据地的建立和发展

毛泽东领导的秋收起义部队于9月29日到达永新县三湾村后,进行了三湾改编,确立了"支部建在连上"的原则,保证了党对军队的绝对领导,为后续革命征程的胜利奠定了极为重要的基础。在中共前敌委员会的领导下,自1927年10月至1928年2月形成了以宁冈为中心的湘赣边界工农武装割据的局面,初步建立了井冈山革命根据地。与此同时,朱德、陈毅率领南昌起义的部分部队辗转于湘粤赣地区,并因避免与强敌的硬碰硬,选择分两路向井冈山转移。至4月28日,与毛泽东的队伍在江西宁冈会师,成立工农革命第四军,朱德担任军长,毛泽东担任党代表,壮大了井冈山根据地的力量。

根据地建立后,为壮大党的力量,加强党的领导,1928年5月,毛泽东在宁冈茅坪主持召开了中共湘赣边界第一次代表大会,选举产生了中共湘赣边界第一届特委会和五个县委及一个特别区委。此后,各级县、区、乡的党组织都开始有组织地建立起来。当井冈山根据地在不断发展之时,国民党反动派也不断组织军事力量对井冈山发动"围剿",毛泽东、朱德取得了第一次反"围剿"的胜利,歼灭敌人一个团的兵力,缴枪千余支,壮大了井冈山革命根据地的武器装备,促使井冈山根据地进入全盛时期,根据地疆域达到7200余平方公里,人口50余万人。[1]但在"左"倾盲动主义路线的错误干扰和国民党不断的进攻中,井冈山革命根据地的巩固和发展依然面临危机,特别是由于敌人的长期封锁,根据地的食盐、粮食、布匹、药材等物质都十分匮乏,因此,根据地在应对军事问题的同时还面临着经济问题,这些现实问题也在激发着井冈山精神的生成。

(三) 井冈山精神的形成

井冈山精神不是一朝一夕形成的,而是文化积淀、地理环境、党的领导

---

〔1〕 田刚、陈莹编著:《20世纪30年代苏区卫生防疫研究》,中国财富出版社2017年版,第2页。

等多方面积淀的结果。

首先，中华民族源远流长的文化传统是井冈山精神的文化基础。中华民族拥有五千多年的悠长文化传统，爱国、勤劳、坚韧、忠诚、智慧等浸染在中华民族儿女的身上。井冈山精神之所以能够形成，正是对中华民族这些优良传统的汲取。在井冈山革命根据地面临军事进攻和经济封锁之时，根据地军民之所以能够坚守阵地、决不放弃，正是因为他们的拳拳爱国之心和对马克思主义的坚定信仰。同时，他们还善于将马克思主义的基本原理与中国实际相结合，充分发挥主观能动性，红军从军长到伙夫，一律吃五分钱的伙食；为解决食盐缺乏的困难，广大军民把房屋老墙上的土取下来熬硝盐；为安定群众生活，根据地军民白手起家，先后创办起军械厂、红军棉被厂、印刷厂，解决了根据地面临的一系列棘手问题，展现了中国人民的智慧。

其次，井冈山根据地独特的地理概貌塑造了井冈山精神的地理环境基础。井冈山根据地位于罗霄山脉中段的湘赣边界，这里山峦起伏、地势险峻，高山和丘陵地貌占根据地总面积的85%。井冈山根据地位于宁冈、酃县（今炎陵县）、遂川、永新四县之间，北自宁冈，南至遂川，两地相距180里，地势呈阶梯状，整体仅有七条崎岖的山道通往山脉。这一方面为国民党反动派的军事和经济封锁提供了凭借，另一方面也因其独特的地理条件，为共产党人开展游击战争提供了极为有利的地理环境，并激发了党和人民群众坚韧不拔的胆略、气概和毅力。正是在艰难的地理环境和生活环境下，党和群众抱团取暖、生死相依、苦中作乐，在缺油少盐、只能以南瓜充饥的艰难困境中，仍能唱出"红米饭，南瓜汤，秋茄子，味好香，餐餐吃得精打光"的歌谣，展现出我们百折不挠、乐观向上的精神面貌。

二、井冈山精神的深刻内涵及意义

在井冈山革命斗争的两年零四个月里，我军总共牺牲4万多人，其中有名有姓的仅15 744位，其他都是无名烈士。这片红色热土，见证了中国共产党人开辟农村包围城市、武装夺取政权道路的伟大实践，淬炼了党与群众同甘共苦、血脉相连的优良作风，锻造了伟大的井冈山精神。中国共产党历届领导人都十分重视和强调井冈山精神的弘扬。早在2001年6月初，江泽民就曾以"坚定信念、艰苦奋斗，实事求是、敢闯新路，依靠群众、勇于胜利"来概括井冈山精神，并号召全党、全国人民学习、宣传井冈山精神。2016年习近平总书记考察江西时不仅重申了这一精神内涵，而且还进一步指出坚持井冈山精神最重要的是坚持以下几点：其一，坚定执着追求理想。其二，实事求是闯新路。其三，艰苦奋斗攻难关。其四，依靠群众求胜利。总之，当前井冈山精神的深刻内涵主要表现在以下三个方面：

（一）坚定信念、艰苦奋斗的精神

共产主义理想是中国共产党人坚定不移的理想信念，也是井冈山根据地无论面临多少困难都绝不退缩的精神支柱。井冈山根据地建立于大革命的低潮期，面对国民党的血腥镇压和白色恐怖，以毛泽东为代表的中国共产党人怀着对共产主义的坚定信念，历经跋涉，在井冈山上点燃了"工农武装割据"的星星之火。在艰苦环境下，为了坚定井冈山军民的决心，毛泽东在1928年至1930年挥笔写就了《中国的红色政权为什么能够存在》《井冈山的斗争》和《星星之火，可以燎原》三文，从理论上回击了当时党内一部分对"红旗到底打得多久"的疑问，强化了根据地军民的革命信念。

另外，由于井冈山革命根据地大部分在山区，交通落后，自然环境恶劣，加上敌人的封锁，根据地军民生活极其困难。但是在这样的条件下，军队上下与老百姓始终"有盐同咸，无盐同淡"。为了节省油，毛泽东深夜看书、部署计划也只是点一根灯芯的油灯，而为了解决粮食问题，朱德和战士一起下山挑粮。正是因为军民的同甘共苦，艰苦奋斗，井冈山上红旗不倒，革命热情高涨。

（二）实事求是、敢闯新路的精神

2012年11月，习近平总书记在参观《复兴之路》展览时强调："全党同志必须牢记，道路决定命运，找到一条正确的道路多么不容易，我们必须坚定不移走下去。"[1]如何找到正确的道路，如何打破大革命以来的低潮，是毛泽东等人在走城市路线失败后不断思考的问题。最终毛泽东等坚持从中国国情出发，实事求是地分析国内外形势，将马克思主义的基本原理与中国实际结合起来，转战井冈山，开辟了农村包围城市、武装夺取政权的新道路。这条新路的开辟显现了中国共产党人真正掌握了马克思主义的基本原理，体现了中国共产党彻底的唯物主义世界观和方法论。

〔1〕 张烁："承前启后 继往开来 继续朝着中华民族伟大复兴目标奋勇前进"，载《人民日报》2012年11月30日。

（三）依靠群众、勇于胜利的精神

当毛泽东等率领部队到达井冈山后，看到广大的贫苦农民还处在水深火热之中时，便结合工农革命军没有军事给养供给的现状，将唤起农民支持革命的途径，锁定在打土豪上。为了更好地激发群众的革命热情，当时打土豪一般由红军小分队或赤卫队没收土豪的财物，进而召开清算土豪劣绅的群众大会，组织曾遭受盘剥的贫苦农民上台诉说被剥削的事实，然后当众烧毁债约田契，将没收的财物分给群众。通过多次这样的打土豪运动，使得农民清楚了什么部队才是与群众利益一致的部队，许多贫苦农民因此参加部队，扩充了党的军事力量。

另外，毛泽东、朱德等领导人还坚持将群众、士兵利益放在第一位。如1927年冬天，工农革命军虽然打下了遂川，筹措了一些棉花、布匹，但仍有不少缺口。毛泽东便坚持优先保障战士们的冬衣发放，自己仍只穿单衣。面对群众为感谢工农革命军主动送来的鸡蛋、小米、油等生活物资，毛泽东等人要么坚持不收，要么也将这些物品分送到部队医院、基层连排，尽力改善生活。

1928年4月3日，毛泽东向工农红军、赤卫队队员正式颁布了"三大纪律、六项注意"，即"三大纪律：一切行动听指挥；不拿工农一点东西；一切缴获要归公。六项注意：上门板；捆铺草；说话和气；买卖公平；借东西要还；损坏东西要赔"。集中体现了我军军民一心、秋毫无犯、保证群众利益的新型军民关系，这成为以后我军建军原则的重要组成部分。

客观而言，井冈山革命根据地的军事力量并不强大，但之所以能做到历经艰难而不溃散，除了毛泽东、朱德等人的强大政治智慧和共产党人坚定的理想信念，依靠群众、发动群众、勇于胜利的精神也是其强大保障。

三、井冈山精神与青年大学生的传承

2016年2月，习近平总书记专程来到井冈山，瞻仰了井冈山革命烈士陵园，参观了八角楼革命旧址群。习近平总书记指出，井冈山时期留给我们最为宝贵的财富就是跨越时空的井冈山精神。今天，我们要结合新的时代条件，坚持坚定执着追理想、实事求是闯新路、艰苦奋斗攻难关、依靠群众求胜利，让井冈山精神放射出新的时代光芒。

当前，我国处于全面建设社会主义现代化国家，夺取新时代中国特色社会主义伟大胜利，实现中华民族伟大复兴中国梦的关键时期，青年大学生任重而道远。习近平总书记指出，广大青年一定要坚定理想信念。当前我们面临百年未有之大变局，国内外局势极为复杂，因此，青年大学生要积极汲取井冈山精神，为实现中华民族伟大复兴积淀力量。

首先，青年大学生应当坚定理想信念。井冈山精神作为红色文化的代表，闪耀着马克思主义的真理光芒，体现着中国共产党人的崇高追求。正如习近平总书记所指出的，对马克思主义的坚定信仰，对社会主义和共产主义的坚定信念，是井冈山精神的灵魂，也是共产党人立身、处世、干事的精神支柱。艰苦奋斗是中华民族优良传统，而井冈山时期我们党把艰苦奋斗上升为自己的政治本色，固化为党的优良作风。青年大学生在新的时代下，未来的人生历程中，应当牢记历史，将井冈山精神中坚定信念、艰苦奋斗的精神牢记心中，在社会实践中磨炼自己，读万卷书、行万里路，在广阔的祖国天地中作出一份贡献、干出一番事业。

其次，青年大学生应当培养实事求是的品格。实事求是、敢闯新路是井冈山精神的核心，是中国共产党的兴业之本，是马克思主义中国化的经典之作。无论是革命、建设还是改革时期，依照国情出发，实事求是都是党带领人民取得胜利的重要基础。奋进新时代、迈步新征程，青年大学生应当勇担时代重任，培养实事求是的品格。在面对问题、处理问题时，既不能教条主义，也不能凭空猜想，纸上谈兵，应当依据实际情况，在实践中检验所学理论，在实践中依据出现的新情况、新问题，及时调整应对方针，在坚守底线的情况下具体问题具体分析，找出解决问题的最好方式。

最后，青年大学生应当培养服务群众的观念。群众史观是历史唯物主义的基本原理和立场标示，也是中国共产党的始终遵循。正是相信群众、依靠群众，在井冈山革命根据地的艰苦时期，士气高涨，群众拥护，星星之火可以燎原形成了燎原之势。无论革命、建设还是改革的各个时期，党始终将人民放在第一位。党的十八大以来，以习近平同志为核心的党中央深入贯彻以人民为中心的发展思想，一大批惠民举措落地实施，人民获得感显著增强。习近平总书记强调，中国共产党根基在人民、血脉在人民、力量在人民。人民立场始终是中国共产党人最根本的政治立场。青年大学生作为共产主义建设者和接班人，都应将人民利益放在前面，学会依靠群众，为群众办实事，从群众中汲取智慧，树立深入群众、了解群众、服务群众、奉献群众的意识。

【复习与反思】

通过学习井冈山精神的内涵，引导学生思考伟大建党精神与井冈山精神之间的内在逻辑，帮助学生在对井冈山精神的感悟中做共产主义远大理想和中国特色社会主义共同理想的坚定信仰者、实现伟大梦想的接力奋斗者、新时代伟大斗争的先锋战士，坚持人民至上的忠实实践者的信念。

【参考文献】

［1］本报评论员："让井冈山精神放射出新的时代光芒"，载《人民日报》2021年7月22日。

［2］曹京燕、卢忠萍："井冈山精神的新时代内涵与价值实现"，载《江西社会科学》2018年第10期。

［3］张泰城主编：《井冈山精神》，中共党史出版社2017年版。

［4］曾建平、罗红平："井冈山精神融入理想信念教育的时代价值及实现路径"，载《井冈山大学学报（社会科学版）》2021年第5期。

［5］匡胜主编：《感悟井冈山》，中央编译出版社2018年版。

［6］张泰城："井冈山精神的深刻内涵、历史地位及时代价值"，载《人民教育》2021年第6期。

案例三："长征精神"教案

基本教学说明

教学时间：90分钟

授课人数：50人—100人

课型：理论课

授课班级：各专业大学一年级学生

【教学目标】

通过本课学习，使学生了解长征精神的由来及发展过程，理解和把握长征精神的深刻内涵，从而坚定理想信念，厚植爱国情怀，奋力跨越前行中的

"雪山草地"，征服中华民族伟大复兴进程中的"娄山险关"。

【教学重点和教学难点】

1. 长征精神的形成过程。回顾长征艰苦卓绝的战斗岁月，感受红军战士在长征途中遇到的艰难险阻，体悟红军战士对困难与牺牲的态度。

2. 长征精神的深刻内涵。重温习近平总书记关于长征精神的重要论述，深入研究长征精神的科学内涵与实践价值，走好新时代长征路。

【教学准备】

1. 学生准备：阅读《红军长征史》（中共中央党史研究室第一研究部编著：《红军长征史》，中共党史出版社 2006 年版）和《苦难辉煌》（金一南：《苦难辉煌》，作家出版社 2021 年版），对长征有初步了解。

2. 教师准备：系统阅读和收集有关红军长征的相关史料（图片、诗词、歌曲、视频、书籍等），全方位掌握红军长征的历史背景、长征精神形成过程、长征精神的丰富内涵，深入探索长征精神的时代价值，引导广大学生走好新时代长征路。

【问题导入】

展示有关长征精神的相关资源，回顾中国工农红军长征史，唤起学生对长征的集体记忆；通过向学生提问"何为长征精神"，引入本节课教学主题。

书籍：《红军长征史》《苦难辉煌》

短片：《红军长征历程》

朗诵诗作：《七律·长征》《忆秦娥·娄山关》

在两年多的时间里，中国工农红军走过 14 省，历尽千山万水，克服重重险阻，实现战略转移，保存了革命的火种，为开展抗日战争和发展中国革命事业创造了条件。在毛泽东看来："长征是历史纪录上的第一次，长征是宣言书，长征是宣传队，长征是播种机。自从盘古开天地，三皇五帝到于今，历史上曾经有过我们这样的长征吗？"长征是以我们胜利、敌人失败的结果而告结束。今天，我们纪念红军长征的胜利，既是为了缅怀中国工农红军的光辉业绩，也是为了弘扬长征精神，走好新时代的长征路。

【课程讲授】

一、长征精神的提出

长征精神是中国工农红军在举世闻名的万里长征中培育形成的。1934 年 10 月至 1936 年 10 月，为打破国民党反动派的大规模"围剿"，红军第一、第二、第四方面军和第二十五军进行了伟大的长征。1935 年 10 月 19 日，毛泽东等率陕甘支队到达陕北吴起镇。至此，中央红军主力长征胜利结束。在迎来胜利的时刻，毛泽东挥笔写下了《七律·长征》，用"红军不怕远征难，万水千山只等闲。五岭逶迤腾细浪，乌蒙磅礴走泥丸。金沙水拍云崖暖，大渡桥横铁索寒。更喜岷山千里雪，三军过后尽开颜"的诗句生动形象地表现了红军将士不屈不挠、英勇顽强的气概和革命乐观主义精神。

长征这一人类历史上的伟大壮举，留给我们最可宝贵的精神财富，就是中国共产党人和红军将士用生命和热血铸就的长征精神。最早将中国工农红军在长征中表现出来的革命意志视为一种精神的是陈云。1935 年 10 月，陈云指出红军长征胜利的原因是"我们拥有一支真正富有自我牺牲精神、英勇无畏、为实现共产国际总路线而斗争的干部队伍"。1936 年 10 月，周恩来在陕北大会师的时候，首次提出了"我们一刻也不能丢掉长征精神"。1986 年，长征胜利 50 周年大会上，徐向前、杨尚昆就长征精神进行了详细的概括和阐释。

1996 年，长征胜利 60 周年时，学术界发起了一场长征精神的全国性大讨论，推动了全党上下对长征精神的认识。江泽民对长征精神的科学内涵进行了初步的界定。2006 年 10 月 22 日，胡锦涛在纪念红军长征胜利 70 周年大会上，对长征精神的概念与科学内涵、长征精神形成的实践基础和重大意义作了进一步阐释。

二、长征精神的科学内涵

2016 年 10 月 21 日，习近平总书记在纪念红军长征胜利 80 周年大会上再次明确了长征精神的基本内涵："伟大长征精神，就是把全国人民和中华民族的根本利益看得高于一切，坚定革命的理想和信念，坚信正义事业必然胜利的精神；就是为了救国救民，不怕任何艰难险阻，不惜付出一切牺牲的精神；

就是坚持独立自主、实事求是，一切从实际出发的精神；就是顾全大局、严守纪律、紧密团结的精神；就是紧紧依靠人民群众，同人民群众生死相依、患难与共、艰苦奋斗的精神。"〔1〕

伟大长征精神，是中国共产党人及其领导的人民军队革命风范的生动反映，是中华民族自强不息的民族品格的集中展示，是以爱国主义为核心的民族精神的最高体现。

（一）坚定的革命理想和信念是长征精神的核心

革命理想高于天。长征的胜利，是中国共产党人理想和信念的胜利。崇高的理想，坚定的信念，激励和指引着中国工农红军一路向前。长征途中，英雄的红军，血战湘江，四渡赤水，巧渡金沙江，强渡大渡河，飞夺泸定桥，鏖战独树镇，勇克包座，转战乌蒙山，击退上百万穷凶极恶的追兵阻敌，征服空气稀薄的冰山雪岭，穿越渺无人烟的沼泽草地，纵横十余省，长驱二万五千里。

其中，红一方面军从 1934 年 10 月至 1935 年 10 月，途经江西、福建、广东、湖南、广西、贵州、云南、四川、西康、甘肃、陕西 11 个省级行政区，行程约 2.5 万里。红二方面军从 1935 年 11 月至 1936 年 10 月，途经湖南、贵州、云南、西藏、四川、青海、甘肃、陕西 8 个省级行政区，行程 2 万余里。红四方面军从 1935 年 3 月至 1936 年 10 月，途经四川、西康、青海、甘肃 4 个省级行政区，行程 1 万余里。红二十五军从 1934 年 11 月至 1935 年 9 月，途经河南、湖北、甘肃、陕西 4 个省级行政区，行程近 1 万里。〔2〕

正如习近平总书记所说："艰难可以摧残人的肉体，死亡可以夺走人的生命，但没有任何力量能够动摇中国共产党人的理想信念。""长征路上的苦难、曲折、死亡，检验了中国共产党人的理想信念，向世人证明了中国共产党人的理想信念是坚不可摧的。"〔3〕

（二）不畏艰险、不怕牺牲是长征精神的品质

长征途中，红军将士们经历的困难与折磨，超越了人类心理与生理上的

〔1〕 习近平："在纪念红军长征胜利 80 周年大会上的讲话"，载 https://news.12371.cn/2016/10/21/ARTI1477049110477627.shtml，2023 年 4 月 3 日访问。

〔2〕 中共中央党史和文献研究院：《中国共产党的一百年》（新民主主义革命时期），中共党史出版社 2022 年版，第 162~163 页。

〔3〕 习近平："在纪念红军长征胜利 80 周年大会上的讲话"，载 https://news.12371.cn/2016/10/21/ARTI1477049110477627.shtml，2023 年 4 月 3 日访问。

极限。中国工农红军广大指战员凭着对革命理想的执着追求，对革命必胜的坚定信念，面对凶恶强大的敌人和重重险山恶水，以舍生忘死、战胜一切困难的英雄气概，迈开双脚，边行军，边筹粮，边打仗。一路上，天当房，地当床，日晒雨淋，风餐露宿；以坚强的毅力、不胜不休的意志，忍受着伤痛、饥饿和严寒的煎熬，战胜了人间罕见的艰险，一往无前。红军一、二、四方面军和红二十五军总共有20多万人参加长征，剩下不到3万人。[1]

在长征途中，涌现出许多可歌可泣的英雄人物。湘江战役中，负责殿后的部队红五军团34师未能过江，全部阵亡。师长陈树湘被俘后，敌人将其放入担架邀功请赏，陈树湘扯断自己的肠子，壮烈牺牲，时年29岁。

飞夺泸定桥是中国工农红军长征中的一场艰苦的战役。1935年5月25日，中央红军部队在四川省安顺场强渡大渡河成功，沿大渡河左岸北上，主力由安顺场沿大渡河右岸北上，红四团雨天坚持行军，在崎岖陡峭的山路上一昼夜奔袭达120公里，于指定时间到达泸定桥西岸，创造了人类行军史上的奇迹。第二连连长廖大珠等22名突击队员冒着枪林弹雨攀铁索夺下桥头，与左岸部队合围占领泸定桥。[2]中央红军主力随后从泸定桥上越过天险，粉碎了蒋介石歼灭红军于大渡河以南的企图。毛泽东过河后说："我们的行动已经证明，中国共产党领导的红军不是太平军，我和朱德也不是'石达开第二'，蒋介石的意图又打错了！"时任红三军团政委杨尚昆当年总结道："长追、堵击不能消灭我们，大无畏的精神，征服了一切险恶的环境；铁一般的意志，冲破了无比的艰难。这种用意志和牺牲换来的伟大的会合，暗示给全国的人民看：红军这种百折不回的行动，是伟大的中华民族无上的光荣。"

在漫漫征途中，红军将士同敌人进行了600余次战役战斗，跨越近百条江河，攀越40余座高山险峰，其中海拔4000米以上的雪山就有20余座，穿越了被称为"死亡陷阱"的茫茫草地，用顽强意志征服了人类生存极限。[3]红军将士上演了世界军事史上威武雄壮的战争话剧，创造了气吞山河的人间

---

〔1〕 毛泽东："帝国主义是不可怕的"，载《毛泽东文集》（第8卷），人民出版社1999年版，第174页。

〔2〕 中共四川省委党史研究室：《红军长征在四川》（修订版），四川人民出版社2017年版，第96~101页。

〔3〕 习近平："在纪念红军长征胜利80周年大会上的讲话"，载 http://www.scio.gov.cn/tt/xjp/Document/1495111/1495111_1.htm，2022年6月6日访问。

奇迹。

（三）独立自主、实事求是是长征精神的精髓

王明在共产国际指挥下实行"左"倾教条主义，对中国革命造成了极其严重的危害。1931 年 11 月 1 日至 5 日，在中央代表团主持下，在瑞金召开苏区党第一次代表大会，改选了苏区中央局，解除了毛泽东担任的苏区中央局代理书记的职务，剥夺了毛泽东对中央根据地红军的领导权。1932 年 10 月，中共苏区中央局全体会议对毛泽东和他在红军中实行的战略战术原则进行错误的批评和指责。王明等人的"左"倾教条主义错误，使红军和根据地损失了 90%，在国民党统治区的力量几乎损失了 100%，其最大恶果，就是使红军在第五次反"围剿"作战中遭到失败，不得不进行战略转移——长征。

长征途中，党中央召开的遵义会议，是我们党历史上一个生死攸关的转折点。这次会议确立了毛泽东在红军和党中央的领导地位，确立了以毛泽东为主要代表的马克思主义正确路线在党中央的领导地位，开始形成以毛泽东同志为核心的党的第一代中央领导集体，这是我们党和革命事业转危为安、不断打开新局面最重要的保证。

长征的胜利，使我们党进一步认识到，只有把马克思列宁主义基本原理同中国革命具体实际结合起来，独立自主解决中国革命的重大问题，才能把革命事业引向胜利。这是在血的教训和斗争考验中得出的真理。

（四）顾全大局、严守纪律、紧密团结是长征精神的表征

中国工农红军有着严格的组织性和纪律性。在长征中，红军将士们考虑整体局势、服从大局、严格遵守纪律、紧密团结，因此，具有伟大的凝聚力和战斗力。

在中央红军与红四方面军会师后不久，张国焘公开分裂党和红军，导致红四方面军南下受到巨大损失，影响了中央的战略计划。以毛泽东同志为核心的党中央正确把握党内的斗争原则，与张国焘进行了坚决的斗争。党中央高度重视维护红军的团结统一，对红四方面军的将士们摆事实讲道理，解决了红军内部的严重危机。最后，张国焘北上，实现三个方面红军的大会师，宣布长征的胜利。党中央发扬顾全大局的精神，正确处理张国焘分裂主义，为党和军队搞好内部的团结统一树立了榜样。

在以毛泽东同志为核心的党中央的领导下，红军实现了大团结，这种巨大的凝聚力使红军队伍打不垮、拖不烂，在极其艰难困苦的条件下取得胜利。

老红军贺文玳曾说过，"过夜时战士们总是自觉地将干的草留给年龄大的战士，湿草地小青年们抢着睡"。1935 年 6 月，罗荣桓拄着一根棍子，顶着狂风、冰雹、雨雪的侵蚀，忍受着刺骨严寒，随着红军大部队翻过了夹金山。过草地时，周恩来连发几天的高烧，只能躺在担架上。很多同志身体也很虚弱，坚持抬他。医护人员给周恩来熬了一碗青稞面的粥，端给周恩来。周恩来却说，我们是革命的队伍，一定要官兵一致，好坏大家都要一样。他最终都没有吃，那仅有的一碗粥，让给了重病号。

在长征中，中国工农红军无论是领导干部还是普通士兵均表现出顾全大局、严守纪律、紧密团结的集体主义精神，转化为巨大的凝聚力和战斗力。

（五）同人民群众生死相依、患难与共是长征精神的宗旨

我们党的根基在人民、血脉在人民、力量在人民，人民的拥护和支持是我们党取得一切胜利的基础。回顾历史，每当事业面临重大挑战，每当中国的前途命运面临向何处去的重大关头，我们党总是依靠人民群众的力量推动历史车轮前进。长征过程中，我们党始终坚持和人民群众在一起，紧紧依靠群众，充分发动群众，获得了群众的巨大支援和帮助，从而为长征胜利打下了坚实基础。

《古田会议决议》就已经明确指出在打仗之外，要做好群众工作，依靠人民群众的力量，帮助他们建立革命政权等重大目标和任务。1934 年 1 月 27 日，在瑞金召开的第二次全国工农兵代表大会上，毛泽东同志就明确指出："革命战争是群众的战争，只有动员群众才能进行战争，只有依靠群众才能进行战争。"红军在革命工作中，做了许多有益于人民群众利益的事情。例如没收地主土地分配给农民；将地主埋藏在天主教堂地窖里的财产和粮食分给穷人；当发现贵州因官商勾结等原因导致盐非常稀少时，就"在大方县将盐分发给各族人民"。

长征前的赣南苏区总人口为 240 万，但却有 33 万人参加了红军，60 万人支援前线，[1]几乎全部青壮年劳动力都参与了保卫苏区的作战和支前的军事斗争。长征途中，沿线群众主动帮助红军筹粮捐款、烧水送饭、收集情报、救护伤员，直至参军作战，有力地支援了红军长征，成为红军长征胜利的根

---

〔1〕　胡日旺、马晓敏："赣南原中央苏区对红军长征胜利的历史意义"，载《经济日报》2019 年 6 月 16 日。

本保障。红军在路过天全、芦山、宝兴、雅安、名山等县时，陆续加入红军队伍的青年达 4000 多人。整个长征过程中，红军各部队共筹集了上万吨粮食。

少数民族地区人民也为长征胜利作出了巨大贡献。红军长征途经的地区多为少数民族聚居区，红一方面军、红四方面军在长征期间经过少数民族区域的时间分别占各自长征总时间的 1/3 和 4/5，而红二方面军在少数民族区域经过的路程约占总路程的 1/5。阿坝地区不足 6 万平方公里，人口 20 余万，人均年粮 600 斤，畜 2 头。从 1935 年 4 月至 1936 年 8 月，三大主力红军过境，驻留共 16 个月之久。阿坝藏、羌、回人民共为红军筹粮 2000 万斤至 3000 万斤，大小牲畜 20 万头，土盐 5000 余斤以及大量牛肉、食油、蔬菜等。[1]

历史证明，紧紧依靠人民群众、充分发动人民群众，是长征取得胜利的关键所在。

三、弘扬伟大长征精神，走好新时代长征路

伟大长征精神，作为中国共产党人红色基因和精神谱系的重要组成部分，已经深深融入中华民族的血脉和灵魂，成为鼓舞和激励中国人民不断攻坚克难、从胜利走向胜利的强大精神动力。进入新时代，大力弘扬长征精神，对于中国共产党团结带领人民进行伟大斗争、建设伟大工程、推进伟大事业、实现伟大梦想，具有跨越时空的现实价值和实践意义。

（一）坚定共产主义远大理想和中国特色社会主义共同理想，为崇高理想信念而矢志奋斗

心中有信仰，脚下有力量；没有崇高理想信念的有力支撑，就不可能取得长征的伟大胜利。邓小平同志说："过去我们党无论怎样弱小，无论遇到什么困难，一直有强大的战斗力，因为我们有马克思主义和共产主义的信念。有了共同的理想，也就有了铁的纪律。无论过去、现在和将来，这都是我们的真正优势。"

在新的长征路上，我们要坚定理想信念，筑牢共产党人安身立命之本。不论时代如何变化，都毫不动摇，自觉做共产主义远大理想和中国特色社会

---

[1] 石仲泉："长征精神谱写新华章"，载《光明日报》2016 年 10 月 26 日。

主义共同理想的坚定信仰者和忠实实践者，永远为了真理和理想而斗争。要立足新时代党的目标任务和自身的岗位职责，把坚定的理想信念转化为对奋斗目标的不懈追求和对本职工作的不断超越，在平凡的工作岗位上作出不平凡的贡献。

要坚定理想信念，需要深入学习马克思列宁主义、毛泽东思想、邓小平理论、"三个代表"重要思想、科学发展观和习近平新时代中国特色社会主义思想，深入学习党的二十大以来党中央治国理政新理念新思想新战略，用真理武装我们的头脑，让真理指引我们的理想，让真理坚定我们的信仰。要坚持学而信、学而思、学而行，把学习成果转化为不可撼动的理想信念，转化为正确的世界观、人生观、价值观，用理想之光照亮未来的奋斗之路。

（二）坚定中国特色社会主义道路自信、理论自信、制度自信、文化自信，为夺取中国特色社会主义伟大事业新胜利而矢志奋斗

只有掌握科学理论才能把握正确前进方向；只有立足实际、独立自主开辟前进道路，才能不断走向胜利。长征给我们的根本经验和启示，就是要坚持马克思主义基本原理同中国具体实际相结合，坚定不移走符合中国国情的革命、建设、改革道路。

在新的长征路上，我们要坚信，中国特色社会主义道路是实现社会主义现代化的必由之路，是指引中国人民创造自己美好生活的必由之路。中国特色社会主义理论体系是指导党和人民沿着中国特色社会主义道路实现中华民族伟大复兴的正确理论，是立足时代前沿、与时俱进的科学理论。中国特色社会主义制度是当代中国发展进步的根本制度保障，是具有鲜明中国特色、明显制度优势、强大自我完善能力的先进制度。中国特色社会主义文化积淀着中华民族最深层的精神追求，代表着中华民族独特的精神标识，是中国人民胜利前行的强大精神力量。

（三）把人民放在心中最高位置，坚持一切为了人民、一切依靠人民，为人民过上更加美好生活而矢志奋斗

人民群众有着无尽的智慧和力量，只有始终相信人民，紧紧依靠人民，充分调动广大人民的积极性、主动性、创造性，才能凝聚起众志成城的磅礴之力。一部红军长征史，就是一部反映军民鱼水情深的历史。同人民风雨同舟、血脉相通、生死与共，是中国共产党和红军取得长征胜利的根本保证，也是我们战胜一切困难和风险的根本保证。中国共产党之所以能够发展壮大，

中国特色社会主义之所以能够不断前进，正是因为依靠了人民。人民就是江山，江山就是人民，中国共产党之所以能够得到人民拥护，中国特色社会主义之所以能够得到人民支持，也正是因为造福了人民。

在新的长征路上，我们要始终把人民立场作为根本政治立场，坚持全心全意为人民服务的宗旨，把人民利益摆在至高无上的地位，不断把为人民造福事业推向前进。我们要团结带领全体人民，以自己的辛勤劳动和不懈努力，不断保障和改善民生，让改革发展成果更多更公平并惠及全体人民，朝着实现全体人民共同富裕的目标稳步迈进。

我们要坚持党的群众路线，始终保持党同人民群众的血肉联系，始终接受人民群众的批评和监督，心中常思百姓疾苦，脑中常谋富民之策，扎扎实实为人民群众办实事、办好事，使我们党永远赢得人民群众的信任和拥护，使我们的事业始终拥有不竭的力量源泉。我们要凝聚起全体人民的智慧和力量，激发出全社会的创造活力和发展动力，让全体中华儿女万众一心、团结奋斗迸发出来的磅礴力量成为实现中华民族伟大复兴的强大动力。

（四）坚持党的领导，坚持全面从严治党，为推进党的建设新的伟大工程而矢志奋斗

党的领导是党和人民事业成功的根本保证。毛泽东同志指出："谁使长征胜利的呢？是共产党。没有共产党，这样的长征是不可能设想的。中国共产党，它的领导机关，它的干部，它的党员，是不怕任何艰难困苦的。"中国共产党的领导，是中国革命、建设、改革不断取得胜利最根本的保证，是中国特色社会主义最本质的特征，也是中国特色社会主义的最大优势，必须毫不动摇坚持和完善。

在新的长征路上，要自觉坚持和维护党的领导，自觉站在党和人民的立场上，对党忠诚、为党分忧、为党担责、为党尽责，竭尽全力完成党交给的职责和任务，通过全党共同努力，使我们党永远同人民在一起、永远走在时代前列。

要坚持党中央集中统一领导，强化政治意识、大局意识、核心意识、看齐意识，确保在思想上政治上行动上始终同党中央保持高度一致。要继续推进全面从严治党，牢牢把握加强党的执政能力建设和先进性建设这条主线，加强和规范新形势下党内政治生活，坚定不移推进党风廉政建设和反腐败斗争，不断提高党的领导水平和执政水平、增强拒腐防变和抵御风险能力，确

保党始终成为中国特色社会主义事业的坚强领导核心。

（五）弘扬不怕牺牲、英勇斗争精神，砥砺意志品质，锤炼斗争本领

不怕牺牲、英勇斗争是中国共产党人的制胜法宝，也是长征取得胜利的重要法宝。面对行军之苦、长征之难，红军战士正是凭着"为了救国救民，不怕任何艰难险阻，不惜付出一切"的牺牲精神，最终历尽千山万水，突破重重险阻，胜利到达陕北。陈树湘断肠明志、方志敏从容赴死，正是因为有无数个陈树湘、方志敏般革命者的奉献牺牲，才使得党和红军得以在漫漫征途中一次次从困境中奋起、从绝境中重生，创造以少胜多、以弱胜强的奇迹。

今天，我们比历史上任何时期都更接近实现中华民族伟大复兴的目标，更需要我们继承发扬不怕牺牲、英勇斗争的精神，逢山开道、遇水架桥，鼓起迈进新征程、奋进新时代的精气神。

在新的长征路上，要不断砥砺意志品质。奋进新时代的道路上各种严峻考验不会少，共产党人必须时刻准备为维护人民根本利益而作出牺牲和奉献。关键时刻冲得上去、危难关头豁得出来，才是真正的共产党人。真正的共产党人敢打头阵、勇当先锋，凭着压倒一切敌人、征服一切困难的血性胆气，用"我是党员我先上"的实际行动诠释共产党人的政治本色。必须以舍我其谁的担当和奉献精神，在风险挑战面前挺身而出，在利益抉择面前大公无私，在生死考验面前毫无畏惧，下定决心，不怕牺牲，排除万难，去争取胜利。

要发扬斗争精神，积极锤炼斗争本领。我们要从百年党史中汲取精神力量，掌握马克思主义的立场观点方法，夯实敢于斗争、善于斗争的思想根基。要善于把握斗争规律，因势而谋、应势而动、顺势而为，抓好战略谋划，注重策略方法。要坚持在各种斗争中经受锻炼磨砺，在实践历练中增长经验智慧，多经历"风吹浪打"，在实践历练中历练胆魄、磨炼意志、增长才干。

弘扬伟大长征精神，走好今天的长征路，是新的时代条件下我们面临的一个重大课题。伟大长征精神，是党和人民付出巨大代价、进行伟大斗争获得的宝贵精神财富，我们要牢记伟大长征精神、学习伟大长征精神、弘扬伟大长征精神，走好新时代的长征路。

【复习与反思】

通过学习长征精神的深刻内涵，引导学生思考新时代的青年学子该如何继承和发扬长征精神，走好新时代长征路，从而帮助学生在对长征精神的思

考和感悟中进一步坚定理想信念，厚植爱国情怀，奋力跨越前行中的"雪山草地"，征服中华民族伟大复兴进程中的"娄山险关"。

【参考文献】

[1]《毛泽东选集》（第 1 卷），人民出版社 1991 年版。

[2]《胡乔木传》编写组编：《胡乔木谈中共党史》，人民出版社 1999 年版。

[3] 中共中央党史研究室第一研究部编著：《红军长征史》，中共党史出版社 2006 年版。

[4] 中共中央党史研究室：《中国共产党的九十年》，中共党史出版社、党建读物出版社 2016 年版。

[5] 习近平：《在纪念红军长征胜利 80 周年大会上的讲话》，2016 年 10 月 21 日。

[6] 吴正裕主编：《毛泽东诗词全编鉴赏》，人民文学出版社 2017 年版。

[7] 金一南：《苦难辉煌》，作家出版社 2021 年版。

案例四："沂蒙精神"教案

基本教学说明

教学时间：90 分钟

授课人数：50 人—100 人

课型：理论课

授课班级：各专业大学一年级学生

【教学目标】

通过本课学习，使学生了解沂蒙精神的由来及发展过程，理解和把握沂蒙精神的深刻内涵，从而厚植爱国情怀，矢志拼搏奋斗，坚定为实现中华民族伟大复兴而奋斗的宏伟理想。

【教学重点和教学难点】

1. 通过向同学们讲授沂蒙精神的形成过程以及深刻内涵，培养同学们对中国革命史的兴趣，拓宽同学们的视野。但是在授课时要注意如何才能达到更好的宣传效果，学生如何能更好地去学习沂蒙精神。

2. 通过多渠道的查阅资料，培养学生信息搜集能力以及解决问题的能力。

【教学准备】

1. 学生准备：阅读《中共山东百年简史》（中共山东省委党史研究院：《中共山东百年简史》，中共党史出版社 2022 年版）对中国共产党的历史活动有初步了解。

2. 教师准备：沂蒙精神授课课件，沂蒙英雄明德英、王换于图片，《沂蒙山小调》歌曲，《沂蒙六姐妹》视频资源，运用多种教学手段激发学生学习积极性，深化教学内容。

【问题导入】

通过向学生展示有关沂蒙的相关资源，唤起学生对沂蒙的集体记忆；通过向学生提问"何为沂蒙精神"，引入本节课教学主题。

人物：明德英、王换于（图片）

小说：《红嫂》（图片）

电影：《沂蒙六姐妹》（视频）

电视剧：《沂蒙》（视频）

歌曲：《沂蒙山小调》（视频）

小说《红嫂》、电影《沂蒙六姐妹》、歌曲《沂蒙山小调》等作品用艺术展示了沂蒙精神的风采，影响了一代又一代的中国人。这些艺术作品将革命先烈的形象表现得淋漓尽致，学生们观看这类红色经典作品，能够切实感受革命先烈的革命情怀和爱国主义精神，进而强化自身爱国情怀。据了解，自 2014 年 4 月 26 日开馆到 2021 年，沂蒙革命纪念馆已累计接待参观群众 225 万人次，接待团体参观 1.1 万批。

【课程讲授】

一、何为沂蒙精神

沂蒙精神，是在抗日战争和解放战争时期，沂蒙人民在中国共产党的领导和培育下，以马克思主义理论为指导，升华优秀民族文化品质，逐步形成的一种革命文化形态和中华民族精神，是伟大建党精神在山东根据地的具体实践和生动写照，彰显着党的光荣传统和优良作风。

在革命战争时期，党中央和毛泽东一直关注山东抗日根据地和山东解放区的革命斗争，刘少奇、罗荣桓、徐向前、陈毅、粟裕等老一辈革命家都在山东工作过、战斗过。在他们的领导和带动下，山东党政军民不畏牺牲、并肩作战，共同铸就形成伟大而感人的沂蒙精神。

沂蒙是抗日战争初期形成的一个人文地理概念，是中国共产党革命的产物。从地域上看，狭义上的沂蒙是以蒙山、沂山为中心的抗日游击根据地。广义上的沂蒙，是以泰沂山脉、蒙山山脉、沂沭河流域为主体标志的大沂蒙红色文化圈，其范围不仅包括临沂市、日照市、莱芜市、枣庄市的全部，而且还包括济南市、淄博市、泰安市、潍坊市、青岛市、济宁市以及江苏省徐海地区的部分区域。"沂蒙老区"作为中国版图上的红色坐标，早已超越了地理概念，而成为一种浓郁的文化符号和强大的精神力量。

沂蒙精神是山东党政军民在长期的革命与建设过程中共同铸就的崇高精神。沂蒙精神源于沂蒙，长于齐鲁，是新时期山东精神的核心内容，也是中华民族精神的集中体现。2013年11月，习近平总书记视察山东时指出，山东是革命老区，有着光荣传统，军民水乳交融、生死与共铸就的沂蒙精神，对我们今天抓党的建设仍然具有十分重要的启示作用。习近平总书记把沂蒙精神的特质总结为"水乳交融、生死与共"，为我们深刻认识沂蒙精神的丰富内涵，在新时代弘扬践行沂蒙精神提供了根本遵循。2022年5月，山东省委书记李干杰在报告中指出"大力弘扬党群同心、军民情深、水乳交融、生死与共的沂蒙精神"，生动形象地描述出沂蒙精神中党政军民的融洽关系。新时代传承沂蒙精神，对于坚定革命理想与信念，增强全党全军的凝聚力，密切党群关系具有重要意义。

二、沂蒙精神发展史

沂蒙精神是在中国共产党的领导下，在人民军队的哺育下，山东党政军民共同创造的精神财富。它形成于革命战争年代，发展于社会主义革命和建设时期，完善于改革开放时期，升华于"大美"临沂建设时期。沂蒙精神的形成和发展大致可分为四个阶段：

（一）沂蒙精神的培育和形成

在革命战争时期，全国动荡不安，沂蒙老区人民坚决反对旧的思想观念和制度，积极加入党组织。1927年，中共沂水支部成立，这是沂蒙山区建立最早的党支部之一。此后，沂蒙老区人民在党的领导下积极开展革命活动，吹响了革命的号角，展示了沂蒙人民敢为人先、不怕牺牲的革命斗争精神和英勇献身精神，是沂蒙精神形成前的一个生动鲜活的缩影。

沂蒙人民多次参加党领导的反帝反封建革命斗争，经过抗日战争及解放战争的洗礼，沂蒙精神已具雏形。在抗战时期，沂蒙山区成为全国著名的革命根据地。沂蒙人民坚决拥护和支持中国共产党的领导，为抗日战争的胜利提供了源源不断的人力、物力的支持。涌现了一大批可歌可泣的革命英雄人物和感人的英雄事迹：乳汁救伤员的红嫂明德英、抚养革命后代的沂蒙母亲王换于、带领妇女用门板在坟河架起"人桥"的李桂芳等人都是沂蒙红嫂的典型代表。

在解放战争时期，沂蒙山区的老百姓提出了"全力支前，全程支前，破家支前"的口号，涌现了一大批拥军支前的英雄儿女。例如支前的女英模张玉梅、伊廷珍、伊淑英、冀贞兰、公芳莲，被人们称为"沂蒙六姐妹"，还有在国民党反动派面前宁死不屈的女英雄吕宝兰、"全国女民兵战斗英雄"侍振玉……据统计，仅解放战争时期，在当时根据地420万人口中，有120万人拥军支前，20多万人参军参战，10多万人血染疆场。[1]陈毅司令员曾动情地感叹："我进了棺材也忘不了沂蒙山人，他们用小米供养了革命，用小车把革命推过了长江。"在长期的革命斗争中，沂蒙精神孕育而成。

（二）沂蒙精神的丰富和发展

沂蒙精神在社会主义革命和建设时期得到丰富发展、传承发扬。新中国成立之后不久，抗美援朝战争爆发，中国人民志愿军雄赳赳、气昂昂，跨过鸭绿江，抗击美国侵略者，刚刚得到休养生息的沂蒙人民于是又投身于抗美援朝运动。据统计，仅1951年2月至8月，沂蒙地区先后10 595人参军，捐款捐物达223亿元（旧币），在当时能够购买14架战斗机。[2]

---

〔1〕赵成："让沂蒙精神在新时代发扬光大"，载《人民日报》2021年11月4日。
〔2〕韩延明："沂蒙精神基本内涵的历史生成及其理论跃升"，载《山东社会科学》2022年第8期，第5~12页。

自20世纪50年代中期开始，沂蒙人民在党的领导下战天斗地、改造自然，展现出了自觉的主人翁意识和自强不息的艰苦奋斗精神。沂蒙人民群众始终保持着爱党爱军的优良传统，紧跟党和政府的步调，自力更生，向贫穷宣战。莒南县厉家寨、王家坊前、高家柳沟三个村庄以"一把镢头一张锨，敢教日月换新天"的英雄气概，让荒山低头，命河道让路，令土地增产，先后得到毛泽东的重要批示。1957年10月，《山东省莒南县厉家寨大山农业社千方百计争取丰收再丰收》报告，得到毛泽东的重要批示，"愚公移山，改造中国，厉家寨是一个好例"。从此，"愚公移山，改造中国"的口号响彻了全中国，厉家寨的愚公精神成为激励沂蒙人民实事求是、艰苦奋斗、自力更生的精神动力。社会主义建设时期，沂蒙人民在党的领导下，不畏艰难、开拓进取，沂蒙精神得到进一步的发展。

（三）沂蒙精神的丰富和完善

十一届三中全会以后，沂蒙精神得到了新的概括和广泛传播。在改革开放新时期，沂蒙人民在党的基本路线指导下，积极投身于社会主义现代化建设，推动了沂蒙地区经济文化的发展。在改革开放中，沂蒙精神被赋予了鲜明的时代特色，培育出一批新的典型代表。这一时期，平邑县九间棚村党支部书记刘家坤带领九名党员和全体村民，自力更生，艰苦奋斗，制定了"架电、修路、整山、治水、栽树"的五年规划，用勤劳的双手战胜了恶劣的自然环境，走上了致富之路。2012年3月，在十一届全国人大五次会议期间，习近平总书记听取了刘家坤《发扬艰苦奋斗传统，带领群众建设新农村》的汇报发言后，对九间棚发展金银花产业和乡村旅游业的做法给予了高度评价，称赞九间棚"虽然地处偏远，但风景这边独好"。这些先进典型是实践沂蒙精神的杰出代表，他们继承了沂蒙精神的本质特性，在实践中不断开拓创新，使沂蒙精神具有更加严谨的科学性和时代性，进一步丰富完善了沂蒙精神。

（四）沂蒙精神的弘扬和升华

沂蒙精神升华于"大美临沂"建设时期。进入21世纪，中国进入了全面建成小康社会的新阶段，深入贯彻落实科学发展观，构建社会主义和谐社会成为中国社会发展的主旋律。在民族复兴的伟大征途上，临沂人民在沂蒙精神的鼓舞下，以人为本，奋勇向前，临沂建设取得了显著成效。荣获"中国城乡建设范例城市""国家环保模范城市""市场名城""物流之都"等称号的临沂，再次获评"全国文明城市""中国温泉之城""中国书法名城"等，经济发展和社会全面进步。党的十八大以来，以习近平同志为核心的党中央要求解放思想，改革开放，凝聚力量，攻坚克难，为全面建成小康社会而奋斗。习近平总书记高度重视发扬红色传统、传承红色基因，并且明确指出："沂蒙精神与延安精神、井冈山精神、西柏坡精神一样，是党和国家的宝贵精神财富，要不断结合新的时代条件发扬光大。"[1] 这是对沂蒙精神的最高肯定和认可，是对新时代弘扬沂蒙精神提出的新要求，沂蒙精神得以升华。

三、沂蒙精神的深刻内涵

2022 年 5 月，山东省第十二次党代会召开，在这次党代会报告中正式把沂蒙精神概括为"党群同心、军民情深、水乳交融、生死与共"，并且提出要大力弘扬沂蒙精神，深入推进沂蒙、胶东等红色文化传承发展示范区建设，赓续红色基因。

爱党爱军是沂蒙精神的灵魂。爱党爱军展示了沂蒙人民所具有的立场坚定、方向明确、追求执着的崇高政治信仰。在革命战争时期，沂蒙地区深受帝国主义、封建主义的剥削与压迫，沂蒙山区广大人民长期生活在水深火热之中。1921 年党的一大代表王尽美回到自己的家乡沂蒙山区宣传马克思主义的主张，党在山东的重要领导人刘晓浦、刘一梦等人也在家乡大力宣传共产主义革命思想，沂蒙人民看到了翻身的希望，认为只有共产党才能救中国。从此沂蒙人民坚决支持人民军队，义无反顾跟党走，积极参加和支持革命根据地建设，为增强军队战斗力，夺取战争胜利，积极踊跃报名参军。"母送子，妻送郎，送亲人，上战场，披红戴花骑大马，参军卫国保家乡"就是当时的真实写照。爱党爱军展示了沂蒙人民坚定的政治立场、明确的政治方向以及崇高的政治信仰。

开拓奋进是沂蒙精神的主题。开拓奋进高度凝练了沂蒙人民解放思想、敢为人先的进取精神，是沂蒙精神的主题。在革命战争年代，无数沂蒙百姓为了翻身求解放，积极投身革命，在中国共产党的带领下不畏暴敌，敢于向邪恶势力做英勇的斗争，以坚韧不拔、奋力拼搏的精神品格征服了抗战过程中的许多艰难困苦和绝望境地。新中国成立后，沂蒙人民在国家政策的大力

---

〔1〕 "习近平在山东考察时强调：认真贯彻党的十八届三中全会精神　汇聚起全面深化改革的强大正能量"，载 https://news.12371.cn/2013/11/29/ARTI1385671239444190.shtml，2023 年 4 月 3 日访问。

支持下，锐意进取，奋力赶超，以开拓进取的精神气概使得沂蒙人民走在时代潮流的最前端，创造出一个接一个的惊人奇迹。沂蒙人民以惊人的气魄、毅力和胆识，追求更加富裕美好的生活，一步步向着更高的发展目标迈进，这是对开拓奋进最好的诠释。

艰苦创业是沂蒙精神的品格。艰苦创业体现了沂蒙人民自力更生、独立自主、艰苦奋斗的精神风貌，是沂蒙精神的优良品格。在战火纷飞的革命战场上，沂蒙人民面对山区恶劣的地理环境与艰苦的生存环境，保持乐观心态，积极参加革命斗争，英勇杀敌，为我国革命的胜利作出了巨大的贡献。新中国成立之后，面对一穷二白的严峻形势，面对沂蒙山区"四塞之崮，舟车不通"的现实状况，沂蒙人民用辛勤的劳动，发挥"愚公移山"精神，改造山水，实现山低头，水让路，地丰收，以自己的行动诠释了沂蒙人民勤劳勇敢、艰苦创业的精神品质。即使面对贫困这座大山，沂蒙人民始终保持勤劳勇敢的志气与坚韧不拔的毅力，在党的领导下，克服地理困难、气候困难等各种困难，发起了"导沭整沂"工程以及"千库万塘"战略，从根本上解决了洪涝灾害和干旱缺水的问题。同时积极响应国家扶持革命老区发展的政策方针，通过发展教育事业、建设公路、封山造林、绿化荒山等各种努力，改变了沂蒙山区满目疮痍、一穷二白的情况，实现了如今和谐、小康的美好生活，本着永不止步的艰苦创业精神使沂蒙山区成为共同致富的领头雁。

无私奉献是沂蒙精神的核心。无私奉献体现了沂蒙人民敢于牺牲、顾全大局的价值取向，是沂蒙精神的核心。在革命战争年代，沂蒙儿女积极参加战争，同时为革命军队做好后盾、做好支援。即使是战争，沂蒙红嫂也积极参与，沂蒙红嫂明德英用自己的乳汁救伤员，视子弟兵为亲人的祖秀莲冒着生命危险救护八路军，沂蒙母亲王换于舍亲生养育革命后代……沂蒙人民用自己的热血和生命为祖国贡献力量，血染大青山、血战孟良崮、血染战旗红，沂蒙革命烈士的鲜血为革命的胜利浇筑了最坚实的大厦。在和平建设的新时期，沂蒙人民继续发扬为国奉献、大公无私的沂蒙精神，为了祖国建设的需要，献粮献田，自觉为祖国建设添砖加瓦。在每一个紧急关头，沂蒙人民总是第一个挺身而出，自觉行动，绝无半点迟疑。数代沂蒙人民用自己的实际行动充分展示了以党和国家的利益为重的沂蒙精神，主动承担各种责任和义务，展现出牺牲自己、敢于奉献的高贵品质。

四、沂蒙精神的历史启示与时代价值

沂蒙精神之所以能够常讲常新，是因为沂蒙精神深厚的价值意蕴具有恒久的时代价值和永恒的精神魅力，深刻体现了红色文化、红色基因的历史传承和时代弘扬。在改革开放、全面建设社会主义现代化的今天，大力弘扬沂蒙精神，对于加强党的建设，坚持群众路线，建设社会主义核心价值体系，实现中华民族伟大复兴具有重要的时代意义。

第一，必须加强党的建设。2013 年 11 月，习近平总书记在山东考察时强调，军民水乳交融、生死与共铸就的沂蒙精神，对我们今天抓党的建设仍然具有十分重要的启示作用。

伟大的沂蒙精神是沂蒙人民在中国共产党的领导下，在长期的革命斗争中形成的，是在社会主义革命和建设中不断丰富发展的，是我们党的性质和宗旨的集中体现，是我们党的优良传统和作风的集中体现，是推动党的建设向前发展的有力武器。中国共产党百年奋斗历史启示我们，加强党的建设始终是保持党的先进性、纯洁性的重要历史经验，坚持全面从严治党是中国共产党永葆生机与活力、应对各种风险挑战的重要法宝，也是我们党领导人民取得革命、建设和改革胜利的关键所在。1939 年，毛泽东同志在《〈共产党人〉发刊词》中强调，要赢得革命的最终胜利，就必须把中国共产党建设成为"一个全国范围的、广大群众性的、思想上政治上组织上完全巩固的布尔什维克化的中国共产党"，强调建设好这样的党，是一项伟大工程，要赢得革命最终胜利，必须抓好这个伟大工程。改革开放后，邓小平历来重视党的建设，多次强调中国问题的关键在于党。1962 年 11 月 22 日，邓小平针对党的建设弱化和党员干部队伍现状，指出："执政党如何进行党的建设，这个问题大。党的建设就是要严。真正的问题是干部问题。"在重要的历史关节点上强调党的建设的重要性，特别是抓党的建设中的关键问题，通过党的建设的改进推动其他工作的开展，是邓小平的重要工作方法。

新时代 10 年，我们党成功推进和拓展了中国式现代化，迈上全面建设社会主义现代化国家、实现第二个百年奋斗目标的新征程。面对新时代的新形势新问题，以习近平同志为核心的党中央直面"四大考验""四种危险"，把全面从严治党纳入"四个全面"战略布局，提出了新时代党的建设总要求，对推动全面从严治党向纵深发展作出新部署。沂蒙精神启示我们，加强党的

领导和党的建设是我们取得胜利的根本所在，坚持党要管党、全面从严治党是推动党和人民事业不断发展的重要保证。

第二，践行以人民为中心的群众路线。十九大报告指出："人民是历史的创造者，是决定党和国家前途命运的根本力量。"中国共产党的执政基础就是最广大的人民群众，我党历来重视与人民群众的血肉关系、密切联系群众，这也是我党最大的政治优势。在新发展阶段，我们必须把党的群众路线贯彻到治国理政的全部活动之中，贯穿到实现中华民族伟大复兴的历程中，认真听取广大人民群众的意见和建议，尊重人民的首创精神，调动人民生产劳动积极性、主动性、创造性，从群众中来，到群众中去，真正做到问政于民、问需于民、问计于民。同时我们必须认识到实现中华民族伟大复兴任务的艰巨性，需要通过不懈的努力奋斗才能得来。新时代以来，我党开展的群众路线教育实践活动取得了一定的成效，但是也因为各种各样的原因，少数党员干部脱离群众，抛弃了密切联系群众、依靠群众的优良作风。这些问题严重损害了人民群众的根本利益，阻碍了实现中华民族伟大复兴的步伐。我们要牢固树立马克思主义唯物史观，用马克思主义理论指导实践，树立群众观念，广大的党员干部要增强忧患意识，树立政治意识、大局意识、核心意识、看齐意识，大力整治当前存在的一些问题。弘扬沂蒙精神，能让广大党员干部认识到群众路线的重要性，为党员干部正确开展工作提供指导。

第三，大力建设社会主义核心价值体系。沂蒙精神，作为中华民族精神和时代精神的重要组成部分，既有丰厚的历史意蕴，也有鲜明的时代特征，特别是与社会主义核心价值体系具有高度的一致性，因而对构建社会主义核心价值体系有着重要的理论价值和现实意义。社会主义核心价值体系与沂蒙精神一脉相承，是我们社会主义意识形态的本质体现。沂蒙精神蕴含着高尚的价值观念，为社会主义核心价值体系建设提供了不可或缺的历史依据与思想素材。

首先，利用沂蒙精神引领社会主义核心价值体系建设的方向。沂蒙精神，是在马克思主义中国化过程中产生的，其本质是一种红色精神，体现了无产阶级与广大人民群众的价值取向。构建社会主义核心价值体系，必须开发和利用沂蒙精神的政治导向功能，将国家意志、社会意志、个人意志凝聚为一体，形成核心力量，从而引领社会思潮和社会风尚。

其次，利用沂蒙精神夯实社会主义核心价值体系建设的物质基础。沂蒙精神在其本质上是一种先进意识，其目标是保家卫国和富民强国，具有一定的经济价值。沂蒙精神，是老区人民人生观价值观的集中体现，是社会主义核心价值体系的重要组成部分。临沂的发展实践证明，沂蒙精神源于实践，又指导实践，是推进事业发展和社会进步的强大精神力量。在新的历史阶段，我们要不断探索新途径、总结新经验，科学把握着力点，不断增强沂蒙精神的吸引力和凝聚力，继续发挥沂蒙精神统一思想、鼓舞士气、凝聚力量的作用，把我国的改革开放和现代化建设不断推向新的阶段。

再次，利用沂蒙精神优化社会主义核心价值体系建设的环境。沂蒙精神的形成和发展立足于沂蒙地区的革命和建设实践，成为沂蒙人民乃至整个中华民族的精神特质，为社会主义核心价值体系提供了优良的社会环境。因此，我们必须继续弘扬沂蒙精神，充分发挥沂蒙精神在建设社会主义核心价值体系方面的积极作用，牢牢树立文化自信，充分调动社会各种因素，激发活力，不断增强意识形态领域的话语权，让社会主义核心价值体系的正能量弥漫于社会发展的每个角落，渗透于人们的日常生活，像空气那样无所不在无时不有。

复次，始终坚持与时俱进、开拓创新的新思路。党的十八大以来，我们坚持与时俱进、开拓创新，坚持与时代精神结合，取得了改革开放和社会主义现代化建设的历史性成就。同时，时代在发展，我们也面临许多新的任务，我们必须清楚地认识到，我们的工作还有许多的不足，我们在实现中华民族伟大复兴进程中也面临着各种困难和挑战，特别是在创新方面仍有很多不足。十一届三中全会以来，我们党团结带领人民，开拓创新，坚持马克思主义与中国实际相结合，走出了中国特色社会主义新道路，经过不懈的努力，中国特色社会主义迎来了新时代。实践充分证明，一个国家、一个民族只有具备与时俱进、开拓创新的思路，才能不断发展思想，更新观念，转变认识，才能做到与实际结合。坚持中国式现代化的道路，建设现代化经济体系，实现中华民族伟大复兴需要极大的勇气和魄力，需要坚持与时俱进、开拓创新。

最后，继续发扬艰苦奋斗的光荣传统。中国共产党已走过 100 多年的历史征程，艰苦奋斗精神是我们党攻坚克难的重要法宝，是中华民族的光荣传统，始终是马克思主义政党的内在本质。发扬艰苦奋斗精神对于始终坚持党的性质和宗旨，始终保持党同人民群众的密切联系，始终保持党的蓬勃生机活力具有重大意义。中国共产党无论经过怎样的发展变化，始终保持着艰苦奋斗的优良传统。100多年来，中国共产党领导中国人民在革命、建设和改革过程中取得了一系列的成就，这些伟大成就是全国各族人民艰苦奋斗取得的，是靠艰苦奋斗干出来的。在新时代新征程中，如何发扬艰苦奋斗精神，仍然是一个十分重要的时代话题。中国特色社会主义进入了新时代，经济总量稳居世界第二，但我国仍处于并将长期处于社会主义初级阶段的基本国情没有变，我国是世界最大发展中国家的国际地位没有变，实现中华民族伟大复兴的任务要求我们必须继续保持艰苦奋斗的精神，继续发扬艰苦奋斗的优良传统，克服各种艰难险阻。

【复习与反思】

伟大的事业需要并将产生崇高的精神，崇高的精神支撑和推动着伟大的事业。通过学习沂蒙精神的深刻内涵，引导学生思考新时代的青年学子该如何继承和发扬沂蒙精神，从而帮助学生在对沂蒙精神的思考和感悟中胸怀远大理想，厚植爱国情怀，矢志奋斗拼搏，勇担时代重任。

【参考文献】

［1］习近平：《论中国共产党历史》，中央文献出版社2021年版。

［2］中共中央宣传部：《习近平总书记系列重要讲话读本》，学习出版社、人民出版社2014年版。

［3］徐东升、孙海英主编：《沂蒙精神大学生读本》，山东人民出版社2016年版。

［4］中共山东省委党史研究室：《中国共产党山东历史》（第1卷）（下册），山东人民出版社2017年版。

［5］本报评论员："不断结合新的时代条件发扬光大沂蒙精神"，载《人民日报》2021年11月4日。

［6］袁国柱编著：《看万山红遍：中国共产党人的精神谱系》，中共中央党校出版社2021年版。

案例五："红岩精神"教案

基本教学说明

教学时间：90 分钟
授课人数：50 人—100 人
课型：理论课
授课班级：各专业大学一年级学生

【教学目标】

通过本课学习，使学生了解红岩精神的由来及发展过程，理解和把握红岩精神的深刻内涵，从而坚定理想信念，厚植爱国情怀，激发奋斗勇气，勇担时代重任。

【教学重点和教学难点】

1. 红岩精神的形成过程：党在国统区领导革命斗争实践的特殊性。
2. 红岩精神的深刻内涵：坚如磐石的理想信念、和衷共济的爱国情怀、艰苦卓绝的凛然斗志和百折不挠的浩然正气。

【教学准备】

1. 学生准备：阅读《中国共产党的一百年》（中共中央党史和文献研究院：《中国共产党的一百年》，中共党史出版社 2022 年版），对中国共产党在重庆时期的活动状况作初步了解。
2. 教师准备：相关授课课件及图片、试听资源，运用多媒体引发学生兴趣，激发学习积极性。
人物：江姐、小萝卜头（图片）
小说：《红岩》（图片）
电影：《烈火中永生》（视频）
歌曲：《红梅赞》（视频）
诗作：《我的"自白"书》（图片）

【问题导入】

通过向学生展示有关红岩的相关资源，唤起学生对红岩的集体记忆；通过向学生提问"何为红岩精神"，引入本节课教学主题。

小说《红岩》、电影《烈火中永生》、歌剧《江姐》……在中华人民共和国成立以来涌现的众多文艺作品中，许云峰、江姐等共产党人的英雄群像被成功塑造，其中所传递的信仰的力量震撼和教育了一代代读者。

数据是有力的证明。中国青年出版社 60 年前出版的长篇小说《红岩》，至今已印刷 177 次，发行量高达 1170 多万册，在同类红色经典中遥遥领先。"北京开卷"发布的《2020 年中国图书零售市场的数据分析报告》显示，2020 年全国虚构类畅销书排行榜上，小说《红岩》依然高居榜首，同时也是总榜榜首。

据重庆红岩联线文化发展管理中心统计，2019 年，重庆红岩革命历史博物馆参观人数高达 1150 万人次，居全国革命历史类博物馆、纪念馆之冠。

【课程讲授】

一、何为红岩精神

在中国共产党人精神谱系中，有一种革命精神与党的大多数革命精神诞生于革命根据地或革命军队不同，它诞生于党在重庆国统区的革命实践中，这就是红岩精神。

红岩精神，是在近代中国面临重大历史转折的全面抗战时期和解放战争时期，以毛泽东、周恩来为主要代表的中国共产党人，在国民党政权统治中心的重庆暨中共中央南方局所辖地区，在为争取民族独立和人民解放的革命斗争实践中培育、锤炼和凝结成的伟大革命精神。

红岩精神主要包括：坚如磐石的理想信念，和衷共济的爱国情怀，艰苦卓绝的凛然斗志，以及百折不挠的浩然正气。

红岩，因其地质成分主要为侏罗纪红色页岩而得名。作为地域范畴，是重庆红岩嘴 13 号（中共中央南方局暨八路军驻重庆办事处驻地）、曾家岩 50 号（周公馆）和虎头岩（新华日报总馆）"红色三岩"的总称。其代表性所在是重庆红岩村（原名红岩嘴），它是红岩精神的发源地。抗日战争时期和解放战争初期，红岩是中共中央南方局领导机关所在地和八路军驻渝办事处，是中国共产党在国统区和部分沦陷区的代表和象征。《红岩》小说之所以命名为"红岩"，也是因为牺牲在白公馆、渣滓洞的许多烈士都是在南方局的领导和培养之下成长起来的，因此书名选择了南方局所在的地名"红岩"。重庆谈判期间，这里是中共代表团驻地，毛泽东曾亲赴重庆，坐镇红岩40日，重庆谈判，上当战役，运筹帷幄，决胜千里。

红岩精神形成并发展于新民主主义革命具体实践，承载着共产党人的初心和使命，是中国共产党人和中华民族的宝贵精神财富。进入新时代以来，习近平总书记曾多次深刻阐述红岩精神，在党史学习教育动员大会上明确提出要教育引导全党大力发扬红色传统、传承红色基因，赓续共产党人精神血脉，始终保持革命者的大无畏奋斗精神，鼓起迈进新征程、奋进新时代的精气神。这为我们深化对红岩精神的认识，弘扬伟大红岩精神，走好新时代长征路，进一步指明了方向。

二、红岩精神发展史

1938年，抗日战争进入相持阶段。这年秋天召开的中共中央六届六中全会，决定成立以周恩来为书记的中共中央南方局，加强党对国民党统治区工作的领导。1939年1月16日，中共中央南方局在重庆正式成立，同年5月，因驻地被日军炸毁搬迁到红岩嘴。红岩从此与中国共产党领导的中国革命的历史紧密联系在一起。

战斗在国民党统治区的中国共产党人经历着风雨如磐的斗争岁月，面临着复杂险恶的社会环境和风云激荡的政治环境，毛泽东在这里进行了决定中国前途命运的重庆谈判，周恩来领导中共中央南方局在这里同反动势力展开了坚决斗争，重庆涌现了大批大义凛然、坚贞不屈的共产党人，与敌人斗智斗勇。红岩精神正是在这样特殊的环境中形成与发展的。

红岩精神的形成和发展大致可分为三个阶段：

（一）红岩精神的培育和形成

全面抗日战争时期，在条件极其恶劣、斗争复杂尖锐、党性考验严峻的情况下，以周恩来为代表的中共中央南方局在发展和壮大抗日民族统一战线的斗争中培育和形成了红岩精神。全面抗战时期，在中共中央的正确领导和指引下，以周恩来、董必武等为代表的南方局共产党人和革命志士，在国统区复杂恶劣的环境中，高举抗日民族统一战线旗帜，广泛团结抗日民主力量，推动民主运动发展，提高了中国共产党在全国的威望和世界的影响；高度重视党的建设，把"在思想上、政治上、组织上巩固党"始终作为"极为严重的任务"和"完成党的政治任务的决定因素"，有效地增强了南方局的战斗力、凝聚力，开创了党的革命统一战线和党的建设的新局面，在此过程中培育和形成了红岩精神。

红岩精神产生的大背景是世界处于第二次世界大战时期，中国处于全民族抗日战争时期，中国共产党处于逐步成熟时期和第二次国共合作时期。红岩精神的产生，与中国共产党所处的历史背景和抗日民族统一战线直接相连，与中共中央南方局所处的特殊环境、所进行的特殊的斗争紧密相关。抗日战争时期，中国共产党领导的革命斗争逐渐形成了两个战场：一个是敌后抗日根据地的武装斗争，这是革命的主战场；另一个是党领导的国统区地下工作战场。后者最重要的任务就是统一战线，随着抗日战争进程的发展变化，国统区战场的地位益显重要。

武汉沦陷后，随着国统区的中心向重庆转移，扩大的中共六届六中全会决定撤销长江局，在重庆改设南方局，担负起"代表中央向国民党及其他党派进行统一战线的工作，以及指导南方和大后方各省党的工作"。故南方局诞生的天然使命就是高举抗日民族统一战线旗帜，为抗战民主凝聚力量，其最重要的政治任务和贯穿始终的工作就是巩固和扩大抗日民族统一战线，维护国共合作，争取中间势力。

南方局既处在统一战线的第一线，也置身国统区险恶的政治环境和艰苦的工作环境之中，时刻经受着信念、意志与生死的考验。南方局在中共中央的正确领导下，始终高举抗战民主旗帜，正确处理统一战线中的阶级关系，广泛团结中间势力，孤立顽固势力，以卓有成效的工作把统一战线推向空前的广度和深度，为民主党派阵营的形成，为建立新中国后，中国共产党领导的多党合作政治格局的开创，从理论到实践都奠定了坚实的基础，作出了重大贡献。

红岩精神就是在伟大抗日民族解放战争的洗礼中，在以周恩来为首的南方局创造性地贯彻执行党的抗日民族统一战线的伟大实践中，在大后方错综复杂的政治环境和尖锐对立的政治斗争中形成的。它是中国共产党在新民主主义理论与实践的探索中政治上走向成熟的产物。

纵观南方局在国统区的八年，正是中国共产党统一战线工作处境最艰难、内容最复杂、规模最宏大、成就最辉煌的八年。胡乔木曾指出："没有南方局在大后方进行的广泛的统一战线工作，就很难把当时在国民党区域的各民主党派和各方面人士团结在我们共产党的周围，后来我们建立新中国的情况就会不一样。就没有今天这样的格局。因此，可以说，南方局的统一战线工作从一个方面的意义上讲，为新中国奠定了重要的政治基础。"因此，这一时期，红岩精神在实践中就体现在南方局贯彻党的路线方针政策，为争取抗战胜利，为新中国奠定政治基础的一系列重大决策和伟大行动之中。

（二）红岩精神的丰富和发展

解放战争初期，在抗战胜利后的重要历史转折关头，为了国家前途和民族命运，毛泽东率领的中共代表团在重庆谈判斗争中丰富和发展了红岩精神。在抗战胜利后的重要历史转折关头，为了国家前途和民族命运，毛泽东、周恩来、王若飞组成的中共代表团飞赴重庆，同国民党政府进行和平谈判。谈判期间，毛泽东镇定自若，在与国民党政府进行针锋相对斗争的同时，同社会各界朋友坦诚相见，开展广泛的统一战线工作。为维护重庆谈判成果和政协决议，南方局共产党人继续发展广泛的人民民主统一战线，进一步丰富和发展了红岩精神。

1945 年 8 月，抗战的硝烟尚未散尽，内战的危机已经来临，中华民族面临着两种前途两种命运的关键时刻。在中共七大开幕式上，毛泽东说，中国共产党的任务是"放手发动群众，壮大人民力量，团结全国一切可能团结的力量，在我们党领导之下，为着打败日本侵略者，建设一个光明的新中国，建设一个独立的、自由的、民主的、统一的、富强的新中国而奋斗"。

抗战胜利后，毛泽东、周恩来、王若飞组成的中共代表团肩负着争取和平与民主的时代使命，置个人安危于不顾，以"弥天大勇"飞赴重庆，入驻红岩，同蒋介石国民党政府进行和平谈判。面对谈判对手设置的重重障碍和内战爆发的危险，毛泽东坚定地表示："前途是光明的，道路是曲折的。""我们面前的困难还多，不可忽视。我们和全体人民团结起来，共同努力，一定能够排除万难，达到胜利的目的。"

重庆谈判期间，毛泽东在红岩村亲自指挥上党战役，打退了国民党的嚣张气焰和极限施压；在特园（抗日战争时期著名爱国民主人士鲜英的公馆）与民主人士坦诚相待、民主协商，为中国共产党领导的多党合作和政治协商制度奠定了坚实基础；在桂园广会社会各界和国际友人，将人民民主统一战线推向了新的深度和广度；他重书《沁园春·雪》与诗友柳亚子唱和，引发轰轰烈烈的文化论战，为中国共产党争取了舆论、赢得了民心。

重庆谈判使国民党政府被迫承认了中国共产党的地位，使中国共产党关于和平建设新中国的政治主张被全国人民所了解，推动了全国和平民主运动的发展，从某种意义上决定了战后中国的政治走向和政治格局，为国共两党关系的发展留下了宝贵的历史经验。

为维护重庆谈判成果和政协决议，南方局共产党人继续开展广泛的人民民主统一战线工作。这些革命斗争实践表现出来的争取中国光明前途的使命担当，敢于斗争、善于斗争的政治品格，海纳百川的宽广胸怀，处危若安的胆识气魄，进一步丰富和发展了红岩精神。

（三）红岩精神的锻造和凝结

解放战争后期，面对敌人的威胁利诱，在极其艰难的条件下，以江竹筠、王朴、陈然等同志为代表的歌乐山英烈群体在狱中斗争中进一步锻造凝结红岩精神。解放战争时期，位于歌乐山的渣滓洞、白公馆是关押和杀害革命志士的人间地狱。皖南事变后，曾任新四军军长的叶挺曾被囚禁于此，优秀共产党员罗世文、车耀先、江竹筠等均在这里惨遭杀害。面对敌人的严刑拷打，关押在这里的中国共产党人，在狱中极其艰难的条件下，坚持与敌人进行斗争。甚至在生命的最后时刻，还用鲜血和生命凝练出"狱中八条"，给党组织留下全面从严治党的"血泪嘱托"。歌乐山英烈们的壮举，进一步锻造和凝结成了红岩精神。

习近平总书记深刻指出："解放战争时期，众多被关押在渣滓洞、白公馆的中国共产党人，经受住种种酷刑折磨，不折不挠、宁死不屈，为中国人民解放事业献出了宝贵生命，凝结成'红岩精神'。"[1]

三、红岩精神的深刻内涵

红岩精神是中国共产党在国民党统治地区革命实践中形成的革命精神，是无产阶级革命家、共产党人和革命志士崇高理想、坚定信念、高尚情操和

---

〔1〕习近平："党的伟大精神永远是党和国家的宝贵精神财富"，载 https://www.12371.cn/2021/08/31/ARTI1630398874995928.shtml，2023 年 4 月 3 日访问。

优秀品格的集中反映，其内涵丰富，集中体现为：坚如磐石的理想信念、和衷共济的爱国情怀、艰苦卓绝的凛然斗志和百折不挠的浩然正气。

（一）坚如磐石的理想信念

坚如磐石的理想信念是红岩精神的精神内核。"红岩上红梅开，千里冰霜脚下踩，三九严寒何所惧，一片丹心向阳开。"一曲《红梅赞》，是革命者矢志不渝、坚定共产主义理想信念的颂歌。南方局共产党人始终抱定为了新中国、为了实现共产主义的革命理想和信念，对共产主义的信仰坚如磐石。

抗日战争胜利后，毛泽东在这里进行了决定中国前途命运的重庆谈判，面对艰苦的斗争，毛泽东认为前途是光明的，道路是曲折的。南方局书记周恩来是坚定理想信念的楷模，从西安事变到抗战胜利，他一直奔走于重庆、延安之间，与国民党进行有理、有利、有节的斗争，维护全民族抗战的大局。南方局一大批共产党人和革命志士，始终坚定理想信念，置个人安危于不顾，积极地开展各项工作。廖承志一生七次坐牢，但从未悲观，积极乐观的革命精神正来源于他对党的事业的无限忠诚和对共产主义理想信念的坚定不移。吴玉章面对国民党的多次拉拢与说服，始终旗帜鲜明地拥护和捍卫中国共产党的地位和共产主义的信仰。南方工作委员会书记张文彬不幸被捕，虽身陷囹圄，仍鼓励同志们"坚持到底"，留下了"宁为玉碎，不为瓦全"的铮铮誓言。

只有具备了坚定的理想信念，才会有自觉的、无畏的奉献行为，这是支撑共产党人不懈奋斗的力量源泉。正是出于对理想信念的坚定追求，南方局领导或影响下的一大批共产党人和革命志士，把天下兴亡的责任担在肩上，为革命奉献自己的全部力量，甚至不惜牺牲生命。

（二）和衷共济的爱国情怀

和衷共济的爱国情怀构筑起红岩精神的情感内核。周恩来曾说，"整个红岩嘴、曾家岩以及化龙桥……的同志都团结得像一个人一样，手携手地，肩并肩地，一道奋斗、一道工作"，丝毫不松懈对国家民族的努力。南方局以民族大义为重，以人民利益为先，始终坚持党的群众路线，广泛团结国统区抗日民主力量，积极巩固和扩大抗日民族统一战线。以周恩来为代表的南方局共产党人，以中共代表团或国民参政员的公开身份同国民党当局打交道，推动国民党坚持抗战；加强对中间党派、无党派人士、地方实力派的团结工作，支持并推动中国国民党革命委员会、中国民主同盟、中国民主建国会、九三学社等民主党派或其前身的成立；同文化知识界、民族工商界、宗教界和海外华侨等各方面人士进行广泛接触，与他们风雨同舟，团结奋斗。

南方局始终创造性地贯彻执行党中央的决策部署，把党的正确主张变为群众的自觉行动。抗战相持阶段到来后，南方局职工组织团结和发动工人，举办工友夜校、组织工人互助会等；抗战胜利后，领导工人群众积极开展争取生存权利、改善生活待遇，反饥饿、要温饱的经济斗争。为了在群众中扎根，南方局根据中央"隐蔽精干、长期埋伏、积蓄力量、以待时机"的方针和国统区实际情况，要求共产党员实行"三勤"（勤业、勤学、勤交朋友）与"三化"（社会化、职业化、合法化），深入城乡，扎根群众，在联系群众、融入社会的同时，保持共产党员的先进性。

中共中央南方局始终相信群众、依靠群众，赢得了大后方人民群众的一致支持和拥护，为中华人民共和国的成立奠定了政治基础和群众基础。在极其艰难的条件下，南方局直接领导《新华日报》和《群众》周刊的出版和发行工作，使之成为中国共产党在国统区公开宣传党的抗日民族统一战线政策的主要阵地。南方局又根据中共中央方针，发动和领导了国民党统治区的和平民主运动，进一步发展了人民民主统一战线。

（三）艰苦卓绝的凛然斗志

艰苦卓绝的凛然斗志展现了红岩精神的政治品格。敢于斗争、善于斗争，是共产党人鲜明的政治品格。我们党诞生于国家内忧外患、民族危难之时，一出生就铭刻着斗争的烙印，一路走来就是在斗争中求得生存、获得发展、赢得胜利。全民族抗战时期和解放战争初期，南方局坚定地贯彻执行中共中央"坚持抗战，反对投降；坚持团结，反对分裂；坚持进步，反对倒退"方针，与国民党的妥协投降势力作坚决斗争，展现了艰苦卓绝的凛然斗志。

1941年1月，国民党顽固派掀起第二次反共高潮，制造了震惊中外的皖南事变，将国共合作抗战局面引向破裂的边缘。周恩来处乱不惊，奋笔疾书"千古奇冤，江南一叶；同室操戈，相煎何急？"使得国民党统治区广大民众了解了国民党顽固派制造皖南事变的真相。面对危局，周恩来、董必武等南方局领导人临危不乱，坚守重庆阵地，对国民党顽固派发动了猛烈的政治攻势。在重庆谈判中，以毛泽东为主要代表的共产党人坚持底线思维，处处以党和人民利益为重，灵活应变，采用国内外舆论联动、情报统战互动、军事政治配合的谈判斗争方式，迫使国民党承认和平建国的基本方针。全民族抗战期间，中共中央南方局广泛争取国内外进步力量的同情和支持，配合抗日民主根据地粉碎了国民党顽固派发动的三次反共高潮，维护国共合作和团结抗战局面直至抗战胜利。

抗战胜利后，被国民党当局逮捕的数百名共产党员和革命志士，先后被关押在军统重庆集中营白公馆、渣滓洞看守所。在这个特殊的战场上，英雄们以坚定的理想信念和坚毅的革命意志，经受住酷刑的折磨和高官厚禄的诱惑，坚持斗争到底，在生命即将走向终点时用鲜血和生命总结出"狱中八条"，体现出他们对党的忠诚和对革命事业的高度负责，展现了共产党人坚定的革命信念与坚韧的革命斗志。

（四）百折不挠的浩然正气

百折不挠的浩然正气彰显出红岩精神的昂扬风骨。永葆革命正气是以周恩来为代表的南方局共产党人与国民党当局进行斗争的重要经验和显著特点。这种百折不挠的浩然正气集中表现为胸怀大局，将个人的生命融入伟大的事业、汇入时代的潮流，为解民族于危难、救人民于水火不惜牺牲一切。

皖南事变后，国共关系急剧恶化。周恩来告诫大家要做最坏的准备，要做好牺牲的准备。为了表示坚守重庆的决心，八路军驻重庆办事处全体工作人员在给中共中央和毛泽东、朱德发出的电报中表示："处在政治环境极端严重的重庆办事处同志向你们保证：无论在任何恶劣的情况下，我们仍以不屈不挠的精神，坚守我们的岗位，为党的任务奋斗到最后一口气。"周恩来、董必武等南方局领导人面对危机，处变不惊，临危不乱，充分展现了共产党人大无畏的崇高品质。

一部红岩史，就是一部千锤百炼的人格力量锻造史。当年，重庆作为国民政府的战时陪都，纸醉金迷，物欲横流，"前方吃紧，后方紧吃"。周恩来多次告诫南方局广大党员要做到"出淤泥而不染"，在国统区这个"染缸"中经受住灯红酒绿的考验，在特殊岗位上始终保持共产党人的情操。战斗在国统区这一特殊环境中的共产党人，无论是钱之光、潘梓年等身在红岩，还是沈安娜、黎强等深入虎穴，或是卢绪章、肖林等鏖战商海，都始终坚守共产党人的本色，经受住严峻考验。

1948年6月14日，由于叛徒的出卖，江竹筠同志不幸被捕。国民党军统特务用尽各种酷刑，妄想从这个年轻的女共产党员身上打开缺口，破获地下党组织。面对敌人的严刑拷打，江竹筠始终坚贞不屈，"你们可以打断我的手，杀我的头，要组织是没有的"。在重庆解放前夕，国民党反动派对关押的革命者实行集体大屠杀。在枪声大作、烈火熊熊的最后关头，革命者们也不曾屈膝求生，他们在烈火中永生。革命者们以"粉身碎骨浑不怕，要留清白在人间"的英勇气概，以"鞠躬尽瘁，死而后已"的革命情怀，在严峻考验面前坚决抵制各种威逼利诱，永葆对党的无限忠诚，展现了他们巨大的人格魅力。这种坚持操守、宁死不屈、百折不挠的浩然正气，体现了革命者们舍生忘死的大无畏精神和对党无限忠诚的革命情怀，是红岩精神的风骨所在。

习近平总书记指出："我们党作为马克思主义执政党，不但要有强大的真理力量，而且要有强大的人格力量。"[1]抗日战争和解放战争时期，以周恩来为代表的南方局老一辈无产阶级革命家和革命先烈，之所以能在国统区恶劣艰险的政治环境下开展斗争，创造出辉煌业绩，除了坚持中共中央正确的路线、方针和政策外，还有一个重要因素，就是"红岩人"在革命斗争实践中展现出的巨大的人格力量。正是因为拥有这样的浩然正气和人格力量，共产党人才能赢得革命群众和爱国民主人士的真心拥护，才能无往而不胜。

四、红岩精神的历史启示与时代价值

一种精神之所以能够生生不息、历久弥新，源于它能指导实践、引领发展。进入新时代，大力弘扬红岩精神，对于中国共产党团结带领人民进行伟大斗争、建设伟大工程、推进伟大事业、实现伟大梦想，具有跨越时空的现实价值和实践意义。

红岩精神反映了党领导的中国革命中一个重要方面——国统区特殊环境下的革命斗争的精神风貌。这是红岩精神所处的特殊的历史方位。红岩精神是中国共产党人和中华民族的宝贵精神财富，蕴涵着党的思想、组织、作风建设等方面的丰富经验，为不断提高党的执政能力和领导水平提供了历史镜鉴，也是我们今天深入推进反腐败斗争、重塑风清气正政治生态的强大精神力量。在新的历史条件下，全党全社会要大力弘扬红岩精神，凝聚中华民族伟大复兴的磅礴力量。

要坚定理想信念，筑牢共产党人安身立命的根本。"心中有信仰，脚下有

---

〔1〕 张莉、李珊珊、刘亮："习近平这样彰显信仰的底色"，载 https://news.12371.cn/2018/07/04/ARTI1530688353277936.shtml，2023 年 4 月 3 日访问。

力量。"大力弘扬红岩精神，要求共产党人无论在什么时候和条件下，都必须把坚定理想信念作为安身立命的主心骨、修身立业的压舱石。要立足新时代党的目标任务和自身工作岗位职责，把坚定的理想信念转化为对奋斗目标的不懈追求、对本职工作的不断超越，攻坚克难，甘于奉献，让理想信念的明灯永驻心田、照亮奋斗前行路。

要厚植爱国情怀，让爱国心、报国志成为全社会的自觉行动。爱国，是人世间最深沉、最持久的情感。大力弘扬红岩精神，要求不断厚植爱国主义情感，牢固树立民族自尊心和自信心。要深刻认识爱国同爱党、爱社会主义是内在一致和高度统一的，旗帜鲜明地坚持党的领导。要用爱国主义精神感召全国各族人民，凝聚海内外中华儿女的智慧和力量，在实现民族复兴征程上创造出更大、更辉煌的人间奇迹。

要激扬凛然斗志，增强斗争本领，砥砺奋进开新局。"实现伟大梦想必须进行伟大斗争。"面对中华民族伟大复兴战略全局和世界百年未有之大变局，大力弘扬红岩精神，要求在应对重大风险考验中不断砥砺斗争精神、增强斗争本领，奋力开创全面建设社会主义现代化国家的新局面。要坚持正确的斗争方向，注重斗争的策略方式，把原则的坚定性和策略的灵活性有机结合，通过斗争达到争取合作、实现共赢的局面。

要涵养浩然正气，勇于担当时代责任。"天地有正气，杂然赋流形。"大力弘扬红岩精神，要求坚守正道、弘扬正气，永葆共产党人鲜明的政治本色和风骨。要做到不忘初心、牢记使命，常怀忧党之心、为党之责、强党之志。要养浩然之气，树清正之风，铸人格之力，自觉做知德明德、尚德守德的践行者。要严明党的政治纪律和政治规矩，坚决抵制党内各种歪风邪气，营造风清气正的政治生态。要将红岩精神蕴涵的思想力量、信仰力量、道德力量等转化为全面建设社会主义现代化国家的奋进动力，接力书写中华民族伟大复兴的壮丽华章。

伟大精神推动伟大事业。回望过往历程，眺望前方征途，今天，红岩精神依然是我们干事创业的强大精神力量。面对中华民族伟大复兴战略全局和世界百年未有之大变局，我们青年学子必须始终赓续红色血脉，用党的奋斗历程和伟大成就鼓舞斗志、指引方向，用党的光荣传统和优良作风坚定信念、凝聚力量，用党的历史经验和实践创造启迪智慧、砥砺品格，继往开来，开拓前进，把革命先烈流血牺牲打下的红色江山守护好、建设好，努力创造不负革命先辈期望、无愧于历史和人民的新业绩。

【复习与反思】

通过学习红岩精神的深刻内涵，引导学生思考新时代的青年学子该如何继承和发扬红岩精神，从而帮助学生在对红岩精神的思考和感悟中进一步坚定理想信念，厚植爱国情怀，激发奋斗勇气，勇担时代重任。

【参考文献】

[1] 本报评论员："弘扬红岩精神，赓续红色血脉"，载《人民日报》2021 年 10 月 21 日。

[2] 吴艳东："准确把握红岩精神的深刻内涵"，载《重庆日报》2021 年 11 月 5 日。

[3] 潘洵、郭亮："红岩精神的丰富内涵与时代价值"，载《光明日报》2022 年 3 月 31 日。

[4] 王健英编：《中国共产党组织史资料汇编——领导机构沿革和成员名录》，红旗出版社 1983 年版。

[5] 《胡乔木传》编写组编：《胡乔木谈中共党史》，人民出版社 1999 年版。

[6] 周勇主编：《红岩精神研究》，中共党史出版社 2009 年版。

[7] 中共中央党史和文献研究室：《中国共产党的一百年》，中共党史出版社 2022 年版。

案例六："抗美援朝精神"教案

基本教学说明

教学时间：90 分钟

授课人数：50 人—100 人

课型：理论课

授课班级：各专业大学一年级学生

【教学目标】

通过本课学习，使学生了解抗美援朝精神的由来及形成发展过程，理解和把握抗美援朝精神的深刻内涵，挖掘其时代价值，从而进一步坚定理想信念，厚植爱国情怀，激发奋斗勇气，明确学习目标，勇担时代重任。

【教学重点和教学难点】

1. 抗美援朝精神形成的历史背景，以及整个精神体系的形成过程。

2. 抗美援朝精神的深刻内涵。深入讲解抗美援朝精神各个层面的内涵，并结合当代大学生的特点，挖掘出深刻的时代意义。

【教学准备】

1. 学生准备：课前阅读《抗美援朝战争》（载中共中央党史研究室：《中国共产党历史》，中共党史出版社 2011 年版）。针对抗美援朝战争的历史有初步了解。

2. 教师准备：查阅相关书籍，认真准备授课课件；通过各种途径，搜集相关图片、歌曲、视频资源和评论材料，支撑课件内容；做好预设，尽可能激发学生学习积极性和参与主动性，深化教学内容，增强教学效果。

【问题导入】

通过《金刚川》《长津湖》等影视资源的播放，向学生展示有关抗美援朝的相关资料，唤起学生对抗美援朝战争的集体记忆；通过向学生提问"何为抗美援朝精神"，引入本节课教学主题。

人物：王成、杨根思、黄继光、邱少云、罗盛教（图片）

报告文学：《谁是最可爱的人》（图片）

电影：《金刚川》《长津湖》（视频）

歌曲：《中国人民志愿军战歌》（视频）

黄继光、邱少云、罗盛教等的英雄事迹均载入了中学语文课本，人们对志愿军的英雄事迹感动不已；"雄赳赳，气昂昂，跨过鸭绿江"的旋律熟悉而振奋，《飞虎》《上甘岭》《三八线上》《奇袭》《英雄儿女》等抗美援朝内容的影视作品影响了一代又一代中国人。

电影《长津湖》的票房接近 60 亿元，该电影选取了抗美援朝战争第一阶段第二次战役中长津湖战役的片段，被誉高度还原了战争场景。电影上映后引起很大的反响，有网友称"看完《长津湖》，不再过圣诞节"；正如总监制黄建新所言"这是一部电影，更是一首生命的颂歌"，看完后"会让你热血沸腾，更爱这个国家"。这部电影也成为各级各类学校、单位进行爱国主义教育的重要资料，从稚嫩的学子撰写的读后感中，你会感觉到孩子们被战争的惨烈深深震撼，被志愿军的爱国奉献、不畏艰难、敢于牺牲的精神深深感动，倍加珍惜今天来之不易的幸福生活。

位于辽宁省丹东市鸭绿江畔英华山上的抗美援朝纪念新馆于 1993 年 7 月正式开馆，园区总占地面积 18.2 万平方米，由纪念馆、纪念塔、全景画馆、国防教育园组成，馆藏抗美援朝文物 2 万余件。2017 年 12 月，该纪念馆入选中国教育部第一批全国中小学生研学实践教育基地、营地名单。是全国、全军一座全面反映抗美援朝历史的国家级重大战争纪念馆，正以更加恢宏的气势、更加丰富的内容、更加多彩的形式，全面、客观、真实地再现抗美援朝战争和抗美援朝运动的光辉历史，更好地传承红色基因、弘扬伟大的抗美援朝精神。

【课程讲授】

一、何为抗美援朝精神

在中国共产党人精神谱系中，有一种革命精神虽然根植于人民军队中，但是它随着中国人民志愿军的出国作战而诞生于朝鲜战场，是在抗美援朝的伟大战争中形成发展起来的，这就是抗美援朝精神。

在中华人民共和国成立初期的 1950 年 6 月，美国乘朝鲜内战之际，悍然出兵朝鲜。美国第七舰队侵驻台湾海峡，阻止人民解放军解放台湾，不断轰炸中朝边境的中国城镇和乡村，不断炮击中国渔船和商船，中国安全受到了严重威胁。中国共产党中央委员会和毛泽东根据朝鲜劳动党和朝鲜民主主义人民共和国政府的请求以及中国人民的意志，作出"抗美援朝，保家卫国"的决策。组织成立了中国人民志愿军，分批次奔赴朝鲜战场，共计有 240 万人投入战争。在装备、技术、条件远远落后于敌方的情况下，经过两年九个月的殊死战斗，中朝两国军民终于迫使以美国为首的"联合国军"签订了停战协定。在异常残酷的抗美援朝战争中，广大志愿军指战员赴汤蹈火，视死如归，谱写了气壮山河的英雄壮歌，创造了人类战争史上以弱胜强的光辉典范，形成了伟大的抗美援朝精神。

抗美援朝精神体系包括：祖国和人民的利益高于一切、为了祖国和民族的尊严而奋不顾身的爱国主义精神，英勇顽强、舍生忘死的革命英雄主义精神，不畏艰难困苦、始终保持高昂士气的革命乐观主义精神，为完成祖国和人民赋予的使命、慷慨奉献自己一切的革命忠诚精神，为了人类和平与正义事业而奋斗的国际主义精神。

抗美援朝精神，是马克思列宁主义、毛泽东思想同正义战争伟大实践相结合的产物，是人民军队宗旨、本色和作风的体现，是中华民族不畏强暴、敢于斗争的历史传统的弘扬，是中国人民极其宝贵的精神财富。70 年来，伟大的抗美援朝精神穿越时空，始终放射着璀璨的光辉，给中国人的内心世界送来光明。我们要悉心体悟抗美援朝精神的科学内涵和深厚意蕴，拥抱从那历史深处穿透而来的精神之光。

二、抗美援朝精神体系形成历程

抗美援朝精神形成于抗美援朝的伟大战争中，是无数最可爱的人——志愿军战士们，在战火中淬炼出来的。后经不断地总结、凝练，形成了现在完整的精神体系。

1950 年 10 月 19 日，肩负祖国神圣使命的中国人民志愿军在彭德怀司令员兼政治委员的率领下，开赴朝鲜战场，与朝鲜人民军并肩作战。从 1950 年 10 月到 1953 年 7 月，战争打了两年九个月。第一阶段，从 1950 年 10 月 25 日到 1951 年 6 月 10 日，中朝人民军队以运动战为主要作战形式，连续进行了五次战役，属于实施战略反攻性质的作战。最终，将敌军从鸭绿江边赶到了"三八线"，并把战线稳定在"三八线"南北地区，扭转了朝鲜战局，迫使敌军转入战略防御，从而谋求停战谈判。

第二阶段从 1951 年 6 月中旬至 1953 年 7 月 27 日战争结束，中朝人民军队以阵地战为主要作战形式，依靠构筑起铜墙铁壁般的纵深防御阵地，先后粉碎了敌军的夏季和秋季攻势，粉碎了"绞杀战""细菌战"，主动实施了多次战术性进攻，血战上甘岭，决战金城，创造了威武雄壮的战争伟业，迫使走投无路的美军签订停战协定。1953 年 7 月 27 日，《朝鲜停战协定》在板门店签字,朝鲜战争以中朝人民军队取得伟大胜利而结束。抗美援朝战争的伟大胜利向全世界宣告,"西方侵略者几百年来只要在东方一个海岸线上架起几尊大炮就可以霸占一个国家的时代一去不复返了"。

2010年10月25日,习近平在纪念中国人民志愿军抗美援朝出国作战60周年座谈会上指出:伟大的抗美援朝战争,弘扬和光大了中国共产党和人民军队的革命精神。抗美援朝战争不仅奏响了一曲曲可歌可泣的凯歌,而且锻造出伟大的抗美援朝精神,这就是:祖国和人民利益高于一切、为了祖国和民族的尊严而奋不顾身的爱国主义精神,英勇顽强、舍生忘死的革命英雄主义精神,不畏艰难困苦、始终保持高昂士气的革命乐观主义精神,为完成祖国和人民赋予的使命、慷慨奉献自己一切的革命忠诚精神,以及为了人类和平与正义事业而奋斗的国际主义精神。

2020年10月19日,在中国人民志愿军抗美援朝出国作战70周年之际,中共中央总书记、国家主席、中央军委主席习近平前往中国人民革命军事博物馆,参观"铭记伟大胜利 捍卫和平正义——纪念中国人民志愿军抗美援朝出国作战70周年主题展览"。他强调,70年前,为了保卫和平、反抗侵略,中国党和政府毅然作出抗美援朝、保家卫国的历史性决策,英雄的中国人民志愿军高举正义旗帜,同朝鲜人民和军队一道,舍生忘死、浴血奋战,赢得了抗美援朝战争伟大胜利,为世界和平和人类进步事业作出了巨大贡献。抗美援朝战争的胜利,是正义的胜利、和平的胜利、人民的胜利。抗美援朝战争锻造形成的伟大抗美援朝精神,是弥足珍贵的精神财富,必将激励中国人民和中华民族克服一切艰难险阻、战胜一切强大敌人。要深入学习宣传中国人民志愿军的英雄事迹和革命精神,学好党史、新中国史、改革开放史、社会主义发展史,激励全党全军全国各族人民更加紧密地团结在党中央周围,牢记初心使命,坚定必胜信念,发扬斗争精神,增强斗争本领,为决胜全面建成小康社会、夺取新时代中国特色社会主义伟大胜利、实现中国梦强军梦不懈奋斗,为维护世界和平、推动构建人类命运共同体作出更大贡献。

2021年9月,党中央批准了中央宣传部梳理的第一批纳入中国共产党人精神谱系的伟大精神,抗美援朝精神被纳入。

三、抗美援朝精神深刻内涵

抗美援朝精神是中国共产党领导的中国人民志愿军在抗美援朝的伟大战

争中形成的革命精神，是可爱可敬的无产阶级战士深厚的爱国精神、坚定的革命精神、宽广的国际主义精神的集中反映。其内涵丰富，主要表现在爱国主义精神、革命英雄主义精神、革命乐观主义精神、革命忠诚精神和国际主义精神五个方面：

（一）祖国和人民的利益高于一切、为了祖国和民族的尊严而奋不顾身的爱国主义精神

爱国主义精神是抗美援朝精神的根本。爱国，既是对国家和人民利益的坚定维护，也是对生养自己的土地和人民的真挚热爱；既是对祖国和民族尊严的认同与自豪，也是对国家前途、民族命运和人民幸福的使命与责任。内心升腾着爱国主义精神，就会深深植根革命忠诚精神，昂扬起革命英雄主义精神和革命乐观主义精神。爱国主义是凝聚民族力量的伟大旗帜，是志愿军指战员参战、克服一切困难、战胜一切敌人的巨大精神动力；祖国和人民的利益高于一切，成为全体志愿军指战员的行动准则。

"这是美丽的祖国，是我生长的地方"，这段取自《我的祖国》的歌词，是电影《上甘岭》的插曲，直白地回答了"为什么要抗美援朝"这个问题。当中国共产党带领全国人民经历浴血奋战刚刚建立的新政权遭受威胁的时候，当我们国家的统一大业遭到干扰的时候，中国共产党人毅然决然地作出了抗美援朝的伟大决策。组建了中国人民志愿军，并于 10 月 19 日从安东、长甸河口、集安三个口岸，跨过鸭绿江，进入朝鲜境内，开始了轰轰烈烈的抗美援朝战争。

《谁是最可爱的人》中有一段描述非常感人，作者问在防空洞里吃一口炒面就一口雪的战士："觉得苦吗?"。战士笑着说："拿吃雪来说吧，我在这里吃雪，正是为了我们祖国的人民不吃雪。他们可以坐在豁亮的屋子里，泡上一壶茶，守住个小火炉子，想吃点儿什么，就做点儿什么。所以，我在这里流点血不算什么，吃点儿苦又算什么!"

正是在爱国主义旗帜的感召下，中国人民志愿军协同朝鲜人民同仇敌忾、同心协力，赶跑了精良装备的美帝国主义，换来了我们的山河无恙、家国安宁；才有了我们今天越来越富强幸福的生活。无论时代如何发展，这种强烈的爱国主义精神深深地烙印在我们的基因里、流淌在我们的血液里。新时代大学生要坚定维护祖国和人民的利益，深爱我们的国家和人民，维护祖国和民族的尊严，勇敢担起时代赋予的重任。

（二） 英勇顽强、舍生忘死的革命英雄主义精神

革命英雄主义精神是抗美援朝精神的精髓，是以弱胜强、战胜一切敌人的法宝。自古以来，革命英雄主义就植根于中华民族的精神血脉，中华大地上"一时多少豪杰"。在抗美援朝战争中，更是涌现了数不胜数的英雄，昂扬起气壮山河的革命英雄主义精神。志愿军指战员在异常残酷的战争中，扬长避短，以灵活机动的战略战术和一往无前的英雄气概，进行了艰苦卓绝的作战，创造了人类战争史上的奇迹。

"为了胜利，向我开炮"，这样的场景不止出现在电影中，王成这样的英雄是无数真实的志愿军英雄的化身。他们中有率领队伍八次击退数倍于己的美军，在弹药耗尽之际，抱起炸药包冲向敌群的杨根思；有炸断双腿坚持指挥战斗，弹药告罄之际，拉响手榴弹与敌同归于尽的孙占元；还有在松骨峰战斗中身着汽油弹也绝不后退、抱住敌人活活烧死的英勇战士们。抗美援朝战争中，涌现了30多万名英雄功臣和近6000个功臣集体，他们用血肉之躯铸就了一座伟大的革命英雄主义精神丰碑。[1]

志愿军战士这种勇于担当的英气、横刀立马的豪气、舍我其谁的勇气、赴汤蹈火的胆气，使得他们在面对强大而凶狠的敌人时永不退缩、前赴后继，用血肉之躯换来战争的胜利，这种舍生忘死、向死而生的民族血性始终流淌在中华儿女身上。在"空中拼刺刀"的勇猛战斗中，志愿军官兵搏击长空，创造了世界空战史上的奇迹。毛泽东在总结抗美援朝战争经验时曾说，志愿军打败美军，靠的是一股气，美军不行，钢多气少。

（三） 不畏艰难困苦、始终保持高昂士气的革命乐观主义精神

革命乐观主义精神是抗美援朝精神的特质，是抗美援朝精神最具标志性的精神内核。在前进的征途上，中华民族曾经遇到这样那样的矛盾和问题、困难和风险，但总是心怀希望、不懈追求、急流勇进，最终战胜千难万险，同时也锻造了敢于压倒一切困难而不被任何困难所压倒的自强品格和必胜信念。抗美援朝战争，是两个国力和军力对比严重失衡的国家之间的较量，当时中国90%的国民经济还停留在近代农业经济水平，工业产值仅居世界第26

---

〔1〕 习近平："在纪念中国人民志愿军抗美援朝出国作战70周年大会上的讲话"，载 http://www. 12371. cn/2020/10/20/ARTI1603176529670456. shtml，2023 年 4 月 13 日访问。

位；美国经济和科技实力都处于世界首位，工业产值占全球的 40%。[1]正是在实力悬殊的较量中，革命乐观主义精神得到了大磨砺、大发扬，创造了以弱胜强的范例。

志愿军指战员面对世界上强大的敌人，在极为艰难困苦的条件下，一把炒面一把雪，以苦为荣，顽强拼搏，经受住了生命极限的考验，始终保持高昂的斗志和敢打必胜的乐观信念。第二阶段以坑道作战为主要作战方式，上甘岭战役期间，在天寒地冻、物资奇缺的情况下，坑道里的条件非常艰苦，气味难闻、缺粮少水、没有有效的照明设施、气氛也很沉闷。志愿军战士能够乐观面对这些恶劣条件，在战斗间隙讲故事、演小戏，给自己的防空洞起名"立功洞""英雄洞"。打起仗来，则是一心琢磨怎么杀伤敌人。杨根思生前发出过"不相信有完不成的任务！不相信有克服不了的困难！不相信有战胜不了的敌人！"

当代大学生要将这段百折不挠的革命乐观主义精神融入精神骨髓，敢于迎难而上、以苦为乐，努力锻造敢于压倒一切困难而不被任何困难所压倒的自强品格。

（四）为完成祖国和人民赋予的使命、慷慨奉献自己一切的革命忠诚精神

革命忠诚精神是抗美援朝精神的底蕴，是支撑起志愿军将士革命英雄主义精神和革命乐观主义精神的深层次因素。有对党和人民的"革命忠诚"，才会有大无畏的英雄气概和坚毅决绝的伟大壮举。这个"革命忠诚"，是绝对忠诚，是"唯一的、彻底的、无条件的、不掺任何杂质的、没有任何水分的忠诚"，是"捧着一颗心来，不带半根草去"的铁血丹心。我军是党缔造和领导的人民军队，同时也是始终保持着革命本色的军队。"革命"二字，体现的是对初心使命的坚守，对理想信念的笃定，对崇高责任的担当。在志愿军的行列中先后涌现的杨根思、黄继光、邱少云等 30 多万名英雄功臣和近 6000 个功臣集体，[2]昭示着志愿军指战员视死如归、无私奉献，用鲜血和生命铸就对祖国和人民的无限忠诚。

电影《金刚川》中一个美军飞行员说过这样一句话："那不是人类能够完

---

〔1〕 刘光明："抗美援朝精神的丰富内涵"，载 https://www.12371.cn/2020/10/20/ARTI1603175351118196.shtml，2023 年 4 月 13 日访问。

〔2〕 习近平："在纪念中国人民志愿军抗美援朝出国作战 70 周年大会上的讲话"，载 http://www.12371.cn/2020/10/20/ARTI1603176529670456.shtml，2023 年 4 月 13 日访问。

成的事，但是你们做到了！"钢铁战士在冰天雪地中至死没有动一下，化作了晶莹的冰雕。在其中一位牺牲的战士宋阿毛身上留下的一张纸条中，写道："我爱亲人和祖国，更爱我的荣誉，我是一名光荣的志愿军战士，冰雪啊！我绝不屈服于你，哪怕是冻死，我也要高傲地耸立在我的阵地上！"岂不畏艰险，所凭在忠诚。如果没有对信仰和理想、对党和人民的革命忠诚，何来向死而生的无畏、敢于牺牲的壮烈。

（五）为了人类和平与正义事业而奋斗的国际主义精神

国际主义精神是抗美援朝精神的有机组成，是激励中国人民志愿军奔赴朝鲜战场的重要动因。和衷共济、和合共生是中华民族的历史基因，"和平、发展、公平、正义、民主、自由"是中国共产党坚持和倡导的全人类共同价值。中国共产党既坚持为中国人民谋幸福，又坚持为人类进步事业而奋斗；既肩负起实现中华民族伟大复兴的历史使命，又始终把为人类作出新的更大的贡献作为自己的使命。朝鲜半岛同中国山水相连，抗美援朝既从中国的安全和发展利益出发，也从朝鲜人民的民族解放事业需要考虑，更着眼于维护和促进世界的和平。

抗美援朝战争，是第二次世界大战结束后第一场大规模的国际性局部战争。中国人民志愿军面对的除数十万美军和韩国军队外，还有英国等 16 个国家的军队。美国政府妄图以"联合国军"的名义为出师朝鲜正名，然而其纠集的国家再多，也无法洗刷掉帝国主义侵略者的历史罪名。伟大的抗美援朝战争，是保卫和平、反抗侵略的正义之战，是高扬国际主义精神的正义之战，绝不仅仅是为了中国自身的安全。正如毛泽东所说，出兵参战，"对中国、对朝鲜、对东方、对世界都极为有利；而我们不出兵让敌人压至鸭绿江边，国内国际反动气焰增高，则对各方都不利"。这场正义之战既激发了志愿军将士越战越勇的旺盛斗志，也得到全世界爱好和平的国家和人民的同情、支持和援助，最终正义之师赢得了战争胜利，打乱了帝国主义扩张势力范围的部署，维护了亚洲以及世界的和平。抗美援朝战争的胜利，保卫了朝鲜民主主义人民共和国和刚刚诞生的中华人民共和国的安全，深刻影响和改变了第二次世界大战结束后亚洲乃至世界的政治格局。志愿军指战员尊重朝鲜人民的风俗习惯，爱护朝鲜的一山一水一草一木，战争中与朝鲜人民军并肩作战，停战后积极帮助朝鲜人民医治战争创伤，重建家园，维护了中朝人民以及一切被压迫、被奴役人民的独立和自由，推进了世界和平发展的历史进程。

抗美援朝精神，是马克思列宁主义、毛泽东思想同正义战争伟大实践相结合的产物，是人民军队宗旨、本色和作风的体现，是中华民族不畏强暴、敢于斗争的历史传统的弘扬，是中国人民极其宝贵的精神财富。

四、抗美援朝战争的历史意义与抗美援朝精神的时代价值

（一）抗美援朝战争的历史意义

1. 伟大的抗美援朝战争，是保卫和平、反抗侵略的正义之战

中国人民志愿军的力量源泉及其获得胜利的根本原因，是伟大的抗美援朝斗争的正义性。60年前，中国人民在忍无可忍的情况下，毅然派出志愿军抗美援朝，完全是保卫和平、反抗侵略的正义之举。所以，志愿军将士才会有越战越勇的旺盛斗志和高昂士气，才能不断创造出惊天地、泣鬼神的战争奇迹。

2. 伟大的抗美援朝战争，打出了新中国的国威和人民军队军威，创造了以弱胜强的范例

抗美援朝战争的胜利，是在敌我力量悬殊的条件下取得的。美国军队动用了除核武器以外所有新式武器，还动用了其陆军的三分之一、空军的五分之一和海军的大部分兵力投入战争。中国人民志愿军将士则以劣势装备进行殊死搏斗。他们冒着零下30多摄氏度的严寒，在白雪皑皑的崇山峻岭中纵横驰骋、前仆后继。无数勇士身负重伤后从血泊中爬起来冲向敌人，甚至用自己的身体挡住敌人的枪口，即使战斗到只剩一人一枪，仍然坚守阵地，顽强地同敌人血战到底。

3. 伟大的抗美援朝战争，弘扬和光大了中国共产党和人民军队的革命精神

伟大的抗美援朝精神，是中国共产党人和人民军队崇高风范的生动写照，是中华民族传统美德和民族品格的集中展示，是以爱国主义为核心的民族精神的具体体现。这种精神永远是中国人民的宝贵财富。

4. 伟大的抗美援朝战争，是全国各族人民共同谱写的壮丽凯歌

正是由于全国各族人民的大力支援，才形成了同仇敌忾、战胜一切困难和强大敌人的无穷力量，才赢得了抗美援朝战争的胜利。这再次证明了毛泽东揭示的颠扑不破的真理："战争的伟力之最深厚的根源，存在于民众之中。"

5. 伟大的抗美援朝战争，进一步锤炼了经过严酷战争洗礼的人民军队

在抗美援朝战争中，为和平而战、为正义而战的志愿军全体将士，坚持从战争中学习战争，在血与火的洗礼中，迅速改善了装备、提高了技术水平，催生了我军由单一兵种作战过渡到现代诸军兵种联合作战，创造了依靠劣势装备打赢现代战争的一系列新经验、新战术、新战法。

6. 伟大的抗美援朝战争，为世界和平与人类进步事业作出了巨大贡献

抗美援朝战争的胜利，保卫了朝鲜民主主义人民共和国和刚刚诞生的中华人民共和国的安全，深刻影响和改变了第二次世界大战结束后亚洲乃至世界的政治格局。

（二）抗美援朝精神的时代价值

1. 伟大的抗美援朝精神跨越时空、历久弥新，必须永续传承、世代发扬

无论时代如何发展，我们都要砥砺不畏强暴、反抗强权的民族风骨。70多年前，帝国主义侵略者将战火烧到了新中国的家门口。中国人民深知，对待侵略者，就得用他们听得懂的语言同他们对话，这就是以战止战、以武止戈，用胜利赢得和平、赢得尊重。中国人民不惹事也不怕事，在任何困难和风险面前，腿肚子不会抖，腰杆子不会弯，中华民族是吓不倒、压不垮的！

2. 铭记伟大胜利，推进伟大事业，必须坚持中国共产党领导，把党锻造得更加坚强有力

抗美援朝战争的伟大胜利再次证明，没有任何一支政治力量能像中国共产党这样，为了民族复兴、人民幸福，不惜流血牺牲，不懈努力奋斗，团结凝聚亿万群众不断走向胜利。只要我们不忘初心、牢记使命，以自我革命精神全面推进党的建设新的伟大工程，不断增强党的政治领导力、思想引领力、群众组织力、社会号召力，就一定能够使党始终成为中国人民最可靠、最坚强的主心骨！

3. 厚植爱国情怀，让爱国心、报国志成为全社会的自觉行动

爱国，是人世间最深沉、最持久的情感。大力弘扬抗美援朝精神，要求不断厚植爱国主义情感，牢固树立民族自尊心和自信心。要深刻认识爱国同爱党、爱社会主义是内在一致和高度统一的，旗帜鲜明地坚持党的领导。要用爱国主义精神感召全国各族人民，凝聚海内外中华儿女的智慧和力量，在实现民族复兴征程上创造出更大、更辉煌的人间奇迹。

4. 激扬凛然斗志，增强斗争本领，砥砺奋进开新局

"实现伟大梦想必须进行伟大斗争。"面对中华民族伟大复兴战略全局和世界百年未有之大变局，大力弘扬抗美援朝精神，要求在应对重大风险考验中不断砥砺斗争精神、增强斗争本领，奋力开创全面建设社会主义现代化国家的新局面。要坚持正确的斗争方向，注重斗争的策略方式，把原则的坚定性和策略的灵活性有机结合，通过斗争达到争取合作、实现共赢的局面。

5. 伟大精神推动伟大事业

回望过往历程，眺望前方征途，今天，抗美援朝精神依然是我们干事创业的强大精神力量。面对中华民族伟大复兴战略全局和世界百年未有之大变局，我们青年学子必须始终赓续红色血脉，用党的奋斗历程和伟大成就鼓舞斗志、指引方向，用党的光荣传统和优良作风坚定信念、凝聚力量，用党的历史经验和实践创造启迪智慧、砥砺品格，继往开来，开拓前进，把革命先烈流血牺牲打下的红色江山守护好、建设好，努力创造不负革命先辈期望、无愧于历史和人民的新业绩。

【复习与反思】

通过学习抗美援朝精神的深刻内涵，引导学生思考当代大学生该如何继承和发扬抗美援朝精神，从而在对抗美援朝精神的思考和感悟中进一步坚定理想信念，厚植爱国情怀，激发奋斗勇气，勇担时代重任。

【参考文献】

[1] 习近平："在新时代继承和弘扬伟大抗美援朝精神　为实现中华民族伟大复兴而奋斗"，载 http://www.81.cn/2020zt/2020-10/19/content_ 9921578. htm，2020 年 10 月 19 日访问。

[2] 习近平：《在纪念中国人民志愿军抗美援朝出国作战 70 周年大会上的讲话》，2020 年 10 月 23 日。

[3] 习近平：《在纪念中国人民志愿军抗美援朝出国作战 60 周年座谈会上的讲话》，2010 年 10 月 26 日。

[4] "弘扬伟大抗美援朝精神，推动新时代走向新辉煌"，载 https://moment.rednet.cn/pc/content/2020/10/23/8538831.html，2020 年 10 月 23 日。

[5] 中国军事百科全书编审室、《中国大百科全书》编辑部编：《中国大

百科全书·军事》（第2版），中国大百科全书出版社2007年版。

［6］刘光明："抗美援朝精神的丰富内涵"，载《光明日报》2020年8月26日。

［7］"抗美援朝精神"，载 https://www.12371.cn/special/zgjs/kmycjs/，2020年10月20日访问。

［8］中共中央党史研究室：《中国共产党历史》，中共党史出版社2011年版。

案例七："两弹一星精神"教案

基本教学说明

教学时间：90分钟
授课人数：80人—120人
课型：理论课
授课班级：各专业大学一年级学生

【教学目标】

通过本课学习，使学生了解"两弹一星"工程的背景和实施，学习两弹元勋及相关工作者的伟大事迹，进而理解和把握"两弹一星"精神的深刻内涵，传承"两弹一星"精神的时代价值，从而坚定理想信念，培育爱国情怀，继承优良传统，激发奋斗精神，勇担时代重任。

【教学重点和教学难点】

1. "两弹一星"工程的制定实施。
2. "两弹一星"精神的深刻内涵。

【教学准备】

1. 学生准备：阅读中国共产党革命精神系列读本《两弹一星精神》（刘学礼主编，中共党史出版社2020年版），针对"两弹一星"工程和事迹进行初步了解。

2. 教师准备：有关"两弹一星"工程的人物事迹、数据图表、文字图片、视频资料。全面展示"两弹一星"工程中的典型案例、深刻阐述"两弹一星"精神的内涵。

【问题导入】

通过向学生展示有关"两弹一星"工程的相关资源，提问学生何为"两弹一星"。通过对话互动，帮助学生建立对"两弹一星"工程的初步认识框架。

书籍：《两弹一星——共和国丰碑》

电影：《横空出世》

回顾"两弹一星"工程实施过程中，广大科研工作者和相关参与人员所展现出的爱国奉献、自立奋斗、协同登攀等优秀精神品质，结合分析当前世界热点问题和国际安全形势，强调核武器、洲际导弹、人造卫星对一个国家的国防安全、国家实力、科技发展、国际地位等方面的重要作用，进而引入本节课教学主题——"两弹一星"精神的形成和内涵。

作为"两弹一星"精神的重要传承地，青海原子城纪念馆自 2009 年 5 月 26 日对外开放以来，截至 2021 年 7 月 12 日，慕名到馆参观学习的公众达 360 万人次，年均 30 万人次。

【课程讲授】

一、"两弹一星"精神的形成

（一）"两弹一星"工程的历史背景

1. 国家发展角度

1949 年 10 月 1 日中华人民共和国成立，其历史重要性不言而喻。从政治上讲，已经站起来的中国人民开始当家作主，真正成为国家的主人，再不会承受往日的屈辱和苦难。但平心而论，当时的中国可谓"百废待兴"。经济上尚未摆脱贫穷落后的面貌，科学技术方面同发达国家相比还有较大差距。对这种经济发展和科学技术上的落后状况，作为党和国家最高领导人的毛泽东有着清醒的认识，他说："我国人民应该有一个远大的规划，要在几十年内，努力改变我国在经济上和科学文化上的落后状况，迅速达到世界上的先进水平。"

2. 国际形势所迫

1950 年 6 月，朝鲜内战爆发。美国政府不顾中国政府的严正警告，不断扩大战争规模，很快将战火烧到了中朝边境的鸭绿江边，并自恃拥有核武器，屡屡发出核战争威胁。美国将军麦克阿瑟扬言：要在中朝边境建立"核辐射带"，主张对中国使用核武器。1952 年 12 月，美国总统艾森豪威尔视察朝鲜战场后，警告中国："我国会考虑不限制战争所使用的武器……并且不再仅仅限于朝鲜半岛的敌对行动。"言外之意，美国政府不排除对中国本土实施核打击的可能性。1953 年春，美国将载有核弹头的导弹运抵冲绳岛，"考虑使用小型原子弹和火炮屏障……新发起的攻击应该包括对中国大陆的封锁，并允许攻击敌人的东北基地"。在美国的核威胁和核讹诈压力下，中国不得不考虑发展自己的核武器力量，以维护国家安全，打破西方国家的核垄断。

（二）"两弹一星"工程的顶层设计

1952 年起，中国政府开始筹划原子弹研制工作，同时积极寻求苏联方面的技术支持。毛泽东在《论十大关系》中强调："我们不但要有更多的飞机和大炮，而且要有原子弹。在今天的世界上，我们要不受人家的欺负，就不能没有这个东西。"为此，以毛泽东同志为核心的党的第一代中央领导，作出了一个迄今为止仍影响深远的重大决策：重点发展以原子弹、火箭和喷气技术为代表的尖端技术。

1955 年 1 月 15 日的中央书记处扩大会议，专门研究了中国原子能事业的发展，作出发展核工业的战略决策，标志着中国核工业建设的开始。为贯彻落实研制原子弹的战略决策，党中央、国务院、中央军委把发展原子能事业作为经济建设和国防建设的一项重要方针任务，列入国家长远发展规划。

1956 年 3 月，彭德怀在中央军委扩大会议上强调"我们必须积极着手研究我国尚不能生产的新式武器（如核子武器、导弹和其他新式武器等）的设计制造问题"，建议积极筹建航空和导弹的研究机构，并准备筹划核子武器研究机构，这是最早落实到文字上的关于中国研制导弹和核武器的正式文件。3 月 14 日，周恩来主持召开中央军委会议，传达了中央关于研制导弹武器的重要指示。会议决定，成立导弹航空科学研究方面的领导机构——国防部航空工业委员会，聂荣臻任主任。11 月 16 日，第一届全国人大常委会第五十一次会议通过决议，设立第三机械工业部，1958 年改为第二机械工业部，具体组织领导中国核工业的建设和发展工作。至此，中国正式开始研制导弹和原子弹。1958 年 5 月，毛泽东在党的八大二次会议上进一步提出：要搞人造卫星。中国的卫星事业也开始起步。

（三）"两弹一星"工程的实施

1957 年 2 月 18 日，周恩来签署命令，任命钱学森为国防部第五研究院院长。10 月 15 日，中苏双方签订了"国防新技术协定"，苏联承诺为我国提供原子弹的部分相关资料和导弹样品等。1958 年冬，青海金银滩的核武器研制基地开始建设。1959 年春，马兰核试验基地开始建设。

1960 年 11 月 5 日，我国第一枚仿制型的"东风一号"近程导弹发射成功。1964 年 6 月，我国自行设计的中程导弹试验成功。

1964 年 10 月 16 日，我国第一颗原子弹爆炸成功，中国由此成为继美、苏、英、法之后世界上第五个自行研制原子弹并成功实施核爆炸的国家。1966 年 10 月 27 日，我国第一颗装有核弹头的地对地导弹飞行爆炸成功。

1967 年 6 月 17 日，我国第一颗 300 万吨级的空投氢弹在距地面 2900 米处空爆试验成功。从第一颗原子弹爆炸到第一颗氢弹爆炸，美国用了 7 年零 3 个月，苏联用了近 4 年，英国用了 4 年零 7 个月，法国用了 8 年零 6 个月，而我国只用了 2 年零 8 个月。

1970 年 4 月 24 日，我国自行设计制造的第一颗人造地球卫星"东方红一号"由长征一号运载火箭一次发射成功，开创了中国航天事业的新纪元，使我国成为继苏、美、法、日之后世界上第五个具备独立发射人造卫星技术的航天大国。

"两弹一星"，是中国人民从"东亚病夫"到站立起来的具体体现，是新中国社会主义建设辉煌成就的重要标志，显示了我国攻克尖端科技难关的伟大创造力量。它不仅为我们建立战略导弹部队提供了装备技术保障，增强了我军在高技术条件下的防御能力和作战能力，打破了超级大国的核讹诈和核垄断，增强了我国的国防实力和国际地位，而且有力地推动了我国经济发展和各行各业建设，激发了全国人民振兴中华的爱国热情，孕育和形成了伟大的"两弹一星"精神。同时，也培养造就了一大批能吃苦、能攻关、能创新、能奉献的科技骨干，促进了科技创新和社会进步，为我国高新科技及相关产业的发展奠定了坚实基础。

正如邓小平同志所言："如果六十年代以来中国没有原子弹、氢弹，没有发射卫星，中国就不能叫有重要影响的大国，就没有现在这样的国际地位。这些东西反映一个民族的能力，也是一个民族、一个国家兴旺发达的标志。"

（四）"两弹一星"精神的提出

1999年9月18日，中共中央、国务院、中央军委决定，对当年为研制"两弹一星"作出突出贡献的23位科技专家予以表彰，授予于敏、王大珩、王希季、朱光亚、孙家栋、任新民、吴自良、陈芳允、陈能宽、杨嘉墀、周光召、钱学森、屠守锷、黄纬禄、程开甲、彭桓武和追授王淦昌、邓稼先、赵九章、姚桐斌、钱骥、钱三强、郭永怀"两弹一星功勋奖章"。江泽民在当天的表彰大会讲话中明确指出："在为'两弹一星'事业进行的奋斗中，广大研制工作者培育和发扬了一种崇高的精神，这就是热爱祖国、无私奉献，自力更生、艰苦奋斗，大力协同、勇于登攀的'两弹一星'精神。"

二、"两弹一星"精神的内涵

"两弹一星"研制成功，是新中国社会主义建设成就的重要标志，它极大地增强了我国的国防实力，促进了科技发展，推动了人才建设，繁荣了社会经济，振奋了民族精神，提高了我国的国际地位。"两弹一星"的宏伟事业，是新中国建设成就的重要象征，是中华民族的荣耀与骄傲，所孕育形成的"两弹一星"精神，凝聚着科技工作者报效祖国的满腔热血和赤胆忠心，反映出他们坚定的理想信念和崇高的精神境界，是中国共产党人精神谱系的重要组成部分，成为全党全国各族人民在社会主义现代化建设道路上奋勇开拓的强大精神力量。

（一）"热爱祖国、无私奉献"的爱国奉献精神

"热爱祖国、无私奉献"，是"两弹一星"精神的灵魂。它已成为中华民族优秀传统和时代精神在新中国尖端科技领域的集中体现，也是广大科技工作者的高贵品质和精神支柱。爱国主义始终是激励我国各族人民自强不息、奋斗不止的强大力量。在"两弹一星"研制过程中，参与者们怀着强烈的爱国热情投入本职工作，淡泊名利，攻坚克难，无私奉献。在获得"两弹一星功勋奖章"的23位科学家中，有20人是海归科学家，占获奖人数的87%，其中有11人是在中华人民共和国成立后冲破重重阻碍归国的。他们为"两弹一星"的研制工作、为发展新中国科技事业，建立了不朽功勋。当时，一批早已在国外功成名就的科学家如钱学森、钱三强、彭桓武、王淦昌、邓稼先、

朱光亚、郭永怀等，毅然放弃国外优厚的生活和工作条件，历尽千难万险回到祖国，为新中国建设和发展而隐姓埋名、顽强拼搏，有的甚至献出了宝贵的生命。

"干惊天动地事，做隐姓埋名人。"两弹一星的研制是一项辉煌而又神秘的伟大事业。谈到"无私奉献"，我们就情不自禁地想起"连名字都贡献了"的核物理学家王淦昌。1961年4月，放弃可能获得诺贝尔奖的机会，刚从苏联回国不久的王淦昌，受命参与核武器研制。他化名王京，告别家庭，隐姓埋名，断绝了一切外部联系，在国内外物理学界整整"消失"了17年。某一年除夕夜，同样没有回家过年的邓稼先，拿着一瓶酒，来到了王京的帐篷。那一夜，他们两人边喝边谈，仿佛又回到学生时代一般。突然，邓稼先握着他的手说："老师，叫了您十几年的王京同志，今夜就让我再叫您一声王淦昌老师吧。"言罢，两位科学家长时间抱头痛哭。

被誉为"中国导弹之父""中国火箭之父"的钱学森，是新中国爱国留学归国人员中最具代表性的国家建设者，是新中国历史上伟大的人民科学家。他在1950年即开始争取回归中国，受到美国政府迫害、失去自由达五年之久，终于在1955年10月8日回到自己魂牵梦绕的祖国大地。钱学森立即全身心地投入工作。1956年1月5日，中国科学院力学所成立，他任所长；2月17日，他草拟了一份《建立我国国防航空工业的意见书》，对中国发展航空和火箭技术提出建议，成为中国航天事业的起点。随后，他受命组建了中国第一个火箭、导弹研究机构——国防部第五研究院并任院长，主持完成了"喷气和火箭技术的建立"规划，参与了近程导弹、中近程导弹和中国第一颗人造地球卫星的研制等。作为中国航天事业的先驱，几十年来，力学、喷气推进、航天技术，钱学森展现了一位科学家在研究上的牛劲；东方红卫星、神舟飞船、嫦娥奔月，钱学森给中国航天事业打了足够的底劲。他不仅是知识的宝藏、科学的旗帜，而且是民族的脊梁、国人的典范。

1950年，26岁的邓稼先在美国获物理学博士学位九天后，就迫不及待地回到祖国。在接到原子弹研制任务当晚，他对妻子说："从今以后我要去办一件事，办成了，一生也值得，为了它，死了也值得。"在一次核试验中，他不幸受到核辐射，身患癌症去世，终年62岁。他曾说，干我们这个工作，就要甘心当无名英雄，一没有名，二没有利，还要吃苦；做出的科学成果又不许发表论文。临终前，他拉着妻子的手深情地描述当年原子弹爆炸的壮观景象并激动地说："我不爱武器，我爱和平，但为了和平，我们需要武器。假如生命终结后可以再生，那么，我仍选择中国，选择核事业。"

体现爱国奉献精神的另一位"两弹一星"功勋科学家，是用生命保存了一份绝密科研资料的中国热核导弹专家郭永怀。这位 1945 年获美国加州理工学院博士学位、1956 年回归祖国的科学家曾说过："我们这些人早在回国的时候，就把名啊利啊放在一边了。"1968 年 12 月 5 日，一架飞机在北京即将着陆时突然坠毁，在飞机残骸的机舱里，人们发现了两具烧焦的尸体，他们紧紧地抱在一起。人们费了很大的力气将两人分开后，发现了一个公文包，里面一份热核导弹实验数据完好无损。那两个被烧焦的人，一个是郭永怀，一个是他的警卫员牟方东，他们在生命的最后一刻作出选择，用身体保护了这份珍贵的科研资料。周恩来得知消息后，这位 70 岁的老人放声大哭，久久不能自已。就在郭永怀牺牲后的第 22 天，中国第一颗热核导弹实验成功，同日，中央授予郭永怀烈士称号。

(二)"自力更生、艰苦奋斗"的自强创业精神

"自力更生、艰苦奋斗"，是"两弹一星"精神的核心。它是"两弹一星"研制成功的重要保障，是创造"两弹一星"伟业的广大科技工作者的坚强意志和立足基点。以"两弹一星"为代表的尖端科技直接关系到国家安危和民族利益，这一事业一开始就受到西方核大国严厉的技术封锁。因此，周恩来多次强调："搞尖端武器要从我国实际出发，必须自力更生，艰苦奋斗，因陋就简。"两弹一星，完全是在新中国内有困难、外有重压、"一穷二白"的极端艰苦条件下独立自主研制出来的。面对重重困难，广大研制者特别能吃苦、特别能战斗，独立自主，艰苦创业，先后建立了专门的科研机构和核武器研制试验基地。

中华人民共和国成立之初，我们面临的是一个经济落后、技术空白、人才奇缺、环境恶劣，工业基础十分薄弱，资金和设备极端匮乏的严峻形势，各项发展步履维艰。在研制导弹初期，苏联曾与我国签订技术协定表示支持。但就在我们研制导弹开局不久的关键时刻，1959 年 6 月 20 日，苏联终止了对华《国防新技术协定》，拒绝提供原子弹的模型和图纸资料，撤走了当时在核工业系统的 223 名苏联专家，取消了一切援助。不仅如此，苏联还于 1957 年 1 月 14 日在联合国大会上提出一份禁止核试验的提案，妄图实施核垄断、将中国的导弹研制扼杀在萌芽状态。在此形势下，毛泽东、周恩来等提出："自

己动手，从头摸起，准备用八年时间搞出原子弹。"

面对核封锁，中国人并没有退缩，反而涌现出一批批敢为人先、为国争光的科学家。"这是国家的需要，就要完全贡献。"他隐姓埋名长达29年。直到78岁，他的名字才被公开报道。他就是为国制造12种火箭的王希季院士。1958年，王希季负责研制发射人造卫星运载火箭的任务。当时整个西方国家对中国实行全面封锁。王希季他们只能依靠自己已有的知识和条件，千方百计地搜集资料，废寝忘食地开展试验。在一次采访中，王希季回忆说："我们要自力更生地发展我们国家的卫星，它是威慑力量的一个组成部分，我们这些人去了，就知道这么一个重要性，知道一个分量，所以就是完全要贡献，我感觉到这个是国家的需要。"

1945年，屠守锷在获得美国麻省理工学院硕士学位后，面对祖国的召唤，毅然回国投身于我国导弹与航天事业。在苏联单方面撕毁技术贸易协定并撤回援助中国的所有专家的条件下，屠守锷坚信别人能做到的，我们也能做到。在自立自强的精神指引下，屠守锷越发全身心地投入研究，势必要研制出中国自己的导弹。两年后，我国中近程导弹连续八次试飞成功。数十年后，中国第一枚远程导弹试飞成功。这种老一辈科学家们展现出来的自力更生精神是我们"两弹一星"事业最终取得成功的根本保证。

1958年初，数以万计的创业者奔赴内蒙古额济纳旗靠近甘肃的酒泉地区，在"风吹石头跑，遍地不长草，天空飞鸟绝，大雁不落脚"的戈壁滩，立下"以场为家，以苦为荣，死在戈壁滩，埋在青山头"的豪迈誓言。他们冒高温、顶沙尘、住土屋、挤帐篷、喝咸苦水，克服了各种难以想象的艰难险阻，一锤一镐地创建了我国时间最早、规模最大的综合性导弹和卫星发射场。同期，我国第一个核武器研制基地也开工建设。其位于青藏高原平均海拔3000多米的金银滩草原，对外称青海矿区。我国第一颗原子弹和第一颗氢弹都是在此研制出厂的。1959年5月下旬，5万建设大军开进西北边陲戈壁。[1]在罗布泊这方"唯以死人枯骨为标识"的地方，搭帐篷、挖地窖，主要靠铁锹、铁锤、麻袋、竹筐等简陋的劳动工具，在"死亡之海"建起我国唯一的核武器试验基地——马兰基地。

---

[1] 刘学礼："'两弹一星'精神：打造大国的底气"，载《党史文汇》2021年第7期，第29页。

（三）"大力协同、勇于登攀"的协同创新精神

"大力协同、勇于登攀"，是"两弹一星"精神的根本。它是成就"两弹一星"事业的重要保证，充分体现了依靠集体智慧协同攻关的集中力量办大事的社会主义制度巨大优势。"两弹一星"事业成功的背后不仅仅是23位两弹元勋，还有无数为我国核事业默默工作和奉献的中国人民。"两弹一星"工程是现代科技成果的融合和结晶，是一项规模庞大、技术复杂、综合性强的系统工程，广泛涉及研究、生产、试验、使用多个部门。其研制需各领域、各学科人员的通力协作，根据自身条件发挥各自优势，攻克技术难关。

1962年11月3日，根据毛泽东的指示，中央专委将中国科学院、国防科研机构、工业部门、高等院校和地方科研单位等"五路方面军"的科技力量协同起来，集智攻关。在党的统一领导下，全国"一盘棋"，拧成"一股绳"。仅参加第一颗原子弹研制工作的就有26个部门，有20多个省、自治区、直辖市和900多家工厂、科研单位、大专院校，[1]参加人数比1949年4月百万雄师渡长江时还要多！

据统计，"两弹一星"研制中仅用于尖端武器的新型材料就达5600种之多，再加上电子元器件、精密机械、仪器仪表、特殊设备、测试技术、计量基准等，聂荣臻元帅将此称为国防尖端事业的"开门七件事"。没有全国数以千计的部门、科研机构、院校、厂矿等的几十万人集体攻关、协同创新，这七件事根本就无法完成。在原子弹的研制和试验中，兰州化学物理所配合核武器研究所与兵器工业部的一个研究所协同为原子弹研制出高效能炸药和高电压雷管；中国科学院的数学所和计算所合作进行了数学与计算方法的研究；北京和上海的计算机所为核武器研制提供了当时国内性能最好的电子计算机；中国科学院物理所提供的测量参数为第一颗原子弹装置的理论设计作出了贡献；西安和长春的光机所改装、研制的高速摄影机和跟踪电影经纬仪，在首次核试验火球摄影和测定中发挥了作用；西北核技术所进行了大量测试技术研究和现场实测工作；气象局和大气物理所提供了准确的气象预报；国防科委的试验基地做了大量艰苦细致的组织工作，保证了试验的顺利进行；等等。没有团结协作，就没有一切。

---

〔1〕 本报评论员："弘扬'两弹一星'精神 主动肩负起历史重任"，载《人民日报》2021年8月28日。

1970年4月，我国第一颗人造地球卫星发射成功。当时，我们动用了全国近60%的通信线路，从试验场区到各个观察测控站，仅守卫通信线路的民兵就多达60万人。[1]在全国数万公里的线路上，保证每一根电线杆下面，日夜有人值守，以防破坏。正是社会主义制度形成的气势磅礴的强大合力，有效地解决了我国经济科技基础薄弱与发展尖端科技需求的矛盾，大大加速了中国"两弹一星"以及其他大国重器的研发制造和投入使用进程。正如习近平总书记所言，"两弹一星"成功，有赖于一批领军人才，也有赖于我国强有力的组织系统。

三、"两弹一星"精神的当代价值

习近平总书记指出："精神是一个民族赖以长久生存的灵魂，唯有精神上达到一定的高度，这个民族才能在历史的洪流中屹立不倒、奋勇向前。"[2]

2021年9月29日，中宣部正式发布中国共产党人的精神谱系第一批伟大精神，"热爱祖国、无私奉献，自力更生、艰苦奋斗，大力协同、勇于登攀"的"两弹一星"精神纳入其中，充分说明"两弹一星"精神在新中国建设过程中的重要地位，彰显出一代科技工作者自力更生、勇攀科技高峰的奋斗精神，体现了鲜明的时代价值。

（一）"两弹一星"精神是培育社会主义核心价值体系的重要精神来源

社会主义核心价值体系是一个国家一个民族长久发展的精神动力，也是一个文明从低级阶段发展到高级阶段不断形成的精神品格。这种精神品格是一个文明不断发展与前进的内在推动力。显而易见，"两弹一星"精神所蕴藏的崇高精神内涵是我国社会主义核心价值体系的重要组成部分。一方面，该精神深刻体现了以爱国主义为核心的民族精神和以改革创新为核心的时代精神。学习该精神有利于当代青年核心价值体系的形成，在价值层面上具有引领性。另一方面，"两弹一星"精神也是中国共产党人在学习马克思主义理论的基础上结合"两弹一星"的发展实际而形成的新的理论和创新，是对马克思主义理论的丰富和发展，是中国共产党人将马克思主义

---

〔1〕 何亮："'两弹一星'铸就中华民族精神脊梁"，载《科技日报》2021年7月14日。
〔2〕 习近平："在纪念红军长征胜利80周年大会上的讲话"，载 https://news.12371.cn/2016/10/21/ARTI1477049110477627.shtml，2023年4月3日访问。

运用于解决国家科技发展问题的一次成功实践，在精神层面具有指导性。学习"两弹一星"精神，对于从价值层面和精神层面来培育核心价值体系都具有重要意义。

（二）"两弹一星"精神是国家高质量发展，打造科技强国的重要精神支撑

科学技术从来没有像今天这样深刻影响着国家前途命运，从来没有像今天这样深刻影响着人民生活福祉。要完全实现"两个一百年"奋斗目标，实现社会主义现代化，进而把我国建设成为社会主义现代化强国，需要我们继续弘扬"两弹一星"精神。在"两弹一星"事业发展中，中国科技元勋们摸索出的科研经验以及在这个过程中体现出来的崇高精神对于新时代我国科学技术的发展具有重要的指导意义。科学技术离不开精神支撑，"两弹一星"精神更是无数科技工作者在长期科学实践中积累的宝贵精神财富。该精神不仅为50年代至70年代中国的科技发展指明了前进方向，更是当今我国科技发展的重要精神指导。今天，中国特色社会主义进入了新时代，"两弹一星"精神仍具有时代意义，一方面，以"两弹一星"精神为指导大力发展我国的科学技术，建设科技强国。另一方面，将"两弹一星"精神蕴藏的精神内涵融入我国科学技术发展的方方面面，实现精神和实际的有机连接，理论和现实的有效结合，以精神为指引，以理论为导向，推动国家高质量发展。学习"两弹一星"精神对于推动我国科学技术的发展、建设科技强国具有重要指导意义。

（三）"两弹一星"精神是实现中华民族伟大复兴的重要精神动力

有梦想，就要为之奋斗，而"两弹一星"精神正是我们为实现梦想而努力奋斗的重要精神。当前，国际局势变化，保护主义、单边主义抬头，世界经济低迷，国际局势发生深刻调整，世界进入动荡变革期。在这样一个大背景下，我们要实现中华民族的伟大复兴还会遇到许许多多的困难和挑战，行百里者半九十，中华民族伟大复兴，绝不是轻轻松松、敲锣打鼓就能实现的。我们必须以伟大的精神为指引应对挑战、化解危机、接续努力、砥砺前行。而"两弹一星"精神的特质蕴藏着我们实现中华民族伟大复兴的重要精神力量。热爱祖国，无私奉献，强调精神力量，是实现中华民族伟大复兴的价值观引领。自力更生，艰苦奋斗，强调坚强意志，是实现中华民族伟大复兴的根本内生动力。大力协同，勇于攀登，强调团结协作，是实现中华民族伟大复兴的重要保障。新时代，继承和发扬"两弹一星"精神对于实现中华民族

伟大复兴具有重要的现实价值。

【复习与反思】

通过学习"两弹一星"精神的深刻内涵，引导学生思考新时代的青年学子该如何继承和发扬"两弹一星"精神，进一步培育学生树立爱国奉献情怀，发扬自立自强精神，倡导协同奋进理念，为实现中华民族伟大复兴而贡献力量。

【参考文献】

[1] 解放军总装备部政治部编：《两弹一星——共和国丰碑》，九州出版社 2001 年版。

[2] 刘学礼主编：《两弹一星精神》，中共党史出版社 2020 年版。

[3] 中华人民共和国国史学会两弹一星历史研究分会："'两弹一星'工程的成功经验与启示"，载《当代中国史研究》2013 年第 5 期。

[4] 王胜国："'两弹一星'的研制与改革开放"，载《军事历史》2020年第 4 期。

[5] 高晓林、范宾扬："'两弹一星'工程的决策过程和历史经验"，载《上海党史与党建》2020 年第 11 期。

[6] 刘学礼："'两弹一星'精神：打造大国的底气"，载《党史文汇》2021 年第 7 期。

[7] 陈俊宇："'两弹一星'精神：自立自强，赓续伟业"，载《工人日报》2021 年 8 月 28 日。

[8] 姜天骄："弘扬'两弹一星'精神　勇攀航天科技高峰"，载《经济日报》2021 年 8 月 28 日。

[9] 本报评论员："弘扬'两弹一星'精神　主动肩负起历史重任"，载《人民日报》2021 年 8 月 28 日。

[10] 冯华、喻思南："在继承和发扬'两弹一星'精神中勇攀科技高峰"，载《人民日报》2021 年 8 月 28 日。

[11] 韩延明："百年红色精神谱系之八　'两弹一星'精神"，载《党史博采》（上）2021 年第 8 期。

[12] 胡世炜、管锦绣；"'两弹一星'精神的内涵与实质"，载《信阳农

林学院学报》2021 年第 3 期。

[13] 熊杏林："'两弹一星'精神是如何生成的"，载《学习时报》2021
年 10 月 11 日。

[14] 吴燕生："大力弘扬'两弹一星'精神　加快推进航天强国建设"，
载《学习时报》2021 年 10 月 11 日。

[15] 李晗："'两弹一星'精神的科学内涵及其当代价值"，载《内江师
范学院学报》2021 年第 11 期。

[16] 武淳："'两弹一星'先进群体：勇攀高峰　功勋卓著"，载《党
建》2021 年第 12 期。

案例八："孔繁森精神"教案

基本教学说明

教学时间：90 分钟

授课人数：50 人—100 人

课型：理论课

授课班级：各专业大学一年级学生

【教学目标】

1. 掌握知识点：通过对孔繁森精神的分析学习，掌握孔繁森精神的内涵。
2. 塑造大学生人生观、价值观、事业观：帮助学生树立正确的人生观、
价值观和事业观，弘扬"老西藏精神"和孔繁森精神，在新时代新征程上为
社会主义现代化强国建设建功立业。

【教学重点】

1. 孔繁森精神的内涵和特质。
2. 孔繁森精神的时代价值。

【教学准备】

1. 学生准备：上网了解孔繁森同志纪念馆的相关内容，并观看影片《孔

繁森》，对孔繁森的基本情况有相应认识。

2. 教师准备：有关孔繁森的人物事迹、数据图表、文字图片、视频资料等。

【问题导入】

同学，你读过高尔基的《海燕》吗？那撼动人心的文字，激扬着革命者的热情，展现了不屈者对命运的抗争。

"这是勇敢的海燕，在怒吼的大海上，在闪电中间，高傲地飞翔；这是胜利的预言家在叫喊：让暴风雨来得更猛烈些吧！"

面对人生的选择，是做屋檐下的燕雀，还是做遨游九天的鸿鹄？

面对不同的人生选择，孔繁森作出了他的抉择。他义无反顾选择去往雪域高原，无怨无悔成为高飞的"西藏雄鹰"。他永远留在了那片圣洁的土地上，他的精神永远铭刻在中国人民心中。当代中国青年，要有为中华民族伟大复兴而奋斗的责任感和使命感，光明磊落做事，干干净净做人，继承发展孔繁森精神，培育"赤诚、担当、大爱、无我"的高尚品德和无私情怀。

【课程讲授】

一、孔繁森的生平

孔繁森，汉族，中共党员，山东聊城人，孔子第 74 代孙。他 18 岁参军，1966 年加入中国共产党。1969 年复员后，他先当工人，后被提拔为国家干部。他自觉以党和人民的需要为己任，两次进藏工作，在雪域高原奋斗 10 个春秋。1979 年，国家要从内地抽调一批干部到西藏工作，时任聊城地委宣传部副部长的孔繁森主动报名，请人写了"是七尺男儿生能舍己，作千秋鬼雄死不还乡"的条幅。孔繁森告别年逾古稀的老母、体弱多病的妻子和尚处幼年的孩子，到西藏自治区岗巴县任县委副书记兼县检察院检察长。刚到西藏，他又写下"青山处处埋忠骨，一腔热血洒高原"，扎根边疆，以此铭志。在海拔 4700 多米的西藏自治区岗巴县一干就是三年。在西藏工作期间，孔繁森经常深入乡村、牧区与群众一起干农活、修水利，深受藏族同胞的信任和爱戴。1988 年，他克服困难再次带队进藏，担任拉萨市副市长，分管文教、卫生和民政工作。1993 年，孔繁森又到被称为"世界屋脊的屋脊"的阿里地区任地委书记。1994 年 11 月，他在考察工作途中因车祸殉职，终年 50 岁。

孔繁森牺牲后，党和国家领导人为他题词。中组部、中宣部发出通知，在全国范围内开展"向孔繁森同志学习"的活动。孔繁森被中组部追授"模范共产党员""优秀领导干部"光荣称号，被国务院追认为"全国先进工作者"，被评为"100 位新中国成立以来感动中国人物"之一。在庆祝改革开放 40 周年大会上，孔繁森被授予"改革先锋"的光荣称号。

二、孔繁森精神的基本内涵及诠释

1950 年 3 月，以中国人民解放军第十八军为主力的进藏部队，在进军西藏誓师大会上发出铿锵誓言"坚决把五星红旗插上喜马拉雅山，让幸福的花朵开遍全西藏"。经过一年九个月的艰难行军，第十八军指战员胜利进藏。进驻西藏后，积极响应军委"向荒野进军、向土地要粮、向沙滩要菜"的号召，立足高原开荒种地，大力开展基础设施工作和劳动生产，全心全意为藏族同胞办好事、办实事，很快得到群众认可和支持。"老西藏精神"是我党我军优良传统与西藏革命建设特殊情况和实践相结合的产物，是驻藏部队几代官兵同西藏各族人民一道前仆后继、百折不挠、英勇奋斗凝结而成的宝贵精神财富。

孔繁森继承了建国初期形成的"老西藏精神"，在建设社会主义社会的新实践中丰富和发展了"老西藏精神"，是弘扬"老西藏精神"的杰出代表。孔繁森精神体现的就是"老西藏精神"，基本内涵包括：特别能吃苦、特别能战斗、特别能忍耐、特别能团结、特别能奉献。

（一）顾全大局、听党指挥的坚强党性

孔繁森进藏本来是作为日喀则地委宣传部副部长选调的，报到后，区党委见他年轻体壮、意气风发，决定改派他到海拔 4700 多米的岗巴县担任县委副书记。征询他的意见时，他回答得很痛快："我年纪轻，没问题，大不了多喘几口粗气。"此时，党的十一届三中全会刚刚开过，为了在农牧区推广家庭联产承包责任制，带领群众脱贫致富，他亲自到一个乡试点，又把经验在全县推广。他心系藏区百姓，到处访贫问苦，宣传党的政策，和群众一起收割、打场、挖泥塘，与当地群众结下了深厚的情谊。1991 年，在一次车祸中孔繁森摔成了严重的脑震荡，颅骨骨折，高烧昏迷。在住院治疗期间，他得知一所学校发生了问题，不顾高烧未退、眼睛充血，立刻骑上自行车赶到学校现场处理。在这期间，他跑遍全市绝大部分中小学校、敬老院和养老院，为教育事业奔波操劳，给孤寡老人送去温暖。

（二）热爱人民、服务人民的公仆情怀

1992 年，拉萨发生强烈地震，孔繁森在废墟上领养了三名藏族孤儿，将他们带回家，照管他们的生活，并隐姓埋名先后三次为他们献血。1992 年 12 月，孔繁森二次赴藏期满，而且他先后两次进藏，已在高原工作六年。按说，他应该东进返乡。然而，他却接受了一项更艰巨的任务，驱车向西，奔赴自然条件更恶劣的地区，挑起阿里地委书记的重担。号称"世界屋脊"的西藏高原，高寒缺氧，气候恶劣，而阿里又是西藏最艰苦的地区。那里平均海拔4500 米，空气中的含氧量不足海平面的一半，最低气温达零下 40 多摄氏度。民主改革前，野蛮的封建农奴制严重束缚了当地生产力的发展，藏族群众的生产生活长期处于原始状态。民主改革后特别是党的十一届三中全会以来，阿里发生了巨大变化，但由于历史和自然的原因，当地的经济发展仍比其他地区缓慢，群众生活仍比较贫困。1993 年，孔繁森又到被称为"世界屋脊的屋脊"的阿里地区任地委书记。阿里虽然条件艰苦，但草场广阔，畜产品、矿产资源丰富，冈仁波齐和玛旁雍错享誉盛名。孔繁森跑遍了阿里地区 106个乡中的 98 个，行程 8 万多公里，总结了畜产品、矿产品、旅游、边贸、人口和政策六大发展优势，绘就了一幅全面振兴阿里的美好蓝图。

（三）甘于吃苦、勇于担当的奉献精神

1994 年，阿里高原发生罕见暴风雪灾，他带领工作组第一时间赶到受灾地区，把救济粮和救济款送到受灾群众手中，每天工作到深夜两点多才休息。也就是在这期间，他预感到了身体的极度不适。一日凌晨，孔繁森写下了这样一段遗书："……不知为什么我头痛得这样厉害，怎么也睡不着，人有旦夕祸福，万一我发生了不幸，千万不能让我的母亲、家属和孩子们知道，请以我的名义每月给家里写一封报平安的信。我在哪里发生了不幸，就把我埋在哪里。"

在他带领下，经过广大干部群众的努力，阿里经济有了较快发展，受到藏族群众的普遍称赞，被誉为"党员领导干部的楷模"。在阿里不到两年的时间里，从南方的边境口岸到藏北大草原，从班公湖到喜马拉雅山谷地，全地区 106 个乡，他跑了 98 个，行程 8 万多公里。阿里是西藏最偏僻和平均海拔最高的地区，地广人稀，面积 30.5 万平方公里，相当于两个山东省，而人口只有 6 万多。有时，他们开着车在空旷的荒野上奔波一天也看不到一户人家、一顶帐篷。饿了，他们就吃口风干的牛羊肉；渴了，就喝口山上流下来的雪水。在孔繁森的勤奋工作下，阿里经济有了较快的发展。1994 年，全地区国民生产总值超过 1.8 亿元，比上年增长 37.5%；国民收入超过 1.1 亿元，比上年增长 6.7%。[1]

（四）清正廉洁、克己奉公的价值追求

1994 年 11 月 29 日，孔繁森在从新疆塔城进行边贸考察返程的路上不幸发生车祸，以身殉职，时年 50 岁。人们在料理孔繁森的后事时，只找到两件遗物：一是他仅有的 8 元 6 角钱，再有就是他去世前四天写下的"关于阿里发展的 12 个亟待解决的问题"。孔繁森因公牺牲的噩耗传到阿里后，人们纷纷朝着他殉职的方向默哀哭泣，他的骨灰也分别被安放在他所工作过的西藏高原和他的家乡山东聊城。

2020 年 8 月 28 日至 29 日，在中央第七次西藏工作座谈会习近平总书记曾指出：广大干部特别是西藏干部要发扬'老西藏精神'，缺氧不缺精神、艰苦不怕吃苦、海拔高境界更高，在工作中不断增强责任感、使命感，增强能力、锤炼作风。孔繁森对藏族同胞和藏区的热爱、对祖国和人民的热爱，如同高原上的蓝天一样纯洁、高远。孔繁森生前曾说："老是把自己当珍珠，就时常有怕被埋没的痛苦。把自己当泥土吧！让众人把你踩成路。""一个人爱的最高境界是爱别人，一个共产党员爱的最高境界是爱人民。"他是这样说的，也是这样做的。孔繁森被誉为"九十年代的雷锋、新时期的焦裕禄"。在他身上体现出的"赤诚、担当、大爱、无我"的精神品格激励着无数人。习近平总书记指出，要看一个人在那里起了什么作用。有的甘为人梯，长期铺垫，做打基础的工作，收获的时候他却走了。有的"十月怀胎"时他不在，"一朝分娩"时他来了。所以对干部要有客观的公论，这个关键在党组织身上，组织上要明察秋毫，让默默无闻、埋头苦干、不求功名、不事张扬的人能够被发现、被承认。各级领导干部要认真思考在加强党的执政能力建设中自己该怎么办，切实增强执政的忧患意识，切实在领导工作实践中提高自己的执政本领，切实树立良好的执政作风，像领导干部的好榜样焦裕禄、孔繁

---

[1] 宁夏回族自治区党委组织部、宁夏回族自治区党委党史研究室、宁夏党建研究会编著：《共产党人的楷模》，宁夏人民出版社 2016 年版，第 242 页。

森、郑培民等英模人物那样，做一个亲民爱民的公仆，做一个忠诚正直的党员，做一个靠得住、有本事、过得硬、不变质的领导干部。

2018年6月14日，习近平总书记在山东考察时指出：在党的教育培养下，山东涌现出一大批英雄模范人物和党的好干部，焦裕禄、孔繁森就是其中的杰出代表。中国千百年来都把修身做人、立身处世看得非常重要。山东要用这些重要历史文化和革命文化资源来加强干部队伍建设，努力培养更多的好干部。这段话是在山东讲的，是对山东如何传承和弘扬英雄模范精神的明确要求，对于深刻认识孔繁森精神的新时代价值具有特殊的指导意义。中国优秀政治文化"修齐治平"的价值观，在孔繁森身上得到了完美体现。

2018年12月18日，在庆祝改革开放40周年大会上，党员领导干部的楷模孔繁森获得了"改革先锋"称号。党和人民永远铭记这个光辉的名字。孔繁森被誉为"九十年代的雷锋、新时期的焦裕禄"。

三、孔繁森精神形成的条件和基础

孔繁森精神是在中华优秀传统文化的浸润下诞生的，具有深厚的历史文化基础。孔繁森的家乡山东省聊城市，古老的黄河文明与辉煌的运河文化交汇于此，崇礼重义的齐鲁文化和急公好义的燕赵文化在这里交融，勤劳朴实的农耕思想和开拓进取的商业意识在这里汇通。悠久的历史文化，厚重的传统精神养育了一方人民，这里的民众既勤劳淳朴、崇尚集体主义，又积极进取、勇于开拓。

孔繁森精神的产生，是与中国社会发展、时代变革相适应并反映了在新的历史条件下领导干部的行为选择。孔繁森精神诞生于轰轰烈烈的改革开放年代，全社会各领域产生了深刻变化。一方面人民群众的物质生活水平有了很大的提升，财富的积聚速度不断加快。另一方面，飞速发展的社会带来的一系列新问题也日渐凸显。诸如社会的价值导向、行为选择、贫富差距拉大等社会问题，使得思想领域和精神世界出现了前所未有的冲击和挑战。不少人尤其是少数党员干部在权力、金钱、美色的考验面前栽了跟头，吃了败仗，丢弃初心，堕落为腐败分子。时代的发展要求人们精神世界的更新必须与之同步，孔繁森精神就是新时期产生的以领导干部为主体的精神成果。既践行了信念坚定、为民服务、勤政务实、敢于担当、清正廉洁的好干部标准，同时也是在新的时代背景下共产党员精神面貌的崭新阐释。

孔繁森精神是坚定的理想和信念深深植根于精神世界开出的璀璨花朵。孔繁森精神体现了共产主义远大理想和中国特色社会主义共同理想合二为一。孔繁森在理想的引导、塑造下不断成长成才，最终脱颖而出，成为一位风采卓异、合格称职的党员领导干部楷模。无论在青少年时期，还是参军入伍、工作与生活，抑或后面的离鲁入藏，亲临"老西藏精神"的发源地，身心交融地体悟解放、建设西藏的前辈们的风雨甘苦、忠心赤胆，孔繁森始终无怨无悔。这是理想和信念的力量，是初心和使命的担当，是共产党人在艰难困苦面前不断淬炼党性，日益提升精神境界的体现。这种精神的富足使得孔繁森不论在何处何时，不论在顺境逆境中始终高举理想和信念的火把，最终开出璀璨的精神之花。

四、孔繁森精神的时代价值与弘扬路径

在中国共产党建党 100 周年之际，孔繁森精神被纳入中国共产党人精神谱系第一批伟大精神中。习近平总书记在党史学习教育动员大会上指出，在 100 年的非凡奋斗历程中，一代又一代中国共产党人顽强拼搏、不懈奋斗，涌现了一大批视死如归的革命烈士、一大批顽强奋斗的英雄人物、一大批忘我奉献的先进模范，形成了一系列伟大精神，构筑起了中国共产党人的精神谱系，为我们立党、兴党、强党提供了丰厚滋养。不同历史时期所形成的每种精神各有其独特的内涵和鲜明的特征。

孔繁森精神所蕴含的爱国爱民情怀，勇于创新、无私奉献、迎难而上的英雄气概，既体现中华民族共同的思维范式、情感表达，又能彰显时代气息、凝心聚力、开拓奋进，是激励后人坚定理想信念的源泉，也是坚定政治立场和价值取向的精神武器，必须积极探索弘扬孔繁森精神的路径，充分发挥孔繁森精神的时代价值，让其成为推动实现中华民族伟大复兴的精神力量。以先进人物孔繁森命名的孔繁森精神给当代高校的立德树人工作提供了学习范本和价值遵循，在思政课上对青年大学生人生观、价值观、事业观的塑造方面有明确的思政引领作用和重要的时代价值。

（一）引导青年学生树立正确的理想信念

理想信念是个体的世界观、人生观在价值目标上的集中体现，它代表着人们对未来的美好向往和自觉追求。理想信念是价值观的最高层次。理想信念的形成和坚定，标志着人们的价值观念已经从感性层面上升到理性层面。

随着我国经济体制、社会结构、利益关系的深刻变化，一元与多样、传统与现代、先进与落后、本土与外来相互交织、相互影响，社会思潮更加纷繁复杂。当代大学生成长在网络化时代，面临多元价值和文化的冲击，不同的意识形态之间的激烈争夺、碰撞，使得当代青年在理想信念方面受到很大的挑战。在开展理想信念教育过程中，不能光说大道理，只搞"空洞说教"，而是要结合社会现实和榜样的力量，回应社会思潮的起伏变化。通过充分发挥先进典型的引领示范作用，特别是大学生知晓熟悉的先进典型引领示范作用，来触动和感染学生，这是一条行之有效的路径。孔繁森是马克思主义的坚定信仰者，讲党性，顾大局，服从组织安排，到祖国和人民最需要的地方去建功立业，这使青年人坚定理想信念，为个人梦和中国梦的统一实现贡献力量，使个人价值的实现与时代和祖国的要求同向而行。

（二）继承和发展"以人民为中心"的价值信念

为人民服务，是中国共产党的根本宗旨，是每位党员干部的人生价值追求。加强高校大学生"以人民为中心"思想的教育，是马克思主义唯物史观的要求，是马克思人学理论的体现，也是中国特色社会主义大学性质决定的，是提高大学生思想道德素质的必然要求。新时代人民观也是当代大学生思想政治教育的重要组成部分。孔繁森以人民为中心，心甘情愿为人民作贡献，以"无我"之境界不负人民的重托，牺牲了"小我"，用汗水、泪水、血水铸就了"大我"。把满足人民对美好生活需要作为奋斗的出发点和落脚点，想人民所想，急人民所急，解人民之所困，实现全体人民的现实利益和长远利益，实现人民的全面发展和共同富裕。青年大学生在孔繁森身上看到了人民至上的崇高境界，对共产党的宗旨意识和人民立场有了更加深入的理解。通过学习孔繁森增强学生为人民服务的意识和本领，增强学生对人民的感情，激发学生的"为民"意识，进而提升高校大学生的思想政治教育成效。

（三）引导青年学生传承奋斗奉献的优良作风

习近平总书记在全国教育大会上强调："要在培养奋斗精神上下功夫，教育引导学生树立高远志向，历练敢于担当、不懈奋斗的精神，具有勇于奋斗的精神状态、乐观向上的人生态度，做到刚健有为、自强不息。"[1]没有艰苦

---

〔1〕习近平："坚持中国特色社会主义教育发展道路　培养德智体美劳全面发展的社会主义建设者和接班人"，载 https://www.12371.cn/2018/09/10/ARTI1536580965577973.shtml，2023 年 4 月 3 日访问。

奋斗精神的民族难以自立自强，没有艰苦奋斗的国家难以进步发展，没有艰苦奋斗的青年难以担当重任。每个人的人生价值是奋斗出来的，奋斗中实现人生价值就是一种幸福。在物质优越条件下成长起来的大学生，明显表现出奋斗精神弱化的问题。一些大学生畏惧艰难、怕吃苦、心理脆弱、难以融入社会，缺乏社会责任感等，这都不利于大学生身心健康，也会影响高校思想政治教育目标的实现。在大学生奉献精神形成的过程中，树立一批自我意识正确、无私奉献的楷模，在大学生中发挥其辐射示范作用尤为重要。孔繁森吃苦奋斗奉献的精神境界和崇高品格是时代青年的楷模。挖掘孔繁森精神与思想政治理论课内容的契合点，将其潜移默化地融入思政课，让孔繁森精神成为思政课的"活教材"，培养学生甘于奉献、不怕吃苦的道德品格，以奋斗的姿态、奉献的心态做事、做人，脚踏实地投入中国梦的实践中，成为时代最美奋斗者、奉献者，努力成长为担当民族复兴大任的时代新人。

"他活着为了多数人更好地活着的人，群众把他抬举得很高，很高。"孔繁森就是这样的人。通过这一课，我们要学习并践行孔繁森精神，更深刻理解孔繁森精神背后的内涵所在，将其精神内涵融入我们日常的学习生活中去。

【复习与反思】

1. 孔繁森精神的内涵有哪些？
2. 新时代如何弘扬"老西藏精神"和孔繁森精神？

【参考文献】

［1］习近平：《干在实处　走在前列——推进浙江新发展的思考与实践》，中共中央党校出版社 2006 年版，第 416 页。

［2］习近平：《之江新语》，浙江人民出版社 2007 年版，第 7、84 页。

［3］"习近平：领导干部要树立正确的世界观权力观事业观"，载《学习时报》2010 年 9 月 6 日。

［4］本书编写组编著：《党的十九届六中全会〈决议〉学习辅导百问》，党建读物出版社、学习出版社 2021 年版。

参考文献

一、著作

1. 萧超然：《北京大学与五四运动》，北京大学出版社 1986 年版。

2. 郭湛波：《近五十年中国思想史》，山东人民出版社 1997 年版。

3. 中国社会科学院近代史研究所编：《五四运动回忆录》（上），中国社会科学出版社 1979 年版。

4. 中共中央文献研究室编：《习近平关于青少年和共青团工作论述摘编》，中央文献出版社 2017 年版。

5. 陈平原、夏晓虹编：《触摸历史：五四人物与现代中国》，北京大学出版社 2009 年版。

6. 济南师范学校编：《王尽美遗著与研究文集》，中共党史出版社 2009 年版。

7. 王尽美：《王尽美文集》，人民出版社 2011 年版。

8. 丁龙嘉、张业赏：《王尽美》，河北人民出版社 1997 年版。

9. 丁龙嘉编著：《100 位为新中国成立作出突出贡献的英雄模范人物——王尽美》，吉林文史出版社 2011 年版。

10. 中共诸城县委、山东大学历史系合编：《王尽美传》，山东人民出版社 1981 年版。

11. 刘树燕编著：《抗战时期的山东统战》，中共党史出版社 2005 年版。

12. 《毛泽东选集》（第 3 卷），人民出版社 1991 年版。

13. 王东溟：《山东人民支援解放战争史》，山东人民出版社 1991 年版。

14. 中国人民解放军政治学院政治工作教研室编：《军队政治工作历史资料》，中国人民解放军战士出版社 1982 年版。

15. 济南市档案馆、中共济南市委党史委编：《济南革命历史档案资料选编》（第 4 辑），济南出版社 1999 年版。

16. 济南市社会科学研究所编著：《济南简史》，齐鲁书社 1986 年版。

17. 中国人民政治协商会议山东省济南市委员会文史资料研究委员会编：《济南文史资料选辑》，山东省出版总社济南分社 1986 年版。

18. 临沂地区妇联主编：《沂蒙红嫂》，黄河出版社 1990 年版。

19. 梁自洁、李祥栋、陶滋年主编：《沂蒙精神研究》，山东人民出版社 1994 年版。

20. 丁凤云主编：《沂蒙红色文化与沂蒙精神》，山东人民出版社 2012 年版。

21. 魏本权、汲广运：《沂蒙红色文化资源研究》，山东人民出版社 2014 年版。

22. 厉玉荣、陈乾善主编：《厉月坤与厉家寨》，内蒙古人民出版社 2007 年版。

23. 穆敏编著：《山东抗日根据地的文化》，中共党史出版社 2005 年版。

24. 中国林业职工思想政治工作研究会、淄博市原山林场编：《聚焦全国林业英雄——孙建博》，新华出版社 2018 年版。

25. 朱彦夫：《极限人生》，黄河出版社 1996 年版。

26. 郝桂尧：《朱彦夫的故事》，新华出版社 2014 年版。

27. 何香久：《焦裕禄》，北京联合出版公司 2021 年版。

28. 焦守云：《我的父亲焦裕禄》，人民日报出版社 2016 年版。

29. 赵少峰、梁婷校注：《孔繁森日记》，人民出版社 2021 年版。

30. 张吉宙：《孔繁森》，党建读物出版社、接力出版社 2019 年版。

31. 郑哲敏主编：《郭永怀纪念文集》，科学出版社 1990 年版。

32. 江山主编：《家国情怀　大师风范：两弹一星元勋郭永怀》，中国科学技术大学出版社 2016 年版。

33. 刘统：《火种——寻找中国复兴之路》，上海人民出版社 2020 年版。

34. 李家春、刘桂菊主编：《永远的郭永怀——纪念郭永怀先生牺牲 50 周年》，科学出版社 2019 年版。

35. 金一南：《为什么是中国》，北京联合出版公司 2020 年版。

36. 龙平平：《觉醒年代》，安徽人民出版社 2021 年版。

37. 潘洵、刘志平主编：《红岩精神》，中共党史出版社 2018 年版。

38. 魏巍：《谁是最可爱的人》，人民文学出版社 2020 年版。

39. 王筠：《长津湖》，北京十月文艺出版社 2021 年版。

40. 郭志刚：《抗美援朝记》，华夏出版社 2021 年版。

41. 王树增：《长征》，人民文学出版社 2021 年版。

42. 东生：《天地颂——"两弹一星"百年揭秘》，华夏出版社 2007 年版。

二、期刊

1. 郭辉、侯有前："从个体记忆到社会记忆：五三惨案的记忆生产与宣传塑造"，载《山东社会科学》2022 年第 10 期。

2. 陈谦平："济南惨案与蒋介石绕道北伐之决策"，载《南京大学学报（哲学·人文科学·社会科学）》2011 年第 1 期。

3. 齐春风："北平党政商与济南惨案后的反日运动"，载《历史研究》2010 年第 2 期。

4. 周志永："谭延闿与济南惨案中的对日政策研究"，载《党史研究与教学》2018 年第 5 期。

5. 亓明超："王尽美与山东早期马克思主义的传播"，载《南方论刊》2018 年第 8 期。

6. 何虎生："三种选择、三种命运、三种结局 一大十三位代表的不同人生"，载《人民论坛》2011 年第 13 期。

7. 臧运祜："王尽美精神与红船精神——兼论第一代中国共产党人的初心"，载《嘉兴学院学报》2019 年第 3 期。

8. 陈鹏、张锋："让革命文物在新时代焕发新生机——以广饶县大王镇《共产党宣言》陈列馆等为例"，载《东方收藏》2022 年第 7 期。

9. 铁流、徐锦庚："《共产党宣言》在广饶的红色传奇"，载《春秋》2021 年第 3 期。

10. 孟雨霄："见证山东省委重建历史的自行车"，载《中国老区建设》2017 年第 11 期。

11. 杨静："《共产党宣言》中文首译本的风雨历程"，载《农家书屋》2016 年第 7 期。

12. 邵洁："从天福山·威海抗日武装起义看抗日民族统一战线在胶东的实践"，载《泰山学院学报》2018 年第 5 期。

13. 徐元超、岳思平："论天福山起义的历史经验和突出贡献"，载《军事历史》，2008 年第 5 期。

14. 许建中："一馆倾心 多方倾力——天福山起义纪念馆用好红色资源的做法与启示"，载《文物鉴定与鉴赏》2022 年第 1 期。

15. 王士花："徂徕山起义与山东中共抗日武装的兴起"，载《史学月刊》2015 年第 11 期。

16. 陈维杰："济南大峰山革命根据地的历史贡献"，载《山东党校报》2021 年 5 月 16 日。

17. 李云鹏："决胜鲁中——莱芜战役纪实"，载《军事历史》2005 年第 12 期。

18. 秦正为："莱芜战役精神与群众路线"，载《理论学习》2015 年第 2 期。

19. 任松伟、赵海军、更云："战略决战序幕：济南战役"，载《轻兵器》2018 年第 12 期。

20. 魏本权："沂蒙精神的生产与传播：以'红嫂'文本为中心"，载《赣南师范学院学报》2012 年第 1 期。

21. 曲筱鸥："'红嫂精神'的现实价值研究"，载《临沂大学学报》2019 年第 2 期。

22. 牟永泉："沂蒙精神与红色文化建设"，载《山东干部函授大学学报（理论学习）》2019 年第 1 期。

23. 曹鹏："水乳交融 生死与共 民族歌剧《沂蒙山》音乐内涵解读"，载《中国戏剧》2020 年第 9 期。

24. 邬丹、高居鹏："《沂蒙山小调》的民歌特质与红色内涵探究"，载《大众文艺》2021 年第 14 期。

25. 牛春雨："由《弹起我心爱的土琵琶》看山东民歌"，载《电影文学》2009 年第 2 期。

26. 魏本权："红色精神的历时性建构与回溯性还原——以 20 世纪 50 年代以来厉家寨精神为考察中心"，载《井冈山大学学报（社会科学版）》2010 年第 2 期。

27. 谢洋："厉月举与厉家寨"，载《山东档案》2007 年第 6 期。

28. 潘瑛、赵琳、张兆友："厉月坤：带领厉家寨战胜穷山恶水"，载《山东干部函授大学学报（理论学习）》2021年第11期。

29. 李锦："新时代条件下沂蒙精神发扬光大的基本经验——领悟习近平总书记关于沂蒙精神重要论述并以2013年来九间棚实践为例"，载《沂蒙干部学院学报》2021年第1期。

30. 高志哲、张宝山："孙建博：心怀'国之大者'情系民之关切"，载《中国人大》2022年第9期。

31. "全国人大代表、淄博市原山林场党委书记孙建博：守护大河生态底色，推进黄河口国家公园建设"，载《中国环境监察》2022年第4期。

32. 曹钢："林业英雄孙建博　十年履职路　一颗为民心"，载《绿色中国》2022年第5期。

33. 张广友："有感于朱彦夫的'三杆子'"，载《大江南北》2022年第10期。

34. 连姗："朱彦夫：一直在战斗"，载《共产党员》2022年第11期。

35. 王鹏飞、卢文童："自发、自觉与组织化：论焦裕禄精神建构与传播的三个阶段"，载《新闻爱好者》2022年第9期。

36. 张丽："孔繁森精神研究的历史考察与现状评述"，载《文化创新比较研究》2022年第6期。

37. "复兴路上的科学家精神　郭永怀：有一种品质叫无私"，载《中国科学院院刊》2022年第2期。

38. 刘颖："时传祥：'宁愿一人脏，换来万家净'"，载《党建》2021年第10期。

39. 王欣："伟大建党精神的生发逻辑、内涵意蕴与赓续路径"，载《学术探索》2022年第6期。

40. 杨曼萍、李丽云、邓祺佳："'微时代'伟大建党精神融入大学生思想政治教育路径研究"，载《邵阳学院学报（社会科学版）》2022年第5期。

41. 杨佳江、倪国良："中美关系视域下'抗美援朝精神'的价值"，载《中共南京市委党校学报》2022年第4期。

42. 罗兴伟、袁素敏："抗美援朝精神：生成逻辑、科学内涵与时代价值"，载《牡丹江大学学报》2022年第7期。

43. 秦秀明："新时代要大力弘扬伟大的长征精神"，载《新长征》2022年第10期。

44. 牛雅琴："伟大长征精神的理论渊源、基本内涵及其时代价值"，载《延边党校学报》2022年第4期。

45. 韩延明："沂蒙精神基本内涵的历史生成及其理论跃升"，载《山东社会科学》2022年第8期。

46. 马杰："大力弘扬'两弹一星'精神"，载《红旗文稿》2022年第5期。

47. 廖清成："新时代视角下的井冈山精神研究"，载《理论视野》2022 年第 8 期。

48. 兰桂萍："红岩精神政治品格的历史诠释与当代传承"，载《重庆社会科学》2022 年第 7 期。

三、报纸

1. 习近平："青年要自觉践行社会主义核心价值观"，载《人民日报》2014 年 5 月 5 日。

2. 胡锦涛："发扬伟大的爱国主义精神为建设有中国特色社会主义努力奋斗"，载《人民日报》1999 年 5 月 5 日。

3. 习近平："弘扬'红船精神'　走在时代前列"，载《光明日报》2005 年 6 月 21 日。

4. 李怀苹："'宣言'之光照亮征程"，载《东营日报》2021 年 8 月 10 日。

5. 赵洁、王东生："刘集后村一本书改变一个村庄"，载《农民日报》2011 年 6 月 16 日。

6. 沈道远："天福山精神代代传"，载《威海日报》2021 年 6 月 23 日。

7. 米荆玉："大泽山抗日根据地：铜墙铁壁，传奇永续"，载《青岛日报》2021 年 4 月 19 日。

8. 陈维杰："传承红色基因　弘扬大峰山精神"，载《济南日报》2021 年 3 月 24 日。

9. 王桂军、胡海："莱芜战役纪念馆被命名为'全国首批百家国防教育示范基地'"，载《莱芜日报》2010 年 4 月 19 日。

10. 谢鲁海："再论济南战役的伟大历史作用和意义"，载《济南日报》2020 年 11 月 11 日。

11. 孟斌、卢军、刘贵和："沂蒙热血暖山河"，载《光明日报》2005 年 8 月 17 日。

12. 康朴："沂蒙精神代代相传发扬光大"，载《人民日报》2021 年 5 月 21 日。

13. "大山农业社作出建设山区的好榜样 开山劈岭填沟挖渠改造自然"，载《人民日报》1957 年 10 月 13 日。

14. "新愚公畅谈移山——厉家寨贫农社员座谈纪要"，载《人民日报》1965 年 3 月 14 日。

15. 卢金增、高志岩："'林业英雄'孙建博"，载《检察日报》2022 年 6 月 20 日。

16. 张厚新："朱彦夫，再次感动中国！"，载《淄博日报》2022 年 3 月 4 日。

17. 赵秋丽等："从精神原点到传承高地"，载《光明日报》2022 年 9 月 13 日。

18. 高昌："'绿我涓滴，会它千顷澄碧'——习近平同志《念奴娇·追思焦裕禄》解读"，载《光明日报》2014 年 3 月 20 日。

19. 张晓英："郭永怀：把生命献给国家核事业"，载《青海日报》2021 年 7 月 25 日。

20. 李瑶："党的二十大代表李萌：踔厉奋发，做新时代时传祥的接班人"，载《北京日报》2022 年 11 月 2 日。

21. 本报评论员："弘扬伟大建党精神　不断夺取全面建设社会主义现代化国家新胜利"，载《光明日报》2022 年 10 月 30 日。

22. 黄蜆、杨超："伟大建党精神的深刻内涵"，载《中国社会科学报》2022 年 10 月 27 日。

23. 本报评论员："伟大抗美援朝精神跨越时空、历久弥新"，载《人民日报》2021 年 8 月 10 日。

24. "讲好红色故事　传承长征精神"，载《人民日报》2021 年 11 月 12 日。

25. "弘扬'两弹一星'精神载人航天精神　为航天科技实现高水平自立自强再立新功"，载《人民日报》2022 年 5 月 4 日。

26. 本报评论员："弘扬红岩精神，赓续红色血脉"，载《人民日报》2021 年 10 月 21 日。

后　记

　　山东财经大学马克思主义学院以立德树人为根本任务，面向新时代要求，不断提升思想政治理论课教学实效，推进思想政治理论课改革创新，着力提高思想政治理论课教学的思想性、理论性、亲和力和针对性。多年致力于齐鲁红色文化的教学改革工作，孵化出齐鲁红色文化融课课题、齐鲁红色文化融课著作、齐鲁红色文化精品示范课、齐鲁红色文化教学团队等，形成了独具品牌的齐鲁红色文化教学成果。在"大思政课"的理念下，我们将进一步做精做细思政课教学改革工作，不断探索全面落实立德树人根本任务的路径和方法，培育可堪大用、能担重任的栋梁之材。

　　在本书编写过程中，我院沈大光教授在选题策划、逻辑架构、框架优化等方面作出了突出贡献，在此深表感谢！我院马克思主义理论学科的研究生苏奉美、李杰平、张紫瑜、王雪等同学对书稿的编辑校对做了大量工作，付出了辛勤劳动，在此对同学们表示感谢！

　　对关心帮助本书出版的专家学者以及各位工作人员的辛勤付出与合作表示衷心感谢！写作中参考了大量相关研究的著述文献，在此一并致谢所有作者！

　　由于本书内容丰富，涉及写作材料繁杂，加之成书时间紧张，编者水平有限，仍有不少疏漏之处需要改进，恳请各位学者、专家以及同行斧正。

编　者

2022 年 10 月